Composition du Conseil de guerre spécial qui devra se tenir le 8 Ventôse, à midi, à l'Etat-major du Gouvernement de Paris, quai Voltaire, n.° 4, pour procéder au jugement du nommé *Jouvenin* (Pierre-Joseph), dragon de la garde de Paris, prévenu de désertion à l'intérieur, conformément aux dispositions du titre III de l'Arrêté du Gouvernement du 19 Vendémiaire an 12.

LANTEN......... Chef de Bataillon au 4.e Régiment d'Infanterie légère, *Président;*
BAUDIN......... Capitaine au 18.e de ligne;
ANSERMAIN...... *Idem* au 96.e *idem;*
ACLUQUE....... *Idem* au 4.e d'Infanterie légère;
MAGNON........ *Idem* au 1.er de Cuirassiers;
JAURRE......... Lieutenant au 4.e de Vétérans;
BREIDEBACH..... *Idem* au 10.e de Vétérans;
SCHVERTH....... Capitaine au 4.e Régiment d'Infanterie légère, *Rapporteur.*

Composition du Conseil de guerre spécial qui devra se tenir le 9 Ventôse, à 9 heures du matin, à l'Etat-major du Gouvernement de Paris, quai Voltaire, n.° 4, pour procéder au jugement du nommé *Ançaux*, (Constant-Joseph), soldat au 32.e Régiment d'infanterie de ligne, prévenu de désertion à l'intérieur, conformément aux dispositions du titre III de l'Arrêté du Gouvernement du 19 Vendémiaire an 12.

RABBE.......... Colonel du 2.e Régiment de la Garde de Paris, *Président;*
DUJON.......... Capitaine au 4.e Régiment de Vétérans;
CHEFONTAINE.... *Idem* au 10.e Régiment de Vétérans;
TILLOY......... *Idem* au 1.er de la Garde de Paris;
HIGNET......... *Idem* au 2.e *idem;*
MOURIER........ Lieutenant, au 4.e Régiment d'infanterie légère;
ALLARD......... *Idem* au 1.er de Cuirassiers;
DAVIET......... Capitaine au 2.e de la Garde de Paris, *Rapporteur.*

L'Adjudant-commandant, Chef de l'Etat-major,

DOUCET.

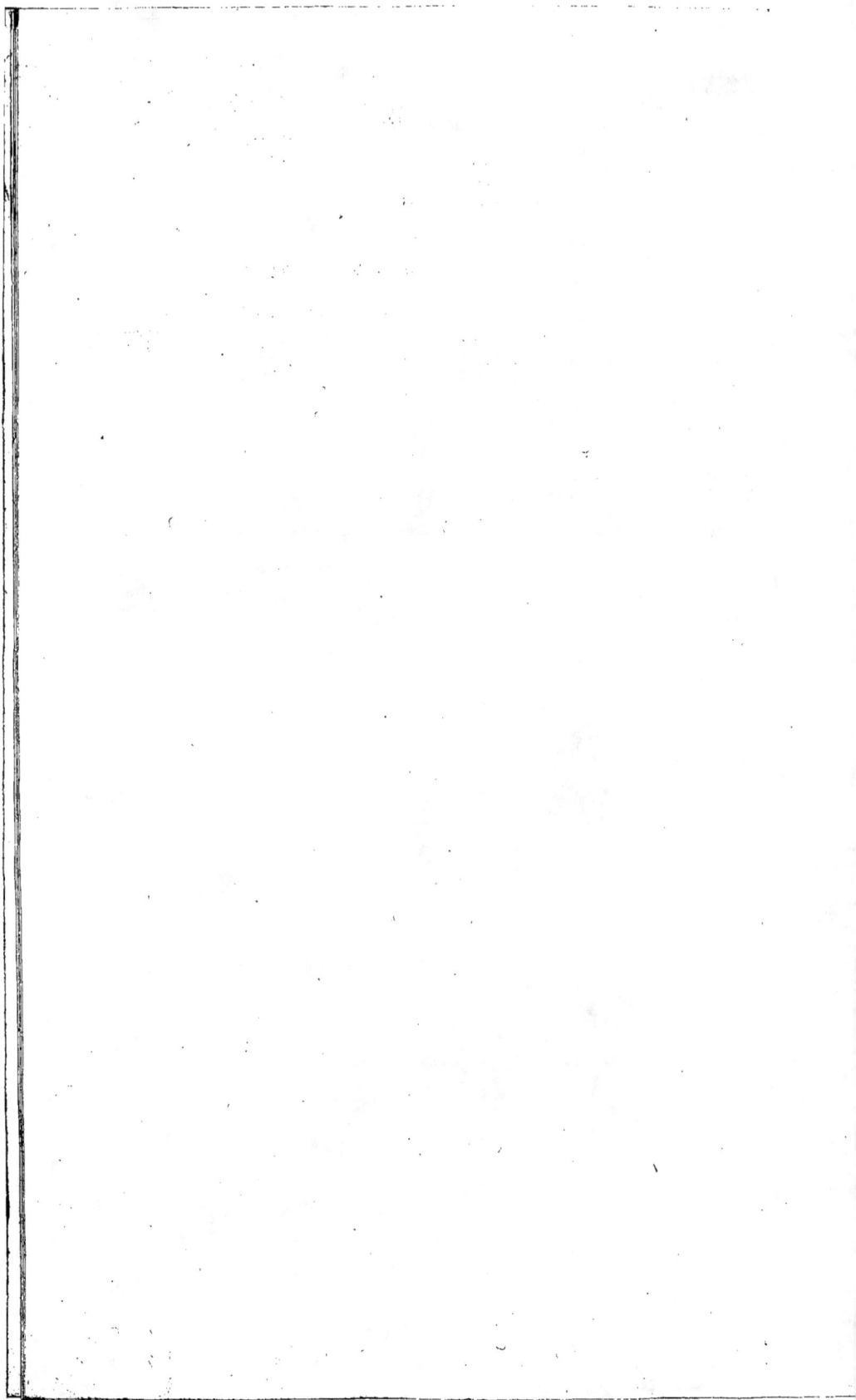

ÉTAT - MAJOR DU GOUVERNEMENT DE PARIS.

ÉGALITÉ.  *LIBERTÉ.*

ORDRE du 1.er Ventôse, an 12 de la République française.

SERVICE DE L'ÉTAT-MAJOR DU GOUVERNEMENT.

Du 1.er au 2 Ventôse.

Adjudant de Place de service à l'État-major............................ GRAILLARD.
Adjudant de Place de visite des Postes............................ GRAILLARD.

Visite aux Casernes, Prisons, Hôpital, et distribution de fourrages.

Rive droite de la Seine : le Capitaine Adjudant de Place................ VILLERS.
Rive gauche : le Capitaine Adjudant de Place............................ COTEAU.

Du 2 au 3 Ventôse.

Adjudant de Place de service à l'État-major............................ VIART.
Adjudant de Place de visite des Postes............................ VIART.

Visite aux Casernes, Prisons, Hôpital, et distribution de fourrages.

Rive droite de la Seine : le Capitaine Adjudant de Place................ CORDIEZ.
Rive gauche : le Lieutenant Adjudant de Place........................ GRAILLARD.

Inspection de tous les Postes, le 1.er Ventôse.

Les Adjudans......	LEJEUNE, Lieutenant.....	1.er	et	2.e	Arrondissemens.
	L'ÉTANG, Capitaine.......	3.e	et	4.e	*idem.*
	DEVAUX, *idem*..........	5.e	et	6.e	*idem.*
	LACAN, Lieutenant.......	7.e	et	8.e	*idem.*
	VATRIN, Capitaine.......	9.e	et	12.e	*idem.*
	LEBRIGANT, *idem*........	10.e	et	11.e	*idem.*

ADJUDANS DE RONDES DE NUIT.

Du 1.er au 2 Ventôse.

GOILLOT, Capitaine......	1.er	et	2.e	Arrond.s
GASSON, *idem*...........	3.e	et	4.e	*idem.*
POUGET jeune, *idem*......	5.e	et	6.e	*idem.*
CROSNIER, *idem*.........	7.e	et	8.e	*idem.*
DUPLESSY, *idem*.........	9.e	et	12.e	*idem.*
IRMINGER, *idem*.........	10.e	et	11.e	*idem.*

Du 2 au 3 Ventôse.

LEJEUNE, Lieutenant.....	1.er	et	2.e	Arrond.s
L'ÉTANG, Capitaine.......	3.e	et	4.e	*idem.*
DEVAUX, *idem*...........	5.e	et	6.e	*idem.*
LACAN, Lieutenant.......	7.e	et	8.e	*idem.*
VATRIN, Capitaine.......	9.e	et	12.e	*idem.*
LEBRIGANT, *idem*........	10.e	et	11.e	*idem.*

ADJUDANS DE SERVICE.

Le 2 Ventôse.....	à l'État-major..	*L'Adjudant Lieutenant*, JOLY.
		L'Adjudant Lieutenant, GALLY.
	à la Bourse.....	*L'Adjudant Capitaine*, HUBERT.
	aux Marchés....	*L'Adjudant Lieutenant*, MOREAU.

GARDE MUNICIPALE DE PARIS.

Inspection des Postes des Ports.

Le 1.er Pluviôse. . .

De jour. FOURNIER....... Capitaine au 1.er Régiment *(Rive gauche).*
De nuit. BARNIER........ *Idem* au 2.e Régiment *(Rive droite).*

Inspection des Postes des Barrières.

De jour. ROUFF.......... Lieutenant au 1.er Régiment *(Rive droite).*
De nuit. PÉGARD......... Sous-lieutenant au 1.er Régiment *(Rive gauche).*

Inspection des Postes de sûreté.

De jour. DUCLUZEL....... Capitaine au 1.er Régiment *(Rive gauche).*
De nuit. DAVIET......... Capitaine au 2.e Régiment *(Rive droite).*

TROUPES CASERNÉES DANS PARIS.

Le service des postes qui leur sont affectés, conformément à l'état qui leur a été donné par le Gouverneur de Paris.

L'Adjudant - commandant, Chef de l'Etat - major,
DOUCET.

GARDE MUNICIPALE DE PARIS.

		Inspection des Postes des Ports.	
Le 1.er Pluviôse. . .	*De jour.*	FOURNIER.......	Capitaine au 1.er Régiment *(Rive gauche).*
	De nuit.	BARNIER........	*Idem* au 2.e Régiment *(Rive droite).*
		Inspection des Postes des Barrières.	
	De jour.	ROUFF..........	Lieutenant au 1.er Régiment *(Rive droite).*
	De nuit.	PÉGARD.........	Sous-lieutenant au 1.er Régiment *(Rive gauche).*
		Inspection des Postes de sûreté.	
	De jour.	DUCLUZEL.......	Capitaine au 1.er Régiment *(Rive gauche).*
	De nuit.	DAVIET.........	Capitaine au 2.e Régiment *(Rive droite).*

TROUPES CASERNÉES DANS PARIS.

Le service des postes qui leur sont affectés, conformément à l'état qui leur a été donné par le Gouverneur de Paris.

L'Adjudant-commandant, Chef de l'État-major,
DOUCET.

ETAT - MAJOR DU GOUVERNEMENT DE PARIS.

ÉGALITÉ.  *LIBERTÉ.*

ORDRE du 2 Ventôse, an 12 de la République française.

SERVICE DE L'ÉTAT-MAJOR DU GOUVERNEMENT.

Du 2 au 3 Ventôse.

Adjudant de Place de service à l'Etat-major.. VIART.
Adjudant de Place de visite des Postes.. VIART.

Visite aux Casernes, Prisons, Hôpital, et distribution de fourrages.

Rive droite de la Seine : le Capitaine Adjudant de Place.................... CORDIEZ.
Rive gauche : le Capitaine Adjudant de Place............................ GRAILLARD.

Du 3 au 4 Ventôse.

Adjudant de Place de service à l'État-major.. COTEAU.
Adjudant de Place de visite des Postes.. COTEAU.

Visite aux Casernes, Prisons, Hôpital, et distribution de fourrages.

Rive droite de la Seine : le Capitaine Adjudant de Place.................... VIART.
Rive gauche : le Capitaine Adjudant de Place............................ CARON.

Nomination.

Le Premier Consul, par son Arrêté en date du 18 Pluviôse dernier, a élevé au grade de Capitaine et nommé Adjudant de 1.re classe, pour la Place de Paris, en remplacement du Capitaine *Levallois*, qui est décédé, le C.en *Graillard*, Lieutenant-Adjudant de ladite Place.

Le Général en chef Gouverneur de Paris invite les Autorités civiles et militaires à reconnaître cet Officier en ladite qualité.

Inspection de tous les Postes, le 2 Ventôse.

Les Adjudans......	GOILLOT, Capitaine......	1.er	et	2.e	Arrondissemens.
	GASSON, *idem*...........	3.e	et	4.e	*idem.*
	POUGET jeune, *idem*......	5.e	et	6.e	*idem.*
	CROSNIER, *idem*..........	7.e	et	8.e	*idem.*
	DUPLESSY, *idem*..........	9.e	et	12.e	*idem.*
	IRMINGER, *idem*..........	10.e	et	11.e	*idem.*

ADJUDANS DE RONDES DE NUIT.

Du 2 au 3 Ventôse.

LEJEUNE, Lieutenant.....	1.er	et	2.e	Arrond.s
L'ÉTANG, Capitaine.......	3.e	et	4.e	*idem.*
DEVAUX, *idem*...........	5.e	et	6.e	*idem.*
LACAN, Lieutenant.......	7.e	et	8.e	*idem.*
VATRIN, Capitaine.......	9.e	et	12.e	*idem.*
LEBRIGANT, *idem*........	10.e	et	11.e	*idem.*

Du 3 au 4 Ventôse.

GOILLOT, Capitaine......	1.er	et	2.e	Arrond.s
GASSON, *idem*...........	3.e	et	4.e	*idem.*
POUGET jeune, *idem*......	5.e	et	6.e	*idem.*
CROSNIER, *idem*..........	7.e	et	8.e	*idem.*
DUPLESSY, *idem*..........	9.e	et	12.e	*idem.*
IRMINGER, *idem*..........	10.e	et	11.e	*idem.*

ADJUDANS DE SERVICE.

Le 3 Ventôse.....	à l'État-major..	*L'Adjudant Lieutenant*, SANSON.
		L'Adjudant Lieutenant, ROCH.
	à la Bourse.....	*L'Adjudant Capitaine*, BAYARD.
	aux Marchés....	*L'Adjudant Lieutenant*, BERNARD.

GARDE MUNICIPALE DE PARIS.

Le 2 Ventôse...

Inspection des Postes des Ports.

De nuit.	LEBLANC........	Capitaine au 1.er Régiment *(Rive droite).*
De jour.	GRIMAUD.......	*Idem* au 2.e Régiment *(Rive gauche).*

Inspection des Postes des Barrières.

De nuit.	HASSE..........	Capitaine au 1.er Régiment *(Rive gauche).*
De jour.	MELAY.........	Lieutenant au 2.e Régiment *(Rive droite).*

Inspection des Postes de sûreté.

De nuit.	MARTIN.........	Lieutenant au 1.er Régiment *(Rive droite).*
De jour.	TISSOT.........	Sous-lieutenant au 2.e Régiment *(Rive gauche).*

TROUPES CASERNÉES DANS PARIS.

Le service des postes qui leur sont affectés, conformément à l'état qui leur a été donné par le Gouverneur de Paris.

L'Adjudant-commandant, Chef de l'État-major,
DOUCET.

ÉTAT - MAJOR DU GOUVERNEMENT DE PARIS.

ÉGALITÉ.  *LIBERTÉ.*

ORDRE du 3 Ventôse, an 12 de la République française.

SERVICE DE L'ÉTAT-MAJOR DU GOUVERNEMENT.

Du 3 au 4 Ventôse.

Adjudant de Place de service à l'État-major.. COTEAU.
Adjudant de Place de visite des Postes.. COTEAU.

Visite aux Casernes, Prisons, Hôpital, et distribution de fourrages.

Rive droite de la Seine : le Capitaine Adjudant de Place.................. VIART.
Rive gauche : le Capitaine Adjudant de Place.................................. CARON.

Du 4 au 5 Ventôse.

Adjudant de Place de service à l'Etat-major.. CORDIEZ.
Adjudant de Place de visite des Postes.. CORDIEZ.

Visite aux Casernes, Prisons, Hôpital, et distribution de fourrages.

Rive droite de la Seine : le Capitaine Adjudant de Place.................. COTEAU.
Rive gauche : le Capitaine Adjudant de Place.................................. VILLERS.

Inspection de tous les Postes, le 3 Ventôse.

Les Adjudans......	LEJEUNE, Lieutenant.....	1.er	et	2.e	Arrondissemens.
	L'ÉTANG, Capitaine.......	3.e	et	4.e	*idem.*
	DEVAUX, *idem*...........	5.e	et	6.e	*idem.*
	LACAN, Lieutenant.......	7.e	et	8.e	*idem.*
	VATRIN, Capitaine.......	9.e	et	12.e	*idem.*
	LEBRIGANT, *idem*........	10.e	et	11.e	*idem.*

ADJUDANS DE RONDES DE NUIT.

Du 3 au 4 Ventôse.

GOILLOT, Capitaine......	1.er	et	2.e	Arrond.s
GASSON, *idem*...........	3.e	et	4.e	*idem.*
POUGET jeune, *idem*......	5.e	et	6.e	*idem.*
CROSNIER, *idem*.........	7.e	et	8.e	*idem.*
DUPLESSY, *idem*.........	9.e	et	12.e	*idem.*
IRMINGER, *idem*.........	10.e	et	11.e	*idem.*

Du 4 au 5 Ventôse.

LEJEUNE, Lieutenant......	1.er	et	2.e	Arrond.s
L'ÉTANG, Capitaine.......	3.e	et	4.e	*idem.*
DEVAUX, *idem*...........	5.e	et	6.e	*idem.*
LACAN, Lieutenant.......	7.e	et	8.e	*idem.*
VATRIN, Capitaine.......	9.e	et	12.e	*idem.*
LEBRIGANT, *idem*........	10.e	et	11.e	*idem.*

ADJUDANS DE SERVICE.

Le 4 Ventôse....	à l'Etat-major..	*L'Adjudant Lieutenant*, MOREAU.
		L'Adjudant Lieutenant, KNAB.
	à la Bourse....	*L'Adjudant Capitaine*, BÉGUINOT.
	aux Marchés....	*L'Adjudant Lieutenant*, LAMI-LAGOARDETTE.

GARDE MUNICIPALE DE PARIS.

Inspection des Postes des Ports.

Le 3 Ventôse...
De jour. MOULIN........ Lieutenant au 1.er Régiment *(Rive gauche).*
De nuit. HENRY.......... Capitaine au 2.e Régiment *(Rive droite).*

Inspection des Postes des Barrières.

De jour. VILLERS-VANDEY. Lieutenant au 1.er Régiment *(Rive droite).*
De nuit. HARAN......... Lieutenant au 2.e Régiment *(Rive gauche).*

Inspection des Postes de sûreté.

De jour. VIDAL.......... Capitaine au 1.er Régiment *(Rive gauche).*
De nuit. BÉRARD........ Lieutenant au 2.e Régiment *(Rive droite).*

TROUPES CASERNÉES DANS PARIS.

Le service des postes qui leur sont affectés, conformément à l'état qui leur a été donné par le Gouverneur de Paris.

Conseil de guerre spécial.

Composition du Conseil de guerre spécial qui devra se tenir le 7 Ventôse, à 9 heures du matin, à l'État-major du Gouvernement de Paris, quai Voltaire, n.° 4, pour procéder au jugement du nommé *Gillot* (Jean-Baptiste), soldat au 2.e Régiment de la Garde de Paris, prévenu de désertion à l'intérieur, conformément aux dispositions du titre III de l'Arrêté du Gouvernement du 19 Vendémiaire an 12.

BERNELLE........ Chef de Bataillon au 1.er Régiment de la Garde de Paris, *Président;*
GARNISON........ Capitaine au 10.e de Vétérans ;
GRIMAUD........ *Idem* au 2.e de la Garde de Paris;
LAUTRÉ......... *Idem* au 4.e de Vétérans ;
COUSIN.......... *Idem* au 1.er de Cuirassiers ;
BINET........... Lieutenant au 4.e de Vétérans ;
DIEUZAIDE....... *Idem* au 4.e d'infanterie légère ;
CORNUD......... Capitaine au même Régiment, *Rapporteur.*

Composition du Conseil de guerre spécial qui devra se tenir le 7 Ventôse, à midi, à l'État-major du Gouvernement de Paris, quai Voltaire, N.° 4, pour procéder au jugement du nommé *Fournier* (Pierre), soldat au 2.e Régiment de la Garde de Paris, prévenu de désertion à l'intérieur, conformément aux dispositions du titre III de l'Arrêté du Gouvernement du 19 Vendémiaire an 12.

ESTEVE......... Chef de Bataillon du 2.e Régiment de la Garde de Paris, *Président;*
MILLEY......... Capitaine au 4.e d'Infanterie légère;
BEAUSSET........ *Idem* au 96.e de ligne ;
CABOT.......... *Idem* au 18.e de ligne;
PONCET......... Lieutenant au 4.e de Vétérans;
DAUVERGNE..... *Idem* au 10.e de Vétérans;
JULIEN.......... Capitaine au 1.er de la Garde de Paris ;
MONTEIL........ Capitaine au 1.er de Cuirassiers, *Rapporteur.*

Composition du Conseil de guerre spécial qui devra se tenir le 8 Ventôse, à neuf heures du matin, à l'État-major du Gouvernement de Paris, quai Voltaire, n.° 4, pour procéder au jugement du nommé *Bluse* (Pierre-Louis), soldat au 32.e Régiment d'infanterie de ligne, prévenu de désertion à l'intérieur, conformément aux dispositions du titre III de l'Arrêté du Gouvernement du 19 Vendémiaire an 12.

GUYARDET...... Major du 4.e Régiment d'infanterie légère, *Président;*
LEBORGNE....... Capitaine au 2.e de la Garde de Paris;
MONSIGNY....... *Idem* au 4.e de Vétérans;
MARTIN......... *Idem* au 10.e de Vétérans;
PLANTIER....... *Idem* au 18.e de ligne;
ROUFF.......... Lieutenant au 1.er de la Garde de Paris ;
LEROY.......... Lieutenant au 2.e de ladite Garde;
GOSSELIN........ Capitaine au 10.e de Vétérans, *Rapporteur.*

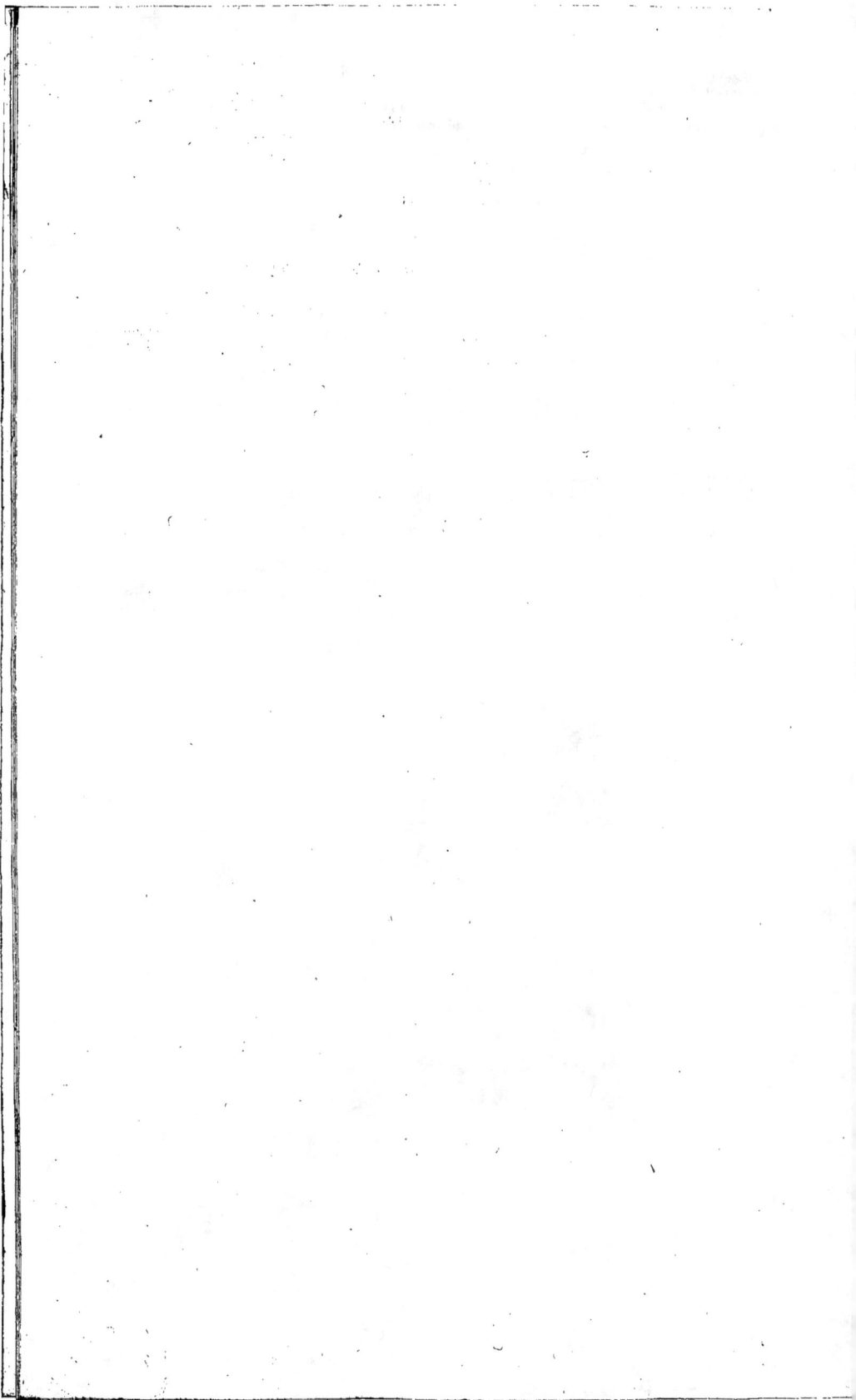

ÉTAT-MAJOR DU GOUVERNEMENT DE PARIS.

ÉGALITÉ. *LIBERTÉ.*

ORDRE du 4 Ventôse, an 12 de la République française.

SERVICE DE L'ÉTAT-MAJOR DU GOUVERNEMENT.

Du 4 au 5 Ventôse.

Adjudant de Place de service à l'Etat-major.................... CORDIEZ.
Adjudant de Place de visite des Postes.................... CORDIEZ.

Visite aux Casernes, Prisons, Hôpital, et distribution de fourrages.

Rive droite de la Seine : le Capitaine Adjudant de Place.................... COTEAU.
Rive gauche : le Capitaine Adjudant de Place.................... VILLERS.

Du 5 au 6 Ventôse.

Adjudant de Place de service à l'État-major.................... CARON.
Adjudant de Place de visite des Postes.................... CARON.

Visite aux Casernes, Prisons, Hôpital, et distribution de fourrages.

Rive droite de la Seine : le Capitaine Adjudant de Place.................... GRAILLARD.
Rive gauche : le Capitaine Adjudant de Place.................... CORDIEZ.

Inspection de tous les Postes, le 4 Ventôse.

Les Adjudans......	GOILLOT, Capitaine......	1.er	et	2.e	Arrondissemens.
	GASSON, *idem*..........	3.e	et	4.e	*idem.*
	POUGET jeune, *idem*......	5.e	et	6.e	*idem.*
	CROSNIER, *idem*..........	7.e	et	8.e	*idem.*
	DUPLESSY, *idem*..........	9.e	et	12.e	*idem.*
	IRMINGER, *idem*..........	10.e	et	11.e	*idem.*

ADJUDANS DE RONDES DE NUIT.

Du 4 au 5 Ventôse.

LEJEUNE, Lieutenant......	1.er et 2.e	Arrond.s
L'ÉTANG, Capitaine.......	3.e et 4.e	*idem.*
DEVAUX, *idem*...........	5.e et 6.e	*idem.*
LACAN, Lieutenant.......	7.e et 8.e	*idem.*
VATRIN, Capitaine.......	9.e et 12.e	*idem.*
LEBRIGANT, *idem*........	10.e et 11.e	*idem.*

Du 5 au 6 Ventôse.

GOILLOT, Capitaine......	1.er et 2.e	Arrond.s
GASSON, *idem*...........	3.e et 4.e	*idem.*
POUGET jeune, *idem*......	5.e et 6.e	*idem.*
CROSNIER, *idem*.........	7.e et 8.e	*idem.*
DUPLESSY, *idem*.........	9.e et 12.e	*idem.*
IRMINGER, *idem*.........	10.e et 11.e	*idem.*

ADJUDANS DE SERVICE.

Le 5 Ventôse....	à l'Etat-major..	*L'Adjudant Lieutenant,* AUBERT.
		L'Adjudant Lieutenant, VIOLANT.
	à la Bourse....	*L'Adjudant Capitaine,* AVRIL.
	aux Marchés....	*L'Adjudant Lieutenant,* BÉGUIN.

GARDE MUNICIPALE DE PARIS.

		Inspection des Postes des Ports.	
Le 4 Ventôse...	*De nuit.*	COURONNEAU....	Capitaine au 1.er Régiment *(Rive droite).*
	De jour.	THOMAS........	Lieutenant au 2.e Régiment *(Rive gauche).*
		Inspection des Postes des Barrières.	
	De nuit.	FELIX..........	Sous-lieutenant au 1.er Régiment *(Rive gauche).*
	De jour.	CHEVALIER......	*idem* au 2.e Régiment *(Rive droite).*
		Inspection des Postes de sûreté.	
	De nuit.	FOREST.........	Lieutenant au 1.er Régiment *(Rive droite).*
	De jour.	LEROI..........	*idem* au 2.e Régiment *(Rive gauche).*

TROUPES CASERNÉES DANS PARIS.

Le service des postes qui leur sont affectés, conformément à l'état qui leur a été donné par le Gouverneur de Paris.

L'Adjudant-commandant, Chef de l'État-major,
DOUCET.

ÉTAT-MAJOR DU GOUVERNEMENT DE PARIS.

ÉGALITÉ.  *LIBERTÉ.*

ORDRE du 5 Ventôse, an 12 de la République française.

SERVICE DE L'ÉTAT-MAJOR DU GOUVERNEMENT.

Du 5 au 6 Ventôse.

Adjudant de Place de service à l'État-major........................ CARON.
Adjudant de Place de visite des Postes........................ CARON.

Visite aux Casernes, Prisons, Hôpital, et distribution de fourrages.

Rive droite de la Seine : le Capitaine Adjudant de Place................ GRAILLARD.
Rive gauche : le Capitaine Adjudant de Place........................ CORDIEZ.

Du 6 au 7 Ventôse.

Adjudant de Place de service à l'Etat-major........................ VILLERS.
Adjudant de Place de visite des Postes........................ VILLERS.

Visite aux Casernes, Prisons, Hôpital, et distribution de fourrages.

Rive droite de la Seine : le Capitaine Adjudant de Place................ CARON.
Rive gauche : le Capitaine Adjudant de Place........................ VIART.

Inspection de tous les Postes, le 5 Ventôse.

Les Adjudans......	LEJEUNE, Lieutenant.....	1.er	et	2.e	Arrondissemens.
	L'ÉTANG, Capitaine.......	3.e	et	4.e	*idem.*
	DEVAUX, *idem*...........	5.e	et	6.e	*idem.*
	LACAN, Lieutenant.......	7.e	et	8.e	*idem.*
	VATRIN, Capitaine.......	9.e	et	12.e	*idem.*
	LEBRIGANT, *idem*........	10.e	et	11.e	*idem.*

ADJUDANS DE RONDES DE NUIT.

Du 5 au 6 Ventôse.

GOILLOT, Capitaine......	1.er	et	2.e	Arrond.t
GASSON, *idem*........	3.e	et	4.e	*idem.*
POUGET jeune, *idem*.....	5.e	et	6.e	*idem.*
CROSNIER, *idem*.........	7.e	et	8.e	*idem.*
DUPLESSY, *idem*.........	9.e	et	12.e	*idem.*
IRMINGER, *idem*.........	10.e	et	11.e	*idem.*

Du 6 au 7 Ventôse.

SEGUIN, Capitaine........	1.er	et	2.e	Arrond.t
DURET, *idem*...........	3.e	et	4.e	*idem.*
GEORGES, Lieutenant.....	5.e	et	6.e	*idem.*
DUMESNIL, Capitaine.....	7.e	et	8.e	*idem.*
POUGET aîné, *idem*......	9.e	et	12.e	*idem.*
LEBRIGANT, *idem*........	10.e	et	11.e	*idem.*

ADJUDANS DE SERVICE.

Le 6 Ventôse.....	à l'Etat-major..	*L'Adjudant Lieutenant*, DUVILLARD.
		L'Adjudant Lieutenant, MATHIÉ.
	aux Marchés....	*L'Adjudant Lieutenant*, GALLY.

GARDE MUNICIPALE DE PARIS.

Inspection des Postes des Ports.

Le 5 Ventôse...

De jour.	THOMAS........	Sous-lieutenant au 1.er Régiment *(Rive gauche).*
De nuit.	PASCALIS........	Lieutenant au 2.e Régiment *(Rive droite).*

Inspection des Postes des Barrières.

De jour.	TONNERE.......	Lieutenant au 1.er Régiment *(Rive droite).*
De nuit.	LACY...........	Capitaine au 2.e Régiment *(Rive gauche).*

Inspection des Postes de sûreté.

De jour.	MASSON.........	Sous-lieutenant au 1.er Régiment *(Rive gauche).*
De nuit.	BONNET.........	*idem* au 2.e Régiment *(Rive droite).*

TROUPES CASERNÉES DANS PARIS.

Le service des postes qui leur sont affectés, conformément à l'état qui leur a été donné par le Gouverneur de Paris.

L'Adjudant-commandant, Chef de l'Etat-major,

DOUCET.

ÉTAT-MAJOR DU GOUVERNEMENT DE PARIS.

ÉGALITÉ.  *LIBERTÉ.*

ORDRE du 6 Ventôse, an 12 de la République française.

SERVICE DE L'ÉTAT-MAJOR DU GOUVERNEMENT.

Du 6 au 7 Ventôse.

Adjudant de Place de service à l'Etat-major........................... VILLERS.
Adjudant de Place de visite des Postes.............................. VILLERS.

Visite aux Casernes, Prisons, Hôpital, et distribution de fourrages.

Rive droite de la Seine : le Capitaine Adjudant de Place................ CARON.
Rive gauche : le Capitaine Adjudant de Place......................... VIART.

Du 7 au 8 Ventôse.

Adjudant de Place de service à l'État-major........................... LABORDE.
Adjudant de Place de visite des Postes.............................. LABORDE.

Visite aux Casernes, Prisons, Hôpital, et distribution de fourrages.

Rive droite de la Seine : le Capitaine Adjudant de Place................ LABORDE.
Rive gauche : le Capitaine Adjudant de Place......................... COTEAU.

Inspection de tous les Postes, le 6 Ventôse.

Les Adjudans......	BENARD, Capitaine.......	1.er	et	2.e	Arrondissemens.
	COLLINET, *idem*.........	3.e	et	4.e	*idem.*
	DUMEZ, *idem*............	5.e	et	6.e	*idem.*
	LESAGE, *idem*...........	7.e	et	8.e	*idem.*
	CUDEY, *idem*...........	9.e	et	12.e	*idem.*
	GASNIER, *idem*..........	10.e	et	11.e	*idem.*

ADJUDANS DE RONDES DE NUIT.

Du 6 au 7 Ventôse.					*Du 7 au 8 Ventôse.*				
SEGUIN, Capitaine........	1.er	et	2.e	Arrond.s	BÉNARD, Capitaine.......	1.er	et	2.e	Arrond.s
DURET, *idem*...........	3.e	et	4.e	*idem.*	COLLINET, *idem*.........	3.e	et	4.e	*idem.*
GEORGES, Lieutenant.....	5.e	et	6.e	*idem.*	DUMEZ, *idem*...........	5.e	et	6.e	*idem.*
DUMESNIL, Capitaine.....	7.e	et	8.e	*idem.*	LESAGE, *idem*...........	7.e	et	8.e	*idem.*
POUGET aîné, *idem*......	9.e	et	12.e	*idem.*	CUDEY, *idem*...........	9.e	et	12.e	*idem.*
BISSEAU, *idem*..........	10.e	et	11.e	*idem.*	GASNIER, *idem*.........	10.e	et	11.e	*idem.*

ADJUDANS DE SERVICE.

Le 7 Ventôse.....	à l'Etat-major..	*L'Adjudant Lieutenant,* BERNARD.
		L'Adjudant Lieutenant, QUINSON.
	à la Bourse.....	*L'Adjudant Capitaine,* BÉTIS.
	aux Marchés....	*L'Adjudant Lieutenant,* DUVILLARD.

GARDE MUNICIPALE DE PARIS.

Inspection des Postes des Ports.

Le 6 Ventôse...

De nuit. JACQUES........ Sous-lieutenant au 1.er Régiment *(Rive droite).*
De jour. COLARD......... Lieutenant au 2.e Régiment *(Rive gauche).*

Inspection des Postes des Barrières.

De nuit. DEVEYLE........ Lieutenant au 1.er Régiment *(Rive gauche).*
De jour. RATHELOT....... Sous-lieutenant au 2.e Régiment *(Rive droite).*

Inspection des Postes de sûreté.

De nuit. CHAPSAL........ Sous-lieutenant au 1.er Régiment *(Rive droite).*
De jour. LAVARDE........ *idem* au 2.e Régiment *(Rive gauche).*

TROUPES CASERNÉES DANS PARIS.

Le service des postes qui leur sont affectés, conformément à l'état qui leur a été donné par le Gouverneur de Paris.

L'Adjudant-commandant, Chef de l'Etat-major,

DOUCET.

ÉTAT-MAJOR DU GOUVERNEMENT DE PARIS.

ÉGALITÉ.  *LIBERTÉ.*

ORDRE du 7 Ventôse, an 12 de la République française.

SERVICE DE L'ÉTAT-MAJOR DU GOUVERNEMENT.

Du 7 au 8 Ventôse.

Adjudant de Place de service à l'État-major.............................. LABORDE.
Adjudant de Place de visite des Postes.................................... LABORDE.

Visite aux Casernes, Prisons, Hôpital, et distribution de fourrages.

Rive droite de la Seine : le Capitaine Adjudant de Place................. LABORDE.
Rive gauche : le Capitaine Adjudant de Place.............................. COTEAU.

Du 8 au 9 Ventôse.

Adjudant de Place de service à l'Etat-major.............................. GRAILLARD.
Adjudant de Place de visite des Postes.................................... GRAILLARD.

Visite aux Casernes, Prisons, Hôpital, et distribution de fourrages.

Rive droite de la Seine : le Capitaine Adjudant de Place................. VILLERS.
Rive gauche : le Capitaine Adjudant de Place.............................. GRAILLARD.

Inspection de tous les Postes, le 7 Ventôse.

Les Adjudans......	SEGUIN, Capitaine.......	1.er	et	2.^e^	Arrondissemens.
	DURET, *idem*...........	3.^e^	et	4.^e^	*idem.*
	GEORGES, Lieutenant.....	5.^e^	et	6.^e^	*idem.*
	DUMESNIL, Capitaine.....	7.^e^	et	8.^e^	*idem.*
	POUGET aîné, *idem*.......	9.^e^	et	12.^e^	*idem.*
	BISSEAU, *idem*...........	10.^e^	et	11.^e^	*idem.*

ADJUDANS DE RONDES DE NUIT.

Du 7 au 8 Ventôse.

BÉNARD, Capitaine.......	1.er et 2.e	Arrond.t
COLLINET, *idem*.........	3.e et 4.e	*idem.*
DUMEZ, *idem*...........	5.e et 6.e	*idem.*
LESAGE, *idem*...........	7.e et 8.e	*idem.*
CUDEY, *idem*............	9.e et 12.e	*idem.*
GASNIER, *idem*..........	10.e et 11.e	*idem.*

Du 8 au 9 Ventôse.

SEGUIN, Capitaine........	1.er et 2.e	Arrond.t
DURET, *idem*............	3.e et 4.e	*idem.*
GEORGES, Lieutenant.....	5.e et 6.e	*idem.*
DUMESNIL, Capitaine.....	7.e et 8.e	*idem.*
POUGET aîné, *idem*......	9.e et 12.e	*idem.*
BISSEAU, *idem*...........	10.e et 11.e	*idem.*

ADJUDANS DE SERVICE.

Le 8 Ventôse.....	à l'Etat-major..	*L'Adjudant Capitaine*, CONSTANS.
		L'Adjudant Lieutenant, BERNARD aîné.
	à la Bourse.....	*L'Adjudant Capitaine*, BAILLET.
	aux Marchés....	*L'Adjudant Lieutenant*, LEHECQ.

GARDE MUNICIPALE DE PARIS.

Inspection des Postes des Ports.

Le 7 Ventôse...

De jour. TREBOIS........ Sous-lieutenant au 1.er Régiment *(Rive gauche)*.
De nuit. LEFEVRE........ Lieutenant au 2.e Régiment *(Rive droite)*.

Inspection des Postes des Barrières.

De jour. MOUTIN........ Lieutenant au 1.er Régiment *(Rive droite)*.
De nuit. BERNARD........ Capitaine au 2.e Régiment *(Rive gauche)*.

Inspection des Postes de sûreté.

De jour. RECOULET....... Sous-lieutenant au 1.er Régiment *(Rive gauche)*.
De nuit. MOISY.......... *idem* au 2.e Régiment *(Rive droite)*.

TROUPES CASERNÉES DANS PARIS.

Le service des postes qui leur sont affectés, conformément à l'état qui leur a été donné par le Gouverneur de Paris.

L'Adjudant-commandant, Chef de l'État-major,
DOUCET.

ÉTAT-MAJOR DU GOUVERNEMENT DE PARIS.

ÉGALITÉ. *LIBERTÉ.*

ORDRE du 8 Ventôse, an 12 de la République française.

SERVICE DE L'ÉTAT-MAJOR DU GOUVERNEMENT.

Du 8 au 9 Ventôse.

Adjudant de Place de service à l'Etat-major............................ GRAILLARD.
Adjudant de Place de visite des Postes.................................... GRAILLARD.

Visite aux Casernes, Prisons, Hôpital, et distribution de fourrages.

Rive droite de la Seine : le Capitaine Adjudant de Place................ VILLERS.
Rive gauche : le Capitaine Adjudant de Place............................. GRAILLARD.

Du 9 au 10 Ventôse.

Adjudant de Place de service à l'État-major............................... VIART.
Adjudant de Place de visite des Postes..................................... VIART.

Visite aux Casernes, Prisons, Hôpital, et distribution de fourrages.

Rive droite de la Seine : le Capitaine Adjudant de Place................ CORDIEZ.
Rive gauche : le Capitaine Adjudant de Place............................. CARON.

Inspection de tous les Postes, le 8 Ventôse.

Les Adjudans......	BÉNARD, Capitaine.......	1.er	et	2.e	Arrondissemens.
	COLLINET, *idem*.........	3.e	et	4.e	*idem.*
	DUMEZ, *idem*............	5.e	et	6.e	*idem.*
	LESAGE, *idem*...........	7.e	et	8.e	*idem.*
	CUDEY, *idem*............	9.e	et	12.e	*idem.*
	GASNIER, *idem*..........	10.e	et	11.e	*idem.*

ADJUDANS DE RONDES DE NUIT.

Du 8 au 9 Ventôse.

SEGUIN, Capitaine........	1.er	et	2.e	Arrond.s
DURET, *idem*............	3.e	et	4.e	*idem.*
GEORGES, Lieutenant.....	5.e	et	6.e	*idem.*
DUMESNIL, Capitaine.....	7.e	et	8.e	*idem.*
POUGET aîné, *idem*......	9.e	et	12.e	*idem.*
BISSEAU, *idem*...........	10.e	et	11.e	*idem.*

Du 9 au 10 Ventôse.

BENARD, Capitaine.......	1.er	et	2.e	Arrond.s
COLLINET, *idem*.........	3.e	et	4.e	*idem.*
DUMEZ, *idem*............	5.e	et	6.e	*idem.*
LESAGE, *idem*...........	7.e	et	8.e	*idem.*
CUDEY, *idem*............	9.e	et	12.e	*idem.*
GASNIER, *idem*..........	10.e	et	11.e	*idem.*

ADJUDANS DE SERVICE.

Le 9 Ventôse.....	à l'Etat-major..	*L'Adjudant Capitaine*, BÉGUINOT.
		L'Adjudant Lieutenant, MARTIN.
	à la Bourse.....	*L'Adjudant Capitaine*, LIVIN.
	aux Marchés....	*L'Adjudant Lieutenant*, VASSEUR.

GARDE MUNICIPALE DE PARIS.

Inspection des Postes des Ports.

Le 8 Ventôse...

De nuit. MÉJANEL........ Lieutenant au 1.er Régiment *(Rive droite).*
De jour. DUPRÉ.......... Capitaine au 2.e Régiment *(Rive gauche).*

Inspection des Postes des Barrières.

De nuit. LEMINE.......... Sous-lieutenant au 1.er Régiment *(Rive gauche).*
De jour. LEBORGNE........ Capitaine au 2.e Régiment *(Rive droite).*

Inspection des Postes de sûreté.

De nuit. JULIEN.......... Capitaine au 1.er Régiment *(Rive droite).*
De jour. HIGNET.......... *idem* au 2.e Régiment *(Rive gauche).*

TROUPES CASERNÉES DANS PARIS.

Le service des postes qui leur sont affectés, conformément à l'état qui leur a été donné par le Gouverneur de Paris.

Conseil de guerre spécial.

Composition du Conseil de guerre spécial qui devra se tenir le 11 Ventôse, à neuf heures du matin, à l'État-major du Gouvernement de Paris, quai Voltaire, n.° 4, pour procéder au jugement du nommé *Herbin* (Augustin-Laurent), soldat au 32.e Régiment d'Infanterie de ligne, prévenu de désertion à l'intérieur, conformément aux dispositions du titre III de l'Arrêté du Gouvernement du 19 Vendémiaire an 12.

PARSIS.......... Chef de Bataillon au 2.e Régiment de la Garde de Paris, *Président;*
DELPECH.......... Capitaine au 18.e Régiment de ligne;
REBOUL.......... *Idem* au 96.e de ligne;
GRUET.......... *Idem* au 4.e de Vétérans;
GUINARD.......... *Idem* au 10.e *idem;*
MACORSE.......... Lieutenant audit Régiment;
BAUDOIN.......... *Idem* au 1.er de Cuirassiers;
COLIN.......... Capitaine au 18.e de ligne, *Rapporteur.*

Composition du Conseil de guerre spécial qui devra se tenir le 11 Ventôse, à midi, à l'Etat-major du Gouvernement de Paris, quai Voltaire, n.° 4, pour procéder au jugement du nommé *Cullot* (Louis), dragon de la Garde de Paris, prévenu de désertion à l'intérieur, conformément aux dispositions du titre III de l'Arrêté du Gouvernement du 19 Vendémiaire an 12.

LACOSTE.......... Major du 96.e Régiment de ligne, *Président;*
GUESNIER.......... Capitaine au 1.er de la Garde de Paris;
BERNARD.......... *Idem* au 2.e de ladite Garde;
SIMON.......... *Idem* au 4.e de Vétérans;
FOURNEAU.......... *Idem* au 10.e de Vétérans;
FOREST.......... Lieutenant au 1.er de la Garde de Paris;
LEFEBVRE.......... *Idem* au 2.e de ladite Garde;
BASSET.......... Lieutenant au 1.er de Cuirassiers, *Rapporteur.*

Composition du Conseil de guerre spécial qui devra se tenir le 12 Ventôse, à neuf heures du matin, à l'Etat-major du Gouvernement de Paris, quai Voltaire, n.° 4, pour procéder au jugement du nommé *Combrolis* (Louis), chasseur au 4.e Régiment d'Infanterie légère, prévenu de désertion à l'intérieur, conformément aux dispositions du titre III de l'Arrêté du Gouvernement du 19 Vendémiaire an 12.

GOUGET.......... Colonel des Dragons de la Garde de Paris, *Président;*
HENRY.......... Capitaine au 2.e Régiment de ladite Garde;
JOANNY.......... *Idem* au 4.e de Vétérans;
D'ARRAS.......... *Idem* au 10.e de Vétérans;
PINARD.......... *Idem* au 1.er de Cuirassiers;
GAUT.......... Lieutenant au 4.e Régiment d'Infanterie légère;
CUVELIER.......... *Idem* au 10.e de Vétérans;
LACY.......... Capitaine au 2.e de la Garde de Paris, *Rapporteur.*

Composition du Conseil de guerre spécial qui devra se tenir le 12 Ventôse, à midi, à l'État-major du Gouvernement de Paris, quai Voltaire, n.° 4, pour procéder au jugement du nommé *Jay* (Benoît), chasseur au 4.ᵉ Régiment d'Infanterie légère, prévenu de désertion à l'intérieur, conformément aux dispositions du titre III de l'Arrêté du Gouvernement du 19 Vendémiaire an 12.

DEMONGIN...... Chef d'Escadron au 1.ᵉʳ Régiment de Cuirassiers, *Président;*
CHEYNET........ Capitaine au 18.ᵉ de ligne;
PLATON......... *Idem* au 1.ᵉʳ de Cuirassiers;
DUPART........ *Idem* au 4.ᵉ de Vétérans;
MOREL.......... *Idem* au 10.ᵉ de Vétérans;
MARTIN......... Lieutenant au 1.ᵉʳ de la Garde de Paris;
BERARD......... *Idem* au 2.ᵉ de ladite Garde;
VIDAL.......... Capitaine au 1.ᵉʳ de ladite Garde, *Rapporteur.*

Composition du Conseil de guerre spécial qui devra se tenir le 13 Ventôse, à 9 heures du matin, à l'État-major du Gouvernement de Paris, quai Voltaire, n.° 4, pour procéder au jugement du nommé *Gaulin* (Jean-Claude), soldat au 4.ᵉ Régiment d'Infanterie légère, prévenu de désertion à l'intérieur, conformément aux dispositions du titre III de l'Arrêté du Gouvernement du 19 Vendémiaire an 12.

RAVIER......... Colonel du 18.ᵉ Régiment de ligne, *Président;*
MITOUFLET...... Capitaine au 4.ᵉ de Vétérans;
LEFRANC........ *Idem* au 10.ᵉ de Vétérans;
COMBES-BRASSARD. *Idem* des Dragons de la Garde de Paris;
BADEZ.......... *Idem* au 1.ᵉʳ Régiment de Cuirassiers;
MARCHAL........ Lieutenant au 4.ᵉ d'Infanterie légère;
MATHIAS........ *Idem* au 18.ᵉ de ligne;
VALLIÈRE....... Capitaine au 10.ᵉ de Vétérans, *Rapporteur.*

Composition du Conseil de guerre spécial qui devra se tenir le 13 Ventôse, à midi, à l'État-major du Gouvernement de Paris, quai Voltaire, n.° 4, pour procéder au jugement du nommé *Pocqreuse* (Jean-Louis), soldat au 32.ᵉ Régiment d'Infanterie de ligne, prévenu de désertion à l'intérieur, conformément aux dispositions du titre III de l'Arrêté du Gouvernement du 19 Vendémiaire an 12.

VIRAUX......... Chef de Bataillon du 18.ᵉ Régiment de ligne, *Président;*
VAUBERT........ Capitaine au 4.ᵉ de Vétérans;
PALLIN......... *Idem* au 10.ᵉ de Vétérans;
DAUDIEZ........ *Idem* au 1.ᵉʳ de Cuirassiers;
HASSE.......... *Idem* au 1.ᵉʳ de la Garde de Paris;
POUDEROUX..... Lieutenant au 4.ᵉ d'Infanterie légère;
THOMAS........ *Idem* au 2.ᵉ de la Garde de Paris;
LATILLE........ *Idem* de Dragons de la Garde de Paris, *Rapporteur.*

Composition du Conseil de guerre spécial qui devra se tenir le 14 Ventôse, à 9 heures du matin, à l'État-major du Gouvernement de Paris, quai Voltaire, n.° 4, pour procéder au jugement du nommé *Dégourcy* (Jean), soldat au 96.ᵉ Régiment de ligne, prévenu de désertion à l'intérieur, conformément aux dispositions du titre III de l'Arrêté du Gouvernement du 19 Vendémiaire an 12.

BARDIN......... Chef de Bataillon au 1.ᵉʳ Régiment de la Garde de Paris, *Président;*
BAILLY......... Capitaine au 4.ᵉ d'Infanterie légère;
PLANTIER....... *Idem* au 4.ᵉ de Vétérans;
PREVOT......... *Idem* au 10.ᵉ de Vétérans;
PHILIPPE........ *Idem* au 96.ᵉ de ligne;
CAUSSE......... Lieutenant au 4.ᵉ d'Infanterie légère;
MARIN.......... *Idem* au 1.ᵉʳ de Cuirassiers;
DELLAU......... Capitaine au 4.ᵉ d'Infanterie légère, *Rapporteur.*

Composition du Conseil de guerre spécial qui devra se tenir le 14 Ventôse, à midi, à l'État-major du Gouvernement de Paris, quai Voltaire, n.° 4, pour procéder au jugement du nommé *Bossu* (Philippe), soldat au 96.e Régiment de ligne, prévenu de désertion à l'intérieur, conformément aux dispositions du titre III de l'Arrêté du Gouvernement du 19 Vendémiaire an 12.

BASANCOURT.... Colonel au 4.e Regiment d'Infanterie légère, *Président;*
DELORME....... Capitaine au 96.e Régiment;
ROUSSEL........ *Idem* au 4.e de Vétérans;
DURRE......... *Idem* au 10.e de Vétérans;
VIGNANCOURT... *Idem* audit Régiment;
CAQUERET...... Lieutenant au 4.e de Vétérans;
ZAMBEAUX...... *Idem* au 1.er de Cuirassiers;
FOURNIER...... Capitaine au 1.er de la Garde de Paris, *Rapporteur.*

Composition du Conseil de guerre spécial qui devra se tenir le 15 Ventôse, à neuf heures du matin, à l'État-major du Gouvernement de Paris, quai Voltaire, n.° 4, pour procéder au jugement du nommé *Guitré* (Joseph), soldat au 96.e Régiment de ligne, prévenu de désertion à l'intérieur, conformément aux dispositions du titre III de l'arrêté du Gouvernement du 19 Vendémiaire an 12.

MOULIN........ Chef de Bataillon au 96.e Régiment de ligne, *Président;*
STIVAL......... Capitaine au 4.e de Vétérans;
LAVIT.......... *Idem* au 10.e de Vétérans;
DELPECH........ *Idem* au 18.e de ligne;
MILLEY......... *Idem* au 4.e d'Infanterie légère;
BASSAUX........ Lieutenant au 4.e de Vétérans;
JOURDAIN...... *Idem* au 10.e de Vétérans;
JARDIN......... Capitaine au 96.e de ligne, *Rapporteur.*

L'Adjudant-commandant, Chef de l'État-major,

DOUCET.

ÉTAT-MAJOR DU GOUVERNEMENT DE PARIS.

ÉGALITÉ.  *LIBERTÉ.*

ORDRE du 9 Ventôse, an 12 de la République française.

SERVICE DE L'ÉTAT-MAJOR DU GOUVERNEMENT.

Du 9 au 10 Ventôse.

Adjudant de Place de service à l'État-major........................... COTEAU.
Adjudant de Place de visite des Postes........................... COTEAU.

Visite aux Casernes, Prisons, Hôpital, et distribution de fourrages.

Rive droite de la Seine : le Capitaine Adjudant de Place................ VIART.
Rive gauche : le Capitaine Adjudant de Place........................ CARON.

Du 10 au 11 Ventôse.

Adjudant de Place de service à l'Etat-major........................... CORDIEZ.
Adjudant de Place de visite des Postes........................... CORDIEZ.

Visite aux Casernes, Prisons, Hôpital, et distribution de fourrages.

Rive droite de la Seine : le Capitaine Adjudant de Place................ COTEAU.
Rive gauche : le Capitaine Adjudant de Place........................ VILLERS.

Inspection de tous les Postes, le 9 Ventôse.

Les Adjudans.....	SEGUIN, Capitaine........	1.er	et	2.e	Arrondissemens.
	DURET, *idem*............	3.e	et	4.e	*idem.*
	GEORGES, Lieutenant.....	5.e	et	6.e	*idem.*
	DUMESNIL, Capitaine.....	7.e	et	8.e	*idem.*
	POUGET aîné, *idem*......	9.e	et	12.e	*idem.*
	BISSEAU, *idem*...........	10.e	et	11.e	*idem.*

ADJUDANS DE RONDES DE NUIT.

Du 9 au 10 Ventôse.

BENARD, Capitaine.......	1.er	et	2.e	Arrond.s
COLLINET, *idem*.........	3.e	et	4.e	*idem.*
DUMEZ, *idem*............	5.e	et	6.e	*idem.*
LESAGE, *idem*............	7.e	et	8.e	*idem.*
CUDEY, *idem*............	9.e	et	12.e	*idem.*
GASNIER, *idem*..........	10.e	et	11.e	*idem.*

Du 10 au 11 Ventôse.

SEGUIN, Capitaine.......	1.er	et	2.e	Arrond.s
DURET, *idem*............	3.e	et	4.e	*idem.*
GEORGES, Lieutenant.....	5.e	et	6.e	*idem.*
DUMESNIL, Capitaine.....	7.e	et	8.e	*idem.*
POUGET aîné, *idem*.......	9.e	et	12.e	*idem.*
BISSEAU, *idem*...........	10.e	et	11.e	*idem.*

ADJUDANS DE SERVICE.

Le 10 Ventôse....	à l'Etat-major..	*L'Adjudant Capitaine*,	HUBERT.
		L'Adjudant Lieutenant,	LAUNÉE.
	à la Bourse....	*L'Adjudant Capitaine*,	DELESTRÉE.
	aux Marchés....	*L'Adjudant Lieutenant*,	MARTIN.

GARDE MUNICIPALE DE PARIS.

Inspection des Postes des Ports.

Le 9 Ventôse. . .

De jour. WATRIN . . . . Capitaine au 1.er Régiment *(Rive gauche).*
De nuit. DAVIET. . . . . *Idem* au 2.e Régiment *(Rive droite).*

Inspection des Postes des Barrières.

De jour. GUESNIER. . . . . . . Capitaine au 1.er Régiment *(Rive droite).*
De nuit. BARNIER . . . . *Idem* au 2.e Régiment *(Rive gauche).*

Inspection des Postes de sûreté.

De jour. PEILLON . . . . Lieutenant au 1.er Régiment *(Rive gauche).*
De nuit. PEGARD. . . . . Sous-lieutenant au 2.e Régiment *(Rive droite).*

TROUPES CASERNÉES DANS PARIS.

Le service des postes qui leur sont affectés, conformément à l'état qui leur a été donné par le Gouverneur de Paris.

L'Adjudant-commandant, Chef de l'État-major,
DOUCET.

ÉTAT-MAJOR DU GOUVERNEMENT DE PARIS.

ÉGALITÉ.  *LIBERTÉ.*

ORDRE du 10 Ventôse, an 12 de la République française.

SERVICE DE L'ÉTAT-MAJOR DU GOUVERNEMENT.

Du 10 au 11 Ventôse.

Adjudant de Place de service à l'Etat-major.......................... CORDIEZ.
Adjudant de Place de visite des Postes.......................... CORDIEZ.

Visite aux Casernes, Prisons, Hôpital, et distribution de fourrages.

Rive droite de la Seine : le Capitaine Adjudant de Place.................. VIART.
Rive gauche : le Capitaine Adjudant de Place.......................... LABORDE.

Du 11 au 12 Ventôse.

Adjudant de Place de service à l'État-major.......................... CARON.
Adjudant de Place de visite des Postes.......................... CARON.

Visite aux Casernes, Prisons, Hôpital, et distribution de fourrages.

Rive droite de la Seine : le Capitaine Adjudant de Place.................. COTEAU.
Rive gauche : le Capitaine Adjudant de Place.......................... VILLERS.

Inspection de tous les Postes, le 10 Ventôse.

Les Adjudans......	BÉNARD, Capitaine.......	1.er	et	2.e	Arrondissemens.
	COLLINET, *idem*.........	3.e	et	4.e	*idem.*
	DUMEZ, *idem*...........	5.e	et	6.e	*idem.*
	LESAGE, *idem*...........	7.e	et	8.e	*idem.*
	CUDEY, *idem*...........	9.e	et	12.e	*idem.*
	GASNIER, *idem*..........	10.e	et	11.e	*idem.*

ADJUDANS DE RONDES DE NUIT.

Du 10 au 11 Ventôse.

SEGUIN, Capitaine.......	1.er	et	2.e	Arrond.s
DURET, *idem*...........	3.e	et	4.e	*idem.*
GEORGES, Lieutenant.....	5.e	et	6.e	*idem.*
DUMESNIL, Capitaine.....	7.e	et	8.e	*idem.*
POUGET aîné, *idem*.......	9.e	et	12.e	*idem.*
BISSEAU, *idem*..........	10.e	et	11.e	*idem.*

Du 11 au 12 Ventôse.

BENARD, Capitaine.......	1.er	et	2.e	Arrond.s
COLLINET, *idem*.........	3.e	et	4.e	*idem.*
DUMEZ, *idem*...........	5.e	et	6.e	*idem.*
LESAGE, *idem*...........	7.e	et	8.e	*idem.*
CUDEY, *idem*...........	9.e	et	12.e	*idem.*
GASNIER, *idem*..........	10.e	et	11.e	*idem.*

ADJUDANS DE SERVICE.

Le 11 Ventôse....	à l'Etat-major..	*L'Adjudant Capitaine*, DURAND.
		L'Adjudant Lieutenant, TERRIER.
	à la Bourse....	*L'Adjudant Capitaine*, VANLOO.
	aux Marchés....	*L'Adjudant Lieutenant*, LEPAGE.

GARDE MUNICIPALE DE PARIS.

Inspection des Postes des Ports.

Le 10 Ventôse...

De nuit.	DUCLUZEL.......	Capitaine au 1.er Régiment	*(Rive droite).*
De jour.	BÉRARD.........	Lieutenant au 2.e Régiment	*(Rive gauche).*

Inspection des Postes des Barrières.

De nuit.	FOURNIER.......	Capitaine au 1.er Régiment	*(Rive gauche).*
De jour.	HENRY..........	*Idem* au 2.e Régiment	*(Rive droite).*

Inspection des Postes de sûreté.

De nuit.	ROUFF..........	Lieutenant au 1.er Régiment	*(Rive droite).*
De jour.	HARAN..........	*Idem* au 2.e Régiment	*(Rive gauche).*

TROUPES CASERNÉES DANS PARIS.

Le service des postes qui leur sont affectés, conformément à l'état qui leur a été donné par le Gouverneur de Paris.

L'Adjudant-commandant, Chef de l'État-major,

DOUCET.

ÉTAT-MAJOR DU GOUVERNEMENT DE PARIS.

ÉGALITÉ.  LIBERTÉ.

ORDRE du 11 Ventôse, an 12 de la République française.

SERVICE DE L'ÉTAT-MAJOR DU GOUVERNEMENT.

Du 11 au 12 Ventôse.

Adjudant de Place de service à l'État-major.......................... CORDIEZ.
Adjudant de Place de visite des Postes.......................... CORDIEZ.

Visite aux Casernes, Prisons, Hôpital, et distribution de fourrages.

Rive droite de la Seine : le Capitaine Adjudant de Place.......................... COTEAU.
Rive gauche : le Capitaine Adjudant de Place.......................... VILLERS.

Du 12 au 13 Ventôse.

Adjudant de Place de service à l'Etat-major.......................... CARON.
Adjudant de Place de visite des Postes.......................... CARON.

Visite aux Casernes, Prisons, Hôpital, et distribution de fourrages.

Rive droite de la Seine : le Capitaine Adjudant de Place.......................... GRAILLARD.
Rive gauche : le Capitaine Adjudant de Place.......................... CORDIEZ.

Inspection de tous les Postes, le 11 Ventôse.

Les Adjudans......	SEGUIN, Capitaine........	1.er	et	2.e	Arrondissemens.
	DURET, *idem*...........	3.e	et	4.e	*idem.*
	GEORGES, Lieutenant.....	5.e	et	6.e	*idem.*
	DUMESNIL, Capitaine.....	7.e	et	8.e	*idem.*
	POUGET aîné, *idem*......	9.e	et	12.e	*idem.*
	BISSEAU, *idem*...........	10.e	et	11.e	*idem.*

ADJUDANS DE RONDES DE NUIT.

Du 11 au 12 Ventôse.

BENARD, Capitaine.......	1.er	et	2.e	Arrond.s
COLLINET, *idem*.........	3.e	et	4.e	*idem.*
DUMEZ, *idem*............	5.e	et	6.e	*idem.*
LESAGE, *idem*............	7.e	et	8.e	*idem.*
CUDEY, *idem*............	9.e	et	12.e	*idem.*
GASNIER, *idem*..........	10.e	et	11.e	*idem.*

Du 12 au 13 Ventôse.

SEGUIN, Capitaine.......	1.er	et	2.e	Arrond.s
DURET, *idem*...........	3.e	et	4.e	*idem.*
GEORGES, Lieutenant.....	5.e	et	6.e	*idem.*
DUMESNIL, Capitaine.....	7.e	et	8.e	*idem.*
POUGET aîné, *idem*.......	9.e	et	12.e	*idem.*
BISSEAU, *idem*...........	10.e	et	11.e	*idem.*

ADJUDANS DE SERVICE.

Le 12 Ventôse....	à l'Etat-major..	*L'Adjudant Capitaine*, DELESTRÉE.
		L'Adjudant Lieutenant, GIGET.
	à la Bourse....	*L'Adjudant Capitaine*, CHEVALLOT.
	aux Marchés....	*L'Adjudant Lieutenant*, BRIÈRE.

GARDE MUNICIPALE DE PARIS.

Inspection des Postes des Ports.

Le 11 Ventôse...	*De jour.*	HASSE..........	Capitaine au 1.er Régiment *(Rive gauche).*
	De nuit.	MELAY.........	Sous-lieutenant au 2.e Régiment *(Rive droite).*
		Inspection des Postes des Barrières.	
	De jour.	MARTIN.........	Lieutenant au 1.er Régiment *(Rive droite).*
	De nuit.	TISSOT..........	Sous-lieutenant au 2.e Régiment *(Rive gauche).*
		Inspection des Postes de sûreté.	
	De jour.	LEBLANC........	Capitaine au 1.er Régiment *(Rive gauche).*
	De nuit.	GRIMAUD.......	*Idem* au 2.e Régiment *(Rive droite).*

TROUPES CASERNÉES DANS PARIS.

Le service des postes qui leur sont affectés, conformément à l'état qui leur a été donné par le Gouverneur de Paris.

L'Adjudant-commandant, Chef de l'État-major,

DOUCET.

ÉTAT-MAJOR DU GOUVERNEMENT DE PARIS.

ÉGALITÉ.  *LIBERTÉ.*

ORDRE du 12 Ventôse, an 12 de la République française.

SERVICE DE L'ÉTAT-MAJOR DU GOUVERNEMENT.

Du 12 au 13 Ventôse.

Adjudant de Place de service à l'Etat-major........................... CARON.
Adjudant de Place de visite des Postes................................ CARON.

Visite aux Casernes, Prisons, Hôpital, et distribution de fourrages.

Rive droite de la Seine : le Capitaine Adjudant de Place................. GRAILLARD.
Rive gauche : le Capitaine Adjudant de Place......................... CORDIEZ.

Du 13 au 14 Ventôse.

Adjudant de Place de service à l'État-major........................... VILLERS.
Adjudant de Place de visite des Postes................................ VILLERS.

Visite aux Casernes, Prisons, Hôpital, et distribution de fourrages.

Rive droite de la Seine : le Capitaine Adjudant de Place................. CARON.
Rive gauche : le Capitaine Adjudant de Place......................... VIART.

Inspection de tous les Postes, le 12 Ventôse.

Les Adjudans......	SEGUIN, Capitaine........	1.er	et	2.e	Arrondissemens.
	DURET, *idem*............	3.e	et	4.e	*idem.*
	GEORGES, Lieutenant......	5.e	et	6.e	*idem.*
	DUMESNIL, Capitaine.....	7.e	et	8.e	*idem.*
	POUGET aîné, *idem*......	9.e	et	12.e	*idem.*
	BISSEAU, *idem*...........	10.e	et	11.e	*idem.*

ADJUDANS DE RONDES DE NUIT.

Du 12 au 13 Ventôse.

BENARD, Capitaine.......	1.er	et	2.e	Arrond.t
COLLINET, *idem*.........	3.e	et	4.e	*idem.*
DUMEZ, *idem*............	5.e	et	6.e	*idem.*
LESAGE, *idem*...........	7.e	et	8.e	*idem.*
CUDEY, *idem*............	9.e	et	12.e	*idem.*
GASNIER, *idem*..........	10.e	et	11.e	*idem.*

Du 13 au 14 Ventôse.

LEJEUNE, Lieutenant.....	1.er	et	2.e	Arrond.s
L'ÉTANG, Capitaine.......	3.e	et	4.e	*idem.*
DEVAUX, *idem*............	5.e	et	6.e	*idem.*
LACAN, Lieutenant.......	7.e	et	8.e	*idem.*
VATRIN, Capitaine.......	9.e	et	12.e	*idem.*
LEBRIGANT, *idem*.........	10.e	et	11.e	*idem.*

ADJUDANS DE SERVICE.

Le 13 Ventôse....	à l'Etat-major..	*L'Adjudant Capitaine*, TONNELOT.
		L'Adjudant Lieutenant, SIZAIRE.
	aux Marchés....	*L'Adjudant Lieutenant*, ROCH.

GARDE MUNICIPALE DE PARIS.

Inspection des Postes des Ports.

Le 12 Ventôse...

De nuit.	VIDAL..........	Capitaine au 1.er Régiment *(Rive droite).*
De jour.	LEROI..........	Lieutenant au 2.e Régiment *(Rive gauche).*

Inspection des Postes des Barrières.

De nuit.	MOULIN........	Lieutenant au 1.er Régiment *(Rive gauche).*
De jour.	THOMAS........	Lieutenant au 2.e Régiment *(Rive droite).*

Inspection des Postes de sûreté.

De nuit.	VILLERS-VANDEY.	Lieutenant au 1.er Régiment *(Rive droite).*
De jour.	CHEVALIER......	Sous-lieutenant au 2.e Régiment *(Rive gauche).*

TROUPES CASERNÉES DANS PARIS.

Le service des postes qui leur sont affectés, conformément à l'état qui leur a été donné par le Gouverneur de Paris.

L'Adjudant-commandant, Chef de l'État-major,

DOUCET.

ÉTAT-MAJOR DU GOUVERNEMENT DE PARIS.

ÉGALITÉ. *LIBERTÉ.*

ORDRE du 13 Ventôse, an 12 de la République française.

SERVICE DE L'ÉTAT-MAJOR DU GOUVERNEMENT.

Du 13 au 14 Ventôse.

Adjudant de Place de service à l'État-major .... VILLERS.
Adjudant de Place de visite des Postes .... VILLERS.

Visite aux Casernes, Prisons, Hôpital, et distribution de fourrages.

Rive droite de la Seine : le Capitaine Adjudant de Place .... CARON.
Rive gauche : le Capitaine Adjudant de Place .... VIART.

Du 14 au 15 Ventôse.

Adjudant de Place de service à l'Etat-major .... LABORDE.
Adjudant de Place de visite des Postes .... LABORDE.

Visite aux Casernes, Prisons, Hôpital, et distribution de fourrages.

Rive droite de la Seine : le Capitaine Adjudant de Place .... VILLERS.
Rive gauche : le Capitaine Adjudant de Place .... COTEAU.

Inspection de tous les Postes, le 13 Ventôse.

Les Adjudans.....	GOILLOT, Capitaine.......	1.er	et	2.e	Arrondissemens.
	GASSON, *idem*...........	3.e	et	4.e	*idem.*
	POUGET jeune, *idem*......	5.e	et	6.e	*idem.*
	CROSNIER, *idem*..........	7.e	et	8.e	*idem.*
	DUPLESSY, *idem*..........	9.e	et	12.e	*idem.*
	IRMINGER, *idem*..........	10.e	et	11.e	*idem.*

ADJUDANS DE RONDES DE NUIT.

Du 13 au 14 Ventôse.

LEJEUNE, Lieutenant.....	1.er	et	2.e	Arrond.s
L'ÉTANG, Capitaine.......	3.e	et	4.e	*idem.*
DEVAUX, *idem*...........	5.e	et	6.e	*idem.*
LACAN, Lieutenant.......	7.e	et	8.e	*idem.*
VATRIN, Capitaine.......	9.e	et	12.e	*idem.*
LEBRIGANT, *idem*........	10.e	et	11.e	*idem.*

Du 14 au 15 Ventôse.

GOILLOT, Capitaine......	1.er	et	2.e	Arrond.s
GASSON, *idem*.........	3.e	et	4.e	*idem.*
POUGET jeune, *idem*.....	5.e	et	6.e	*idem.*
CROSNIER, *idem*.........	7.e	et	8.e	*idem.*
DUPLESSY, *idem*.........	9.e	et	12.e	*idem.*
IRMINGER, *idem*.........	10.e	et	11.e	*idem.*

ADJUDANS DE SERVICE.

Le 14 Ventôse....	à l'Etat-major..	*L'Adjudant Capitaine*, AVRIL.
		L'Adjudant Lieutenant, FERSUCH.
	à la Bourse....	*L'Adjudant Capitaine*, DURAND.
	aux Marchés....	*L'Adjudant Lieutenant*, TONNOILLE.

GARDE MUNICIPALE DE PARIS.

Inspection des Postes des Ports.

Le 13 Ventôse...	*De jour.*	FELIX...........	Sous-lieutenant au 1.er Régiment *(Rive gauche)*.
	De nuit.	LACY...........	Capitaine au 2.e Régiment *(Rive droite)*.
		Inspection des Postes des Barrières.	
	De jour.	FOREST.........	Lieutenant au 1.er Régiment *(Rive droite)*.
	De nuit.	BONNET.........	Sous-lieutenant au 2.e Régiment *(Rive gauche)*.
		Inspection des Postes de sûreté.	
	De jour.	COURONNEAU....	Capitaine au 1.er Régiment *(Rive gauche)*.
	De nuit.	PASCALIS........	Lieutenant au 2.e Régiment *(Rive droite)*.

TROUPES CASERNÉES DANS PARIS.

Le service des postes qui leur sont affectés, conformément à l'état qui leur a été donné par le Gouverneur de Paris.

L'Adjudant-commandant, Sous-chef de l'État-major,

DOUCET.

ÉTAT-MAJOR DU GOUVERNEMENT DE PARIS.

ÉGALITÉ.  *LIBERTÉ.*

ORDRE du 14 Ventôse, an 12 de la République française.

SERVICE DE L'ÉTAT-MAJOR DU GOUVERNEMENT.

Du 14 au 15 Ventôse.

Adjudant de Place de service à l'État-major.......................... LABORDE.
Adjudant de Place de visite des Postes.......................... LABORDE.

Visite aux Casernes, Prisons, Hôpital, et distribution de fourrages.

Rive droite de la Seine : le Capitaine Adjudant de Place.............. VILLERS.
Rive gauche : le Capitaine Adjudant de Place.......................... COTEAU.

Du 15 au 16 Ventôse.

Adjudant de Place de service à l'État-major.......................... GRAILLARD.
Adjudant de Place de ronde.......................... GRAILLARD.

Visite aux Casernes, Prisons, Hôpital, et distribution de fourrages.

Rive droite de la Seine : le Capitaine Adjudant de Place.............. CORDIEZ.
Rive gauche : le Capitaine Adjudant de Place.......................... GRAILLARD.

Inspection de tous les Postes, le 14 Ventôse.

Les Adjudans......	LEJEUNE, Lieutenant......	1.er	et	2.e	Arrondissemens.
	L'ÉTANG, Capitaine.......	3.e	et	4.e	*idem.*
	DEVAUX, *idem*..........	5.e	et	6.e	*idem.*
	LACAN, Lieutenant.......	7.e	et	8.e	*idem.*
	VATRIN, Capitaine.......	9.e	et	12.e	*idem.*
	LEBRIGANT, *idem*........	10.e	et	11.e	*idem.*

ADJUDANS DE RONDES DE NUIT.

Du 14 au 15 Ventôse.			*Du 15 au 16 Ventôse.*		
GOILLOT, Capitaine......	1.er et 2.e	Arrond.t	LEJEUNE, Lieutenant.....	1.er et 2.e	Arrond.t
GASSON, *idem*........	3.e et 4.e	*idem.*	L'ÉTANG, Capitaine.......	3.e et 4.e	*idem.*
POUGET jeune, *idem*......	5.e et 6.e	*idem.*	DEVAUX, *idem*..........	5.e et 6.e	*idem.*
CROSNIER, *idem*.........	7.e et 8.e	*idem.*	LACAN, Lieutenant.......	7.e et 8.e	*idem.*
DUPLESSY, *idem*.........	9.e et 12.e	*idem.*	VATRIN, Capitaine.......	9.e et 12.e	*idem.*
IRMINGER, *idem*.........	10.e et 11.e	*idem.*	LEBRIGANT, *idem*........	10.e et 11.e	*idem.*

ADJUDANS DE SERVICE.

Le 15 Ventôse....	à l'Etat-major..	*L'Adjudant Capitaine*, BÉTIS.
		L'Adjudant Lieutenant, LEHECQ.
	à la Bourse.....	*L'Adjudant Capitaine*, TONNELOT.
	aux Marchés....	*L'Adjudant Lieutenant*, VIOLANT.

Punition.

L'Adjudant Capitaine *Livin* gardera les arrêts jusqu'à nouvel ordre, pour, étant de service à la barrière de Charonne, n'avoir pas renvoyé à sa caserne une garde qui était relevée.

GARDE MUNICIPALE DE PARIS.

Inspection des Postes des Ports.

Le 14 Ventôse...

De nuit. MASSON.......... Sous-lieutenant au 1.er Régiment *(Rive droite).*
De jour. RATHELOT....... *Idem* au 2.e Régiment *(Rive gauche).*

Inspection des Postes des Barrières.

De nuit. THOMAS........ Sous-lieutenant au 1.er Régiment *(Rive gauche).*
De jour. LAVARDE........ *Idem* au 2.e Régiment *(Rive droite).*

Inspection des Postes de sûreté.

De nuit. TONNERE....... Lieutenant au 1.er Régiment *(Rive droite).*
De jour. COLARD......... *Idem* au 2.e Régiment *(Rive gauche).*

TROUPES CASERNÉES DANS PARIS.

Le service des postes qui leur sont affectés, conformément à l'état qui leur a été donné par le Gouverneur de Paris.

L'Adjudant-commandant, Sous-chef de l'État-major général,

DOUCET.

ÉTAT-MAJOR DU GOUVERNEMENT DE PARIS.

ÉGALITÉ.  *LIBERTÉ.*

ORDRE du 15 Ventôse, an 12 de la République française.

SERVICE DE L'ÉTAT-MAJOR DU GOUVERNEMENT.

Du 15 au 16 Ventôse.

Adjudant de Place de service à l'État-major........................... GRAILLARD.
Adjudant de Place de visite des Postes........................... GRAILLARD.

Visite aux Casernes, Prisons, Hôpital, et distribution de fourrages.

Rive droite de la Seine : le Capitaine Adjudant de Place................ CORDIEZ.
Rive gauche : le Capitaine Adjudant de Place........................ GRAILLARD.

Du 16 au 17 Ventôse.

Adjudant de Place de service à l'Etat-major........................... VIART.
Adjudant de Place de ronde.. VIART.

Visite aux Casernes, Prisons, Hôpital, et distribution de fourrages.

Rive droite de la Seine : le Capitaine Adjudant de Place................ VIART.
Rive gauche : le Capitaine Adjudant de Place........................ CARON.

Inspection de tous les Postes, le 15 Ventôse.

Les Adjudans......	GOILLOT, Capitaine.......	1.er	et	2.e	Arrondissemens.
	GASSON, *idem*...........	3.e	et	4.e	*idem.*
	POUGET jeune, *idem*......	5.e	et	6.e	*idem.*
	CROSNIER, *idem*..........	7.e	et	8.e	*idem.*
	DUPLESSY, *idem*.........	9.e	et	12.e	*idem.*
	IRMINGER, *idem*.........	10.e	et	11.e	*idem.*

ADJUDANS DE RONDES DE NUIT.

Du 15 au 16 Ventôse.

LEJEUNE, Lieutenant......	1.er	et	2.e	Arrond.t
L'ÉTANG, Capitaine.......	3.e	et	4.e	*idem.*
DEVAUX, *idem*..........	5.e	et	6.e	*idem.*
LACAN, Lieutenant.......	7.e	et	8.e	*idem.*
VATRIN, Capitaine.......	9.e	et	12.e	*idem.*
LEBRIGANT, *idem*........	10.e	et	11.e	*idem.*

Du 16 au 17 Ventôse.

GOILLOT, Capitaine......	1.er	et	2.e	Arrond.t
GASSON, *idem*...........	3.e	et	4.e	*idem.*
POUGET jeune, *idem*.....	5.e	et	6.e	*idem.*
CROSNIER, *idem*.........	7.e	et	8.e	*idem.*
DUPLESSY, *idem*.........	9.e	et	12.e	*idem.*
IRMINGER, *idem*.........	10.e	et	11.e	*idem.*

ADJUDANS DE SERVICE.

Le 16 Ventôse....	à l'Etat-major..	*L'Adjudant Capitaine*, BAILLET.
		L'Adjudant Lieutenant, LEPAGE.
	à la Bourse....	*L'Adjudant Capitaine*, CONSTANS.
	aux Marchés....	*L'Adjudant Lieutenant*, AUBERT.

GARDE MUNICIPALE DE PARIS.

Inspection des Postes des Ports.

Le 15 Ventôse. . .

De jour. CHAPSAL. . . . . Sous-lieutenant au 1.er Régiment *(Rive gauche).*
De nuit. LEBORGNE. . . . . . . Capitaine au 2.e Régiment *(Rive droite).*

Inspection des Postes des Barrières.

De jour. JACQUES. . . . . Sous-lieutenant au 1.er Régiment *(Rive droite).*
De nuit. DUPRÉ. . . . . Capitaine au 2.e Régiment *(Rive gauche).*

Inspection des Postes de sûreté.

De jour. DEVEYLE. . . . . Lieutenant au 1.er Régiment *(Rive gauche).*
De nuit. HIGNET. . . . . Capitaine au 2.e Régiment *(Rive droite).*

TROUPES CASERNÉES DANS PARIS.

Le service des postes qui leur sont affectés, conformément à l'état qui leur a été donné par le Gouverneur de Paris.

L'Adjudant-commandant, Sous-chef de l'État-major général,

DOUCET.

ÉTAT-MAJOR DU GOUVERNEMENT DE PARIS.

ÉGALITÉ.  *LIBERTÉ.*

ORDRE du 16 Ventôse, an 12 de la République française.

SERVICE DE L'ÉTAT-MAJOR DU GOUVERNEMENT.

Du 16 au 17 Ventôse.

Adjudant de Place de service à l'Etat-major.............................. VIART.
Adjudant de Place de visite des Postes.................................... VIART.

Visite aux Casernes, Prisons, Hôpital, et distribution de fourrages.

Rive droite de la Seine : le Capitaine Adjudant de Place................. VIART.
Rive gauche : le Capitaine Adjudant de Place.............................. GRAILLARD.

Du 17 au 18 Ventôse.

Adjudant de Place de service à l'État-major.............................. COTEAU.
Adjudant de Place de ronde.. COTEAU.

Visite aux Casernes, Prisons, Hôpital, et distribution de fourrages.

Rive droite de la Seine : le Capitaine Adjudant de Place................. COTEAU.
Rive gauche : le Capitaine Adjudant de Place.............................. VILLERS.

Inspection de tous les Postes, le 16 Ventôse.

Les Adjudans......	LEJEUNE, Lieutenant.....	1.er	et	2.e	Arrondissemens.
	L'ÉTANG, Capitaine.......	3.e	et	4.e	*idem.*
	DEVAUX, *idem*...........	5.e	et	6.e	*idem.*
	LACAN, Lieutenant.......	7.e	et	8.e	*idem.*
	VATRIN, Capitaine.......	9.e	et	12.e	*idem.*
	LEBRIGANT, *idem*........	10.e	et	11.e	*idem.*

ADJUDANS DE RONDES DE NUIT.

Du 16 au 17 Ventôse.

GOILLOT, Capitaine......	1.er et 2.e	Arrond.t
GASSON, *idem*...........	3.e et 4.e	*idem.*
POUGET jeune, *idem*......	5.e et 6.e	*idem.*
CROSNIER, *idem*..........	7.e et 8.e	*idem.*
DUPLESSY, *idem*..........	9.e et 12.e	*idem.*
IRMINGER, *idem*..........	10.e et 11.e	*idem.*

Du 17 au 18 Ventôse.

LEJEUNE, Lieutenant......	1.er et 2.e	Arrond.t
L'ÉTANG, Capitaine.......	3.e et 4.e	*idem.*
DEVAUX, *idem*...........	5.e et 6.e	*idem.*
LACAN, Lieutenant.......	7.e et 8.e	*idem.*
VATRIN, Capitaine.......	9.e et 12.e	*idem.*
LEBRIGANT, *idem*........	10.e et 11.e	*idem.*

ADJUDANS DE SERVICE.

Le 17 Ventôse....	à l'Etat-major..	*L'Adjudant Capitaine*, LIVIN.
		L'Adjudant Lieutenant, TONNOILLE.
	à la Bourse.....	*L'Adjudant Capitaine*, HUBERT.
	aux Marchés....	*L'Adjudant Lieutenant*, KNAB.

GARDE MUNICIPALE DE PARIS.

Inspection des Postes des Ports.

Le 16 Ventôse...

De nuit. RECOULET....... Sous-lieutenant au 1.er Régiment *(Rive droite)*.
De jour. BARNIER........ Capitaine au 2.e Régiment *(Rive gauche)*.

Inspection des Postes des Barrières.

De nuit. MOUTIN......... Lieutenant au 1.er Régiment *(Rive gauche)*.
De jour. PEGARD.......... Sous-lieutenant au 2.e Régiment *(Rive droite)*.

Inspection des Postes de sûreté.

De nuit. TREBOIS......... Sous-lieutenant au 1.er Régiment *(Rive droite)*.
De jour. DAVIET......... Capitaine au 2.e Régiment *(Rive gauche)*.

TROUPES CASERNÉES DANS PARIS.

Le service des postes qui leur sont affectés, conformément à l'état qui leur a été donné par le Gouverneur de Paris.

Conseil de guerre spécial.

Composition du Conseil de guerre spécial qui devra se tenir le 19 Ventôse, à neuf heures du matin, à l'Etat-major du Gouvernement de Paris, quai Voltaire, n.° 4, pour procéder au jugement du nommé *Mommartin* (Pierre), soldat au 4.e régiment d'Infanterie légère, prévenu de désertion à l'intérieur, conformément aux dispositions du titre III de l'Arrêté du Gouvernement du 19 Vendémiaire an 12.

DORNEZ......... Major du 1.er Régiment de Cuirassiers, *Président ;*
RAMOUDON...... Capitaine au 18.e de ligne;
ESPANET........ *Idem* au 96.e de ligne ;
ACLUQUE....... *Idem* au 4.e d'Infanterie légère;
JULIEN......... *Idem* au 4.e de Vétérans;
MOUTIN........ Lieutenant au 1.er de la Garde de Paris;
DESCART........ *Idem* au 4.e de Vétérans;
BEAUDINOT...... Capitaine au 4.e d'infanterie légère, *Rapporteur.*

Composition du Conseil de guerre spécial qui devra se tenir le 19 Ventôse, à midi, à l'État-major du Gouvernement de Paris, quai Voltaire, n.° 4, pour procéder au jugement du nommé *Barreaux* (Mathieu), soldat au 4.e Régiment d'Infanterie légère, prévenu de désertion à l'intérieur, conformément aux dispositions du titre III de l'Arrêté du Gouvernement du 19 Vendémiaire an 12.

GUITON......... Colonel du 1.er Régiment de Cuirassiers, *Président ;*
PLAUTIER....... Capitaine au 18.e Régiment de ligne;
LEMAITRE....... *Idem* au 96.e de ligne;
RAYNAULT...... *Idem* au 4.e Régiment d'Infanterie légère;
DUSEUIL........ *Idem* au 4.e de Vétérans;
LEROI.......... Lieutenant au 2.e de la Garde de Paris;
CASTILLE........ *Idem* au 10.e de Vétérans;
MOTTE.......... Capitaine au 18.e de ligne, *Rapporteur.*

Composition du Conseil de guerre spécial qui devra se tenir le 20 Ventôse, à neuf heures du matin, à l'État-major du Gouvernement de Paris, quai Voltaire, n.° 4, pour procéder au jugement du nommé *Berger* (Remy-Alexis), soldat au 32.e Régiment de ligne, prévenu de désertion à l'intérieur, conformément aux dispositions du titre III de l'Arrêté du Gouvernement du 19 Vendémiaire an 12.

LERIGET........ Chef de Bataillon au 96.e Régiment de ligne, *Président;*
COURONNEAU.... Capitaine au 1.er de la Garde de Paris;

DUPRÉ.......... *Idem* au 2.e de ladite Garde;
CHÂTEAUBODEAU.. *Idem* au 10.e de Vétérans;
DAUDIEZ........ *Idem* au 1.er de Cuirassiers;
DIEUZAIDE...... Lieutenant au 4.e d'Infanterie légère;
BITOUX......... *Idem* au 18.e de ligne;
HUIN........... Capitaine au 4.e de Vétérans, *Rapporteur.*

Composition du Conseil de guerre spécial qui devra se tenir le 20 Ventôse, à midi, à l'État-major du Gouvernement de Paris, quai Voltaire, n.° 4, pour procéder au jugement du nommé *Lassalle* (Charles), soldat au 2.e Régiment de la Garde municipale de Paris, prévenu de désertion à l'intérieur, conformément aux dispositions du titre III de l'Arrêté du Gouvernement du 19 Vendémiaire an 12.

STETTENHOSEN.... Chef de Bataillon au 10.e Régiment de Vétérans, *Président;*
LEBLANC......... Capitaine au 1.er Régiment de la Garde de Paris;
BARNIER......... *Idem* au 2.e de ladite Garde;
DARRAS.......... *Idem* au 10.e de Vétérans;
COUSIN.......... *Idem* au 1.er de Cuirassiers;
POJOLAT......... Lieutenant au 4.e d'Infanterie légère;
MADINIER........ *Idem* au 18.e de ligne;
LELIÈVRE........ Lieutenant au 10.e de Vétérans, *Rapporteur.*

Composition du Conseil de guerre spécial qui devra se tenir le 21 Ventôse, à 9 heures du matin, à l'État-major du Gouvernement de Paris, quai Voltaire, n.° 4, pour procéder au jugement du nommé *Gelée* (Pierre), soldat au 2.e Régiment de la Garde municipale de Paris, prévenu de désertion à l'intérieur, conformément aux dispositions du titre III de l'Arrêté du Gouvernement du 19 Vendémiaire an 12.

ESTEVE......... Chef de Bataillon au 2.e Régiment de la Garde de Paris, *Président;*
REGIS-REMOND... Capitaine au 18.e de ligne;
PHILIPPE....... *Idem* au 96.e de ligne;
BERNE.......... *Idem* au 4.e d'Infanterie légère;
DUJON.......... *Idem* au 4.e de Vétérans;
HORY........... Lieutenant audit Régiment;
PILLON......... *Idem* au 10.e de Vétérans;
DEGOULT........ Capitaine au 4.e d'Infanterie légère, *Rapporteur.*

Composition du Conseil de guerre spécial qui devra se tenir le 21 Ventôse, à midi, à l'État-major du Gouvernement de Paris, quai Voltaire, n.° 4, pour procéder au jugement du nommé *Morinet* (Alexis), soldat au 2.e Régiment de la Garde municipale de Paris, prévenu de désertion à l'intérieur, conformément aux dispositions du titre III de l'arrêté du Gouvernement du 19 Vendémiaire an 12.

GOUGET........ Colonel des Dragons de la Garde de Paris, *Président;*
ROCHE......... Capitaine au 4.e Régiment d'infanterie légère;
PINARD........ *Idem* au 1.er de Cuirassiers;
PEUTAT........ *Idem* au 4.e de Vétérans;
SCHIRMANN..... *Idem* au 10.e de Vétérans;
MÉGAMEL....... Lieutenant au 1.er de la Garde de Paris;
MARCHAL....... *Idem* au 4.e d'Infanterie légère;
BERTHIER...... Capitaine au 18.e de ligne, *Rapporteur.*

Composition du Conseil de guerre spécial qui devra se tenir le 22 Ventôse, à neuf heures du matin, à l'Etat-major du Gouvernement de Paris, quai Voltaire, n.° 4, pour procéder au jugement du nommé *Tisseur* (Claude), soldat au 4.e Régiment d'Infanterie légère, prévenu de désertion à l'intérieur, conformément aux dispositions du titre III de l'Arrêté du Gouvernement du 19 Vendémiaire an 12.

BARROIS....... Colonel au 96.e Régiment de ligne, *Président;*
LHORE......... Capitaine au 4.e Régiment d'Infanterie légère;
ODIOT......... *Idem* au 1.er de Cuirassiers;
BONNELLIER.... *Idem* au 4.e de Vétérans;
PREVOST....... *Idem* au 10.e de Vétérans;
TONNERRE...... Lieutenant au 1.er de la Garde de Paris;
CAUSSE........ *Idem* au 4.e d'Infanterie légère;
THEURET....... Capitaine au 96.e de ligne, *Rapporteur.*

Composition du Conseil de guerre spécial qui devra se tenir le 22 Ventôse, à midi, à l'État-major du Gouvernement de Paris, quai Voltaire, n.° 4, pour procéder au jugement du nommé *Cherblanc* (Jean-Marie), soldat au 4.e Régiment d'Infanterie légère, prévenu de désertion à l'intérieur, conformément aux dispositions du titre III de l'Arrêté du Gouvernement du 19 Vendémiaire an 12.

VEYLANDE....... Major au 18.e Régiment de ligne, *Président ;*
PASCAL......... Capitaine au 18.e de ligne ;
DELORME........ *Idem* au 96.e de ligne ;
DOMENY......... *Idem* au 4.e d'Infanterie de légère ;
VAUBERT........ *Idem* au 4.e de Vétérans ;
JOSSE.......... Lieutenant audit Régiment ;
GERCOURT....... *Idem* au 10.e de Vétérans ;
PALLIERE....... Capitaine au 4.e de Vétérans, *Rapporteur.*

L'Adjudant-commandant, Sous-chef de l'État-major général,

DOUCET.

ÉTAT-MAJOR DU GOUVERNEMENT DE PARIS.

ÉGALITÉ. *LIBERTÉ.*

ORDRE du 17 Ventôse, an 12 de la République française.

SERVICE DE L'ÉTAT-MAJOR DU GOUVERNEMENT.

Du 17 au 18 Ventôse.

Adjudant de Place de service à l'État-major........................... COTEAU.
Adjudant de Place de visite des Postes........................... COTEAU.

Visite aux Casernes, Prisons, Hôpital, et distribution de fourrages.

Rive droite de la Seine : le Capitaine Adjudant de Place................ COTEAU.
Rive gauche : le Capitaine Adjudant de Place........................ VILLERS.

Du 18 au 19 Ventôse.

Adjudant de Place de service à l'Etat-major........................... CORDIEZ.
Adjudant de Place de ronde.. CORDIEZ.

Visite aux Casernes, Prisons, Hôpital, et distribution de fourrages.

Rive droite de la Seine : le Capitaine Adjudant de Place................ GRAILLARD.
Rive gauche : le Capitaine Adjudant de Place........................ CORDIEZ.

Inspection de tous les Postes, le 17 Ventôse.

Les Adjudans......	GOILLOT, Capitaine.......	1.er	et	2.e	Arrondissemens.
	GASSON, *idem*...........	3.e	et	4.e	*idem.*
	POUGET jeune, *idem*......	5.e	et	6.e	*idem.*
	CROSNIER, *idem*..........	7.e	et	8.e	*idem.*
	DUPLESSY, *idem*.........	9.e	et	12.e	*idem.*
	IRMINGER, *idem*.........	10.e	et	11.e	*idem.*

ADJUDANS DE RONDES DE NUIT.

Du 17 au 18 Ventôse.

LEJEUNE, Lieutenant......	1.er	et	2.e	Arrond.s
L'ÉTANG, Capitaine.......	3.e	et	4.e	*idem.*
DEVAUX, *idem*..........	5.e	et	6.e	*idem.*
LACAN, Lieutenant.......	7.e	et	8.e	*idem.*
VATRIN, Capitaine.......	9.e	et	12.e	*idem.*
LEBRIGANT, *idem*........	10.e	et	11.e	*idem.*

Du 18 au 19 Ventôse.

GOILLOT, Capitaine......	1.er	et	2.e	Arrond.s
GASSON, *idem*..........	3.e	et	4.e	*idem.*
POUGET jeune, *idem*......	5.e	et	6.e	*idem.*
CROSNIER, *idem*.........	7.e	et	8.e	*idem.*
DUPLESSY, *idem*.........	9.e	et	12.e	*idem.*
IRMINGER, *idem*.........	10.e	et	11.e	*idem.*

ADJUDANS DE SERVICE.

Le 18 Ventôse....	à l'Etat-major..	*L'Adjudant Capitaine*, VANLOO.
		L'Adjudant Lieutenant, PARATTE.
	à la Bourse.....	*L'Adjudant Capitaine*, BAYARD.
	aux Marchés....	*L'Adjudant Lieutenant*, BERNARD jeune.

GARDE MUNICIPALE DE PARIS.

Inspection des Postes des Ports.

Le 17 Ventôse...	*De jour.*	JULIEN.........	Capitaine au 1.er Régiment *(Rive gauche).*
	De nuit.	BERNARD........	*Idem* au 2.e Régiment *(Rive droite).*
		Inspection des Postes des Barrières.	
	De jour.	MÉJANEL.......	Lieutenant au 1.er Régiment *(Rive droite).*
	De nuit.	LEFEVRE........	*Idem* au 2.e Régiment *(Rive gauche).*
		Inspection des Postes de sûreté.	
	De jour.	LEMINE.........	Sous-lieutenant au 1.er Régiment *(Rive gauche).*
	De nuit.	MOISY..........	*Idem* au 2.e Régiment *(Rive droite).*

TROUPES CASERNÉES DANS PARIS.

Le service des postes qui leur sont affectés, conformément à l'état qui leur a été donné par le Gouverneur de Paris.

L'Adjudant-commandant, Sous-chef de l'Etat-major général,

DOUCET.

ÉTAT-MAJOR DU GOUVERNEMENT DE PARIS.

ÉGALITÉ.  *LIBERTÉ.*

ORDRE du 18 Ventôse, an 12 de la République française.

SERVICE DE L'ÉTAT-MAJOR DU GOUVERNEMENT.

Du 18 au 19 Ventôse.

Adjudant de Place de service à l'État-major........................ CORDIEZ.
Adjudant de Place de visite des Postes........................ CORDIEZ.

Visite aux Casernes, Prisons, Hôpital, et distribution de fourrages.

Rive droite de la Seine : le Capitaine Adjudant de Place........................ GRAILLARD.
Rive gauche : le Capitaine Adjudant de Place........................ CORDIEZ.

Du 19 au 20 Ventôse.

Adjudant de Place de service à l'État-major........................ CARON.
Adjudant de Place de ronde........................ CARON.

Visite aux Casernes, Prisons, Hôpital, et distribution de fourrages.

Rive droite de la Seine : le Capitaine Adjudant de Place........................ CARON.
Rive gauche : le Capitaine Adjudant de Place........................ VIART.

Inspection de tous les Postes, le 18 Ventôse.

Les Adjudans......	LEJEUNE, Lieutenant.....	1.er	et	2.e	Arrondissemens.
	L'ÉTANG, Capitaine.......	3.e	et	4.e	*idem.*
	DEVAUX, *idem*.........	5.e	et	6.e	*idem.*
	LACAN, Lieutenant.......	7.e	et	8.e	*idem.*
	VATRIN, Capitaine.......	9.e	et	12.e	*idem.*
	LEBRIGANT, *idem*........	10.e	et	11.e	*idem.*

ADJUDANS DE RONDES DE NUIT.

Du 18 au 19 Ventôse.

GOILLOT, Capitaine......	1.er et 2.e	Arrond.s
GASSON, *idem*........	3.e et 4.e	*idem.*
POUGET jeune, *idem*......	5.e et 6.e	*idem.*
CROSNIER, *idem*.........	7.e et 8.e	*idem.*
DUPLESSY, *idem*.........	9.e et 12.e	*idem.*
IRMINGER, *idem*.........	10.e et 11.e	*idem.*

Du 19 au 20 Ventôse.

LEJEUNE, Lieutenant......	1.er et 2.e	Arrond.s
L'ÉTANG, Capitaine.......	3.e et 4.e	*idem.*
DEVAUX, *idem*..........	5.e et 6.e	*idem.*
LACAN, Lieutenant.......	7.e et 8.e	*idem.*
VATRIN, Capitaine.......	9.e et 12.e	*idem.*
LEBRIGANT, *idem*........	10.e et 11.e	*idem.*

ADJUDANS DE SERVICE.

Le 19 Ventôse....	à l'Etat-major..	*L'Adjudant Capitaine*, BAYARD.
		L'Adjudant Lieutenant, BÉGUIN.
	à la Bourse....	*L'Adjudant Capitaine*, BÉGUINOT.
	aux Marchés....	*L'Adjudant Lieutenant*, TERRIER.

GARDE MUNICIPALE DE PARIS.

Inspection des Postes des Ports.

Le 18 Ventôse...

De nuit. GUESNIER....... Capitaine au 1.er Régiment *(Rive droite).*
De jour. HARAN......... Lieutenant au 2.e Régiment *(Rive gauche).*

Inspection des Postes des Barrières.

De nuit. PEILLON....... Lieutenant au 1.er Régiment *(Rive gauche).*
De jour. BÉRARD......... *Idem* au 2.e Régiment *(Rive droite).*

Inspection des Postes de sûreté.

De nuit. WATRIN........ Sous-lieutenant au 1.er Régiment *(Rive droite).*
De jour. HENRY.......... Capitaine au 2.e Régiment *(Rive gauche).*

TROUPES CASERNÉES DANS PARIS.

Le service des postes qui leur sont affectés, conformément à l'état qui leur a été donné par le Gouverneur de Paris.

L'Adjudant-commandant, Sous-chef de l'État-major général,

DOUCET.

ÉTAT-MAJOR DU GOUVERNEMENT DE PARIS.

ÉGALITÉ. *LIBERTÉ.*

ORDRE du 19 Ventôse, an 12 de la République française.

SERVICE DE L'ÉTAT-MAJOR DU GOUVERNEMENT.

Du 19 au 20 Ventôse.

Adjudant de Place de service à l'État-major.............................. CARON.
Adjudant de Place de visite des Postes.................................. CARON.

Visite aux Casernes, Prisons, Hôpital, et distribution de fourrages.

Rive droite de la Seine : le Capitaine Adjudant de Place................ CARON.
Rive gauche : le Capitaine Adjudant de Place............................ VIART.

Du 20 au 21 Ventôse.

Adjudant de Place de service à l'Etat-major............................. VILLERS.
Adjudant de Place de ronde.. VILLERS.

Visite aux Casernes, Prisons, Hôpital, et distribution de fourrages.

Rive droite de la Seine : le Capitaine Adjudant de Place................ VILLERS.
Rive gauche : le Capitaine Adjudant de Place............................ COTEAU.

Inspection de tous les Postes, le 19 Ventôse.

Les Adjudans......	GOILLOT, Capitaine......	1.er	et	2.e	Arrondissemens.
	GASSON, *idem*..........	3.e	et	4.e	*idem.*
	POUGET jeune, *idem*......	5.e	et	6.e	*idem.*
	CROSNIER, *idem*..........	7.e	et	8.e	*idem.*
	DUPLESSY, *idem*.........	9.e	et	12.e	*idem.*
	IRMINGER, *idem*.........	10.e	et	11.e	*idem.*

ADJUDANS DE RONDES DE NUIT.

Du 19 au 20 Ventôse.

LEJEUNE, Lieutenant......	1.er et 2.e	Arrond.s
L'ÉTANG, Capitaine.......	3.e et 4.e	*idem.*
DEVAUX, *idem*..........	5.e et 6.e	*idem.*
LACAN, Lieutenant.......	7.e et 8.e	*idem.*
VATRIN, Capitaine.......	9.e et 12.e	*idem.*
LEBRIGANT, *idem*........	10.e et 11.e	*idem.*

Du 20 au 21 Ventôse.

BÉNARD, Capitaine.......	1.er et 2.e	Arrond.s
COLLINET, *idem*.........	3.e et 4.e	*idem.*
DUMEZ, *idem*...........	5.e et 6.e	*idem.*
LESAGE, *idem*..........	7.e et 8.e	*idem.*
CUDEY, *idem*...........	9.e et 12.e	*idem.*
GASNIER, *idem*.........	10.e et 11.e	*idem.*

ADJUDANS DE SERVICE.

Le 20 Ventôse....	à l'Etat-major..	*L'Adjudant Capitaine*, CHEVALLOT.
		L'Adjudant Lieutenant, VILLEDIEU.
	aux Marchés....	*L'Adjudant Lieutenant*, QUINSON.

GARDE MUNICIPALE DE PARIS.

Inspection des Postes des Ports.

Le 19 Ventôse...

De jour. ROUEF.......... Lieutenant au 1.er Régiment *(Rive gauche).*
De nuit. ROBERT......... *Idem* au 2.e Régiment *(Rive droite).*

Inspection des Postes des Barrières.

De jour. DUCLUZEL....... Capitaine au 1.er Régiment *(Rive droite).*
De nuit. BLANCHERON.... Sous-lieutenant au 2.e Régiment *(Rive gauche).*

Inspection des Postes de sûreté.

De jour. FOURNIER....... Capitaine au 1.er Régiment *(Rive gauche).*
De nuit. DUCOING........ Lieutenant au 2.e Régiment *(Rive droite).*

TROUPES CASERNÉES DANS PARIS.

Le service des postes qui leur sont affectés, conformément à l'état qui leur a été donné par le Gouverneur de Paris.

L'Adjudant-commandant, Sous-chef de l'État-major général,

DOUCET.

ÉTAT-MAJOR DU GOUVERNEMENT DE PARIS.

ÉGALITÉ.  *LIBERTÉ.*

ORDRE du 20 Ventôse, an 12 de la République française.

SERVICE DE L'ÉTAT-MAJOR DU GOUVERNEMENT.

Du 20 au 21 Ventôse.

Adjudant de Place de service à l'Etat-major........................... VILLERS.
Adjudant de Place de visite des Postes........................... VILLERS.

Visite aux Casernes, Prisons, Hôpital, et distribution de fourrages.

Rive droite de la Seine : le Capitaine Adjudant de Place................ VILLERS.
Rive gauche : le Capitaine Adjudant de Place........................ COTEAU.

Du 21 au 22 Ventôse.

Adjudant de Place de service à l'État-major........................... LABORDE.
Adjudant de Place de ronde.. LABORDE.

Visite aux Casernes, Prisons, Hôpital, et distribution de fourrages.

Rive droite de la Seine : le Capitaine Adjudant de Place................ CORDIEZ.
Rive gauche : le Capitaine Adjudant de Place........................ GRAILLARD.

Inspection de tous les Postes, le 20 Ventôse.

Les Adjudans......	SEGUIN, Capitaine.......	1.er	et	2.e	Arrondissemens.
	DURET, *idem*............	3.e	et	4.e	*idem.*
	GEORGES, Lieutenant.....	5.e	et	6.e	*idem.*
	DUMESNIL, Capitaine.....	7.e	et	8.e	*idem.*
	POUGET aîné, *idem*......	9.e	et	12.e	*idem.*
	BISSEAU, *idem*...........	10.e	et	11.e	*idem.*

ADJUDANS DE RONDES DE NUIT.

Du 20 au 21 Ventôse.

BÉNARD, Capitaine.......	1.er	et	2.e	Arrond.t
COLLINET, *idem*.........	3.e	et	4.e	*idem.*
DUMEZ, *idem*............	5.e	et	6.e	*idem.*
LESAGE, *idem*...........	7.e	et	8.e	*idem.*
CUDEY, *idem*............	9.e	et	12.e	*idem.*
GASNIER, *idem*..........	10.e	et	11.e	*idem.*

Du 21 au 22 Ventôse.

SEGUIN, Capitaine.......	1.er	et	2.e	Arrond.t
DURET, *idem*............	3.e	et	4.e	*idem.*
GEORGES, Lieutenant.....	5.e	et	6.e	*idem.*
DUMESNIL, Capitaine.....	7.e	et	8.e	*idem.*
POUGET aîné, *idem*......	9.e	et	12.e	*idem.*
BISSEAU, *idem*...........	10.e	et	11.e	*idem.*

ADJUDANS DE SERVICE.

Le 21 Ventôse....	à l'Etat-major..	*L'Adjudant Lieutenant,* VASSEUR.
		L'Adjudant Lieutenant, MENTHONNET.
	à la Bourse....	*L'Adjudant Capitaine,* AVRIL.
	aux Marchés....	*L'Adjudant Lieutenant,* FERSUCH.

GARDE MUNICIPALE DE PARIS.

Inspection des Postes des Ports.

Le 20 Ventôse...

De nuit. MARTIN......... Lieutenant au 1.er Régiment *(Rive droite).*
De jour. TISSOT.......... Sous-lieutenant au 2.e Régiment *(Rive gauche).*

Inspection des Postes des Barrières.

De nuit. LEBLANC........ Capitaine au 1.er Régiment *(Rive gauche).*
De jour. GRIMAUD....... *Idem* au 2.e Régiment *(Rive droite).*

Inspection des Postes de sûreté.

De nuit. HASSE.......... Capitaine au 1.er Régiment *(Rive droite).*
De jour. MELAY......... Sous-lieutenant au 2.e Régiment *(Rive gauche).*

TROUPES CASERNÉES DANS PARIS.

Le service des postes qui leur sont affectés, conformément à l'état qui leur a été donné par le Gouverneur de Paris.

L'Adjudant-commandant, Sous-chef de l'État-major général,

DOUCET.

ÉTAT-MAJOR DU GOUVERNEMENT DE PARIS.

ÉGALITÉ.  *LIBERTÉ.*

ORDRE du 21 Ventôse, an 12 de la République française.

SERVICE DE L'ÉTAT-MAJOR DU GOUVERNEMENT.

Du 21 au 22 Ventôse.

Adjudant de Place de service à l'État-major.......... LABORDE.
Adjudant de Place de visite des Postes.......... LABORDE.

Visite aux Casernes, Prisons, Hôpital, et distribution de fourrages.

Rive droite de la Seine : le Capitaine Adjudant de Place.......... CORDIEZ.
Rive gauche : le Capitaine Adjudant de Place.......... GRAILLARD.

Du 22 au 23 Ventôse.

Adjudant de Place de service à l'État-major.......... GRAILLARD.
Adjudant de Place de ronde.......... GRAILLARD.

Visite aux Casernes, Prisons, Hôpital, et distribution de fourrages.

Rive droite de la Seine : le Capitaine Adjudant de Place.......... VIART.
Rive gauche : le Capitaine Adjudant de Place.......... CARON.

Inspection de tous les Postes, le 21 Ventôse.

Les Adjudans......	BÉNARD, Capitaine......	1.er et 2.e	Arrondissemens.
	COLLINET, *idem*.........	3.e et 4.e	*idem.*
	DUMEZ, *idem*.........	5.e et 6.e	*idem.*
	LESAGE, *idem*.........	7.e et 8.e	*idem.*
	CUDEY, *idem*.........	9.e et 12.e	*idem.*
	GASNIER, *idem*.........	10.e et 11.e	*idem.*

ADJUDANS DE RONDES DE NUIT.

Du 21 au 22 Ventôse.

SEGUIN, Capitaine.......	1.er et 2.e Arrond.e
DURET, *idem*...........	3.e et 4.e *idem.*
GEORGES, Lieutenant.....	5.e et 6.e *idem.*
DUMESNIL, Capitaine.....	7.e et 8.e *idem.*
POUGET aîné, *idem*.......	9.e et 12.e *idem.*
DELESTRÉE, *idem*.......	10.e et 11.e *idem.*

Du 22 au 23 Ventôse.

BÉNARD, Capitaine.......	1.er et 2.e Arrond.e
COLLINET, *idem*.........	3.e et 4.e *idem.*
DUMEZ, *idem*.........	5.e et 6.e *idem.*
LESAGE, *idem*.........	7.e et 8.e *idem.*
CUDEY, *idem*.........	9.e et 12.e *idem.*
GASNIER, *idem*.........	10.e et 11.e *idem.*

ADJUDANS DE SERVICE.

Le 22 Ventôse....	à l'État-major..	*L'Adjudant Lieutenant,* CHEMIN.
		L'Adjudant Lieutenant, LAMILAGOARDETTE.
	à la Bourse.....	*L'Adjudant Capitaine,* BÉTIS.
	aux Marchés....	*L'Adjudant Lieutenant,* QUINSON.

GARDE MUNICIPALE DE PARIS.

Inspection des Postes des Ports.

Le 21 Ventôse...	*De jour.*	MOULIN........	Lieutenant au 1.er Régiment *(Rive gauche).*
	De nuit.	THOMAS........	*Idem* au 2.e Régiment *(Rive droite).*
		Inspection des Postes des Barrières.	
	De jour.	VILLERS-VANDEY.	Lieutenant au 1.er Régiment *(Rive droite).*
	De nuit.	CHEVALIER......	Sous-lieutenant au 2.e Régiment *(Rive gauche).*
		Inspection des Postes de sûreté.	
	De jour.	VIDAL..........	Capitaine au 1.er Régiment *(Rive gauche).*
	De nuit.	LEROI..........	Lieutenant au 2.e Régiment *(Rive droite).*

TROUPES CASERNÉES DANS PARIS.

Le service des postes qui leur sont affectés, conformément à l'état qui leur a été donné par le Gouverneur de Paris.

L'Adjudant-commandant, Sous-chef de l'État-major général,

DOUCET.

ÉTAT-MAJOR DU GOUVERNEMENT DE PARIS.

ÉGALITÉ.  *LIBERTÉ.*

ORDRE du 22 Ventôse, an 12 de la République française.

SERVICE DE L'ÉTAT-MAJOR DU GOUVERNEMENT.

Du 22 au 23 Ventôse.

Adjudant de Place de service à l'État-major.................................. GRAILLARD.
Adjudant de Place de visite des Postes.. GRAILLARD.

Visite aux Casernes, Prisons, Hôpital, et distribution de fourrages.

Rive droite de la Seine : le Capitaine Adjudant de Place.................. VIART.
Rive gauche : le Capitaine Adjudant de Place.................................. CARON.

Du 23 au 24 Ventôse.

Adjudant de Place de service à l'État-major.................................. VIART.
Adjudant de Place de ronde.. VIART.

Visite aux Casernes, Prisons, Hôpital, et distribution de fourrages.

Rive droite de la Seine : le Capitaine Adjudant de Place.................. SOTEAU.
Rive gauche : le Capitaine Adjudant de Place.................................. VILLERS.

Inspection de tous les Postes, le 22 Ventôse.

Les Adjudans......	SEGUIN, Capitaine........	1.er	et	2.e	Arrondissemens.
	DURET, *idem*............	3.e	et	4.e	*idem.*
	GEORGES, Lieutenant.....	5.e	et	6.e	*idem.*
	DUMESNIL, Capitaine.....	7.e	et	8.e	*idem.*
	POUGET aîné, *idem*......	9.e	et	12.e	*idem.*
	DELESTRÉE, *idem*........	10.e	et	11.e	*idem.*

ADJUDANS DE RONDES DE NUIT.

Du 22 au 23 Ventôse.

BÉNARD, Capitaine.......	1.er et 2.e	Arrond.s
COLLINET, *idem*.........	3.e et 4.e	*idem.*
DUMEZ, *idem*...........	5.e et 6.e	*idem.*
LESAGE, *idem*...........	7.e et 8.e	*idem.*
CUDEY, *idem*............	9.e et 12.e	*idem.*
GASNIER, *idem*..........	10.e et 11.e	*idem.*

Du 23 au 24 Ventôse.

SEGUIN, Capitaine.......	1.er et 2.e	Arrond.s
DURET, *idem*...........	3.e et 4.e	*idem.*
GEORGES, Lieutenant.....	5.e et 6.e	*idem.*
DUMESNIL, Capitaine.....	7.e et 8.e	*idem.*
POUGET aîné, *idem*......	9.e et 12.e	*idem.*
DELESTRÉE, *idem*........	10.e et 11.e	*idem.*

ADJUDANS DE SERVICE.

Le 23 Ventôse....	à l'État-major..	*L'Adjudant Lieutenant,* JOLY.
		L'Adjudant Lieutenant, GALLY.
	à la Bourse.....	*L'Adjudant Capitaine,* LIVIN.
	aux Marchés....	*L'Adjudant Lieutenant,* LAUNÉE.

GARDE MUNICIPALE DE PARIS.

Inspection des Postes des Ports.

Le 22 Ventôse. . .

De nuit.	FOREST.........	Lieutenant au 1.er Régiment *(Rive droite).*
De jour.	BONNET.........	Sous-lieutenant au 2.e Régiment *(Rive gauche).*

Inspection des Postes des Barrières.

De nuit.	COURONNEAU....	Capitaine au 1.er Régiment *(Rive gauche).*
De jour.	PASCALIS........	Lieutenant au 2.e Régiment *(Rive droite).*

Inspection des Postes de sûreté.

De nuit.	FELIX...........	Sous-lieutenant au 1.er Régiment *(Rive droite).*
De jour.	LACY...........	Capitaine au 2.e Régiment *(Rive gauche).*

TROUPES CASERNÉES DANS PARIS.

Le service des postes qui leur sont affectés, conformément à l'état qui leur a été donné par le Gouverneur de Paris.

L'Adjudant-commandant, Sous-chef de l'État-major général,

DOUCET.

ÉTAT-MAJOR DU GOUVERNEMENT DE PARIS.

ÉGALITÉ.  *LIBERTÉ.*

ORDRE du 23 Ventôse, an 12 de la République française.

SERVICE DE L'ÉTAT-MAJOR DU GOUVERNEMENT.

Du 23 au 24 Ventôse.

Adjudant de Place de service à l'État-major .... VIART.
Adjudant de Place de visite des Postes .... VIART.

Visite aux Casernes, Prisons, Hôpital, et distribution de fourrages.

Rive droite de la Seine : le Capitaine Adjudant de Place .... COTEAU.
Rive gauche : le Capitaine Adjudant de Place .... VILLERS.

Du 24 au 25 Ventôse.

Adjudant de Place de service à l'État-major .... COTEAU.
Adjudant de Place de visite des Postes .... COTEAU.

Visite aux Casernes, Prisons, Hôpital, et distribution de fourrages.

Rive droite de la Seine : le Capitaine Adjudant de Place .... GRAILLARD.
Rive gauche : le Capitaine Adjudant de Place .... CORDIEZ.

Inspection de tous les Postes, le 23 Ventôse.

Les Adjudans	BÉNARD, Capitaine	1.er	et	2.e	Arrondissemens.
	COLLINET, *idem*	3.e	et	4.e	*idem.*
	DUMEZ, *idem*	5.e	et	6.e	*idem.*
	LESAGE, *idem*	7.e	et	8.e	*idem.*
	CUDEY, *idem*	9.e	et	12.e	*idem.*
	GASNIER, *idem*	10.e	et	11.e	*idem.*

ADJUDANS DE RONDES DE NUIT.

Du 23 au 24 Ventôse.

SEGUIN, Capitaine	1.er et 2.e	Arrond.s
DURET, *idem*	3.e et 4.e	*idem.*
GEORGES, Lieutenant	5.e et 6.e	*idem.*
DUMESNIL, Capitaine	7.e et 8.e	*idem.*
POUGET aîné, *idem*	9.e et 12.e	*idem.*
DELESTRÉE, *idem*	10.e et 11.e	*idem.*

Du 24 au 25 Ventôse.

BÉNARD, Capitaine	1.er et 2.e	Arrond.s
COLLINET, *idem*	3.e et 4.e	*idem.*
DUMEZ, *idem*	5.e et 6.e	*idem.*
LESAGE, *idem*	7.e et 8.e	*idem.*
CUDEY, *idem*	9.e et 12.e	*idem.*
GASNIER, *idem*	10.e et 11.e	*idem.*

ADJUDANS DE SERVICE.

Le 24 Ventôse	à l'État-major ..	*L'Adjudant Lieutenant,* SANSON.
		L'Adjudant Lieutenant, KNAB.
	à la Bourse	*L'Adjudant Capitaine,* VANLOO.
	aux Marchés	*L'Adjudant Lieutenant,* MOREAU.

GARDE MUNICIPALE DE PARIS.

Inspection des Postes des Ports.

Le 23 Ventôse...

De jour. TONNERE....... Lieutenant au 1.er Régiment *(Rive gauche).*
De nuit. COLARD......... *Idem* au 2.e Régiment *(Rive droite).*

Inspection des Postes des Barrières.

De jour. MASSON......... Sous-lieutenant au 1.er Régiment *(Rive droite).*
De nuit. RATHELOT....... *Idem* au

Inspection des Postes de sûreté.

De jour. THOMAS........ Sous-lieutenant au 1.er Régiment *(Rive gauche).*
De nuit. LAVARDE........ *Idem* au 2.e Régiment *(Rive droite).*

TROUPES CASERNÉES DANS PARIS.

Le service des postes qui leur sont affectés, conformément à l'état qui leur a été donné par le Gouverneur de Paris.

Conseil de guerre spécial.

Composition du Conseil de guerre spécial qui devra se tenir le 26 Ventôse, à neuf heures du matin, à l'État-major du Gouvernement de Paris, quai Voltaire, n.° 4, pour procéder au jugement du nommé *Dupré* (Philippe), soldat au 4.e Régiment d'Infanterie légère, prévenu de désertion à l'intérieur, conformément aux dispositions du titre III de l'Arrêté du Gouvernement du 19 Vendémiaire an 12.

RABBE.......... Colonel du 2.e Régiment de la Garde de Paris, *Président ;*
DENOYAU-BERNE.. Capitaine au 18.e de ligne ;
PERNOT......... *Idem* au 96.e de ligne ;
BAILLY......... *Idem* au 4.e d'Infanterie légère ;
PLATON......... *Idem* au 1.er de Cuirassiers ;
COQUOT........ Lieutenant au 4.e de Vétérans ;
DEHEURLE....... *Idem* au 10.e *idem.*
ROCH........... Capitaine au 4.e d'Infanterie légère, *Rapporteur.*

Composition du Conseil de guerre spécial qui devra se tenir le 26 Ventôse, à midi, à l'État-major du Gouvernement de Paris, quai Voltaire, n.° 4, pour procéder au jugement du nommé *Hutchinson* (Louis), soldat au 96.e Régiment d'Infanterie de ligne, prévenu de désertion à l'intérieur, conformément aux dispositions du titre III de l'Arrêté du Gouvernement du 19 Vendémiaire an 12.

STICTER......... Chef de Bataillon au 4.e Régiment d'Infanterie légère, *Président ;*
MALESPINE...... Capitaine au 18.e de ligne ;
LEMAÎTRE....... *Idem* au 96.e de ligne ;
MONSIGNY....... *Idem* au 4.e de Vétérans ;
DURRE.......... *Idem* au 10.e de Vétérans ;
VILLERSVANDEY.. Lieutenant au 1.er de la Garde de Paris ;
ROBERT......... *Idem* au 2.e de la Garde de Paris ;
LAUDE.......... *Idem* au 96.e de ligne, *Rapporteur.*

Composition du Conseil de guerre spécial qui devra se tenir le 28 Ventôse, à 9 heures du matin, à l'État-major du Gouvernement de Paris, quai Voltaire, n.° 4, pour procéder au jugement du nommé *Ducloud* (Louis-Ferdinand), soldat au 32.e Régiment d'Infanterie de ligne, prévenu de désertion à l'intérieur, conformément aux dispositions du titre III de l'Arrêté du Gouvernement du 19 Vendémiaire an 12.

LANTEN......... Chef de Bataillon au 4.e Régiment d'infanterie légère, *Président ;*
HIGNET......... Capitaine au 2.e de la Garde de Paris ;
JULIEN......... *Idem* au 1.er de ladite Garde ;
GUIGNARD....... *Idem* au 10.e de Vétérans ;
GRUET.......... *Idem* au 4.e de Vétérans ;
THUON.......... Lieutenant au 1.er de Cuirassiers ;
DIEUZAIDE....... *Idem* au 4.e d'Infanterie légère ;
DEVEYLE........ *Idem* au 1.er de la Garde de Paris, *Rapporteur.*

Composition du Conseil de guerre spécial qui devra se tenir le 28 Ventôse, à midi, à l'Etat-major du Gouvernement de Paris, quai Voltaire, n.° 4, pour procéder au jugement du nommé *Duchene* (Jean-Louis), soldat au 32.e Régiment d'infanterie de ligne, prévenu de désertion à l'intérieur, conformément aux dispositions du titre III de l'Arrêté du Gouvernement du 19 Vendémiaire an 12.

GUYARDET...... Major du 4.e Régiment d'infanterie légère, *Président;*
GUESNIER....... Capitaine au 1.er Régiment de la Garde de Paris;
BERNARD........ *Idem* au 2.e de ladite Garde;
SIMON.......... *Idem* au 4.e de Vétérans;
VIGNANCOURT... *Idem* au 10.e de Vétérans;
MARIN.......... Lieutenant au 1.er de Cuirassiers;
MOURRIER...... *Idem* au 4.e d'infanterie légère;
MATERRE........ Capitaine au 18.e de ligne, *Rapporteur.*

Composition du Conseil de guerre spécial qui devra se tenir le 29 Ventôse, à neuf heures du matin, à l'Etat-major du Gouvernement de Paris, quai Voltaire, n.° 4, pour procéder au jugement du nommé *Noë* (François), soldat au 32.e Régiment d'Infanterie de ligne, prévenu de désertion à l'intérieur, conformément aux dispositions du titre III de l'Arrêté du Gouvernement du 19 Vendémiaire an 12.

BERUELLE....... Chef de Bataillon au 1.er Régiment municipal, *Président;*
BAUDIN......... Capitaine au 18.e de ligne;
BEAUVÉ......... *Idem* au 96.e de ligne;
MILLEY......... *Idem* au 4.e d'Infanterie légère;
VILLARD........ *Idem* au 4.e de Vétérans;
LAMBERT........ Lieutenant au 10.e de Vétérans;
FOREST......... *Idem* au 1.er Régiment de la Garde de Paris;
DORON.......... Capitaine au 4.e d'Infanterie légère; *Rapporteur.*

Composition du Conseil de guerre spécial qui devra se tenir le 29 Ventôse, à midi, à l'État-major du Gouvernement de Paris, quai Voltaire, n.° 4, pour procéder au jugement du nommé *Hénocque* (Charles-Joseph), soldat au 32.e Régiment d'Infanterie de ligne prévenu de désertion à l'intérieur, conformément aux dispositions du titre III de l'arrêté du Gouvernement du 19 Vendémiaire an 12.

BAZANCOURT..... Colonel du 4.e Régiment d'iufanterie légère, *Président;*
TILLOY......... Capitaine au 1.er de la Garde de Paris;
HENRY.......... *Idem* au 2.e de la même Garde;
PLANTIER....... *Idem* au 4.e de Vétérans;
FÉDÉRICI....... *Idem* au 10.e de Vétérans;
LAVAL.......... Lieutenant au 18.e de ligne;
CAILLIER....... *Idem* au 96.e de ligne;
PEILLON........ *Idem* au 1.er de la Garde de Paris, *Rapporteur.*

L'Adjudant-commandant, Sous-chef de l'État-major général,

DOUCET.

ÉTAT-MAJOR DU GOUVERNEMENT DE PARIS.

ÉGALITÉ. *LIBERTÉ.*

ORDRE du 24 Ventôse, an 12 de la République française.

SERVICE DE L'ÉTAT-MAJOR DU GOUVERNEMENT.

Du 24 au 25 Ventôse.

Adjudant de Place de service à l'État-major .... COTEAU.
Adjudant de Place de visite des Postes .... COTEAU.

Visite aux Casernes, Prisons, Hôpital, et distribution de fourrages.

Rive droite de la Seine : le Capitaine Adjudant de Place .... GRAILLARD.
Rive gauche : le Capitaine Adjudant de Place .... CORDIEZ.

Du 25 au 26 Ventôse.

Adjudant de Place de service à l'État-major .... CORDIEZ.
Adjudant de Place de visite des Postes .... CORDIEZ.

Visite aux Casernes, Prisons, Hôpital, et distribution de fourrages.

Rive droite de la Seine : le Capitaine Adjudant de Place .... CARON.
Rive gauche : le Capitaine Adjudant de Place .... VIART.

Inspection de tous les Postes, le 24 Ventôse.

Les Adjudans.....	SEGUIN, Capitaine.......	1.er	et	2.e	Arrondissemens.
	DURET, *idem*...........	3.e	et	4.e	*idem.*
	GEORGES, Lieutenant.....	5.e	et	6.e	*idem.*
	DUMESNIL, Capitaine.....	7.e	et	8.e	*idem.*
	POUGET aîné, *idem*......	9.e	et	12.e	*idem.*
	DELESTRÉE, *idem*........	10.e	et	11.e	*idem.*

ADJUDANS DE RONDES DE NUIT.

Du 24 au 25 Ventôse.

BÉNARD, Capitaine.......	1.er et	2.e Arrond.t
COLLINET, *idem*.........	3.e et	4.e *idem.*
DUMEZ, *idem*...........	5.e et	6.e *idem.*
LESAGE, *idem*..........	7.e et	8.e *idem.*
CUDEY, *idem*...........	9.e et	12.e *idem.*
GASNIER, *idem*.........	10.e et	11.e *idem.*

Du 25 au 26 Ventôse.

SEGUIN, Capitaine.......	1.er et	2.e Arrond.t
DURET, *idem*...........	3.e et	4.e *idem.*
GEORGES, Lieutenant.....	5.e et	6.e *idem.*
DUMESNIL, Capitaine.....	7.e et	8.e *idem.*
POUGET aîné, *idem*......	9.e et	12.e *idem.*
DELESTRÉE, *idem*........	10.e et	11.e *idem.*

ADJUDANS DE SERVICE.

Le 25 Ventôse....	à l'État-major..	*L'Adjudant Lieutenant,* MOREAU.
		L'Adjudant Lieutenant, AUBERT.
	à la Bourse.....	*L'Adjudant Capitaine,* CHEVALLOT.
	aux Marchés....	*L'Adjudant Lieutenant,* BERNARD aîné.

GARDE MUNICIPALE DE PARIS.

Inspection des Postes des Ports.

Le 24 Ventôse...

De nuit. JACQUES........ Sous-lieutenant au 1.er Régiment (*Rive droite*).
De jour. DUPRÉ.......... Capitaine au 2.e Régiment (*Rive gauche*).

Inspection des Postes des Barrières.

De nuit. DEVEYLE........ Lieutenant au 1.er Régiment (*Rive gauche*).
De jour. HIGNET......... Capitaine au 2.e Régiment (*Rive droite*).

Inspection des Postes de sûreté.

De nuit. CHAPSAL........ Sous-lieutenant au 1.er Régiment (*Rive droite*).
De jour. LEBORGNE....... Capitaine au 2.e Régiment (*Rive gauche*).

TROUPES CASERNÉES DANS PARIS.

Le service des postes qui leur sont affectés, conformément à l'état qui leur a été donné par le Gouverneur de Paris.

EXTRAIT de l'Ordre général du 23 Ventôse an 12.

Le Général en chef Gouverneur de Paris s'empresse de témoigner aux troupes de la garnison, sa satisfaction pour le zèle infatigable qu'elles mettent dans le service extraordinaire et pénible qu'elles font depuis quelque temps ; il sait qu'il suffit de leur montrer quelques dangers pour la patrie, pour pouvoir exiger d'elles toute espèce de sacrifices. Déjà, par leurs soins, *Georges* et *Pichegru* n'ont pu s'échapper ; leurs complices qui sont encore dans Paris, seront bientôt saisis et livrés aux mains de la justice. En vain les lâches ennemis de l'État auront conspiré : que peuvent tous les complots quand les soldats veillent pour la sûreté de tous les citoyens !

Signé MURAT. Pour copie conforme : *Le Général de Brigade Chef de l'État-major général*, Signé CÉSAR BERTHIER.

L'Adjudant-commandant, Sous-chef de l'État-major général,
DOUCET.

ÉTAT-MAJOR DU GOUVERNEMENT DE PARIS.

ÉGALITÉ.  *LIBERTÉ.*

ORDRE du 25 Ventôse, an 12 de la République française.

SERVICE DE L'ÉTAT-MAJOR DU GOUVERNEMENT.

Du 25 au 26 Ventôse.

Adjudant de Place de service à l'État-major.......................... CORDIEZ.
Adjudant de Place de visite des Postes.......................... CORDIEZ.

Visite aux Casernes, Prisons, Hôpital, et distribution de fourrages.

Rive droite de la Seine : le Capitaine Adjudant de Place.............. CARON.
Rive gauche : le Capitaine Adjudant de Place.......................... VIART.

Du 26 au 27 Ventôse.

Adjudant de Place de service à l'État-major.......................... CARON.
Adjudant de Place de visite des Postes.......................... CARON.

Visite aux Casernes, Prisons, Hôpital, et distribution de fourrages.

Rive droite de la Seine : le Capitaine Adjudant de Place.............. VILLERS.
Rive gauche : le Capitaine Adjudant de Place.......................... COTEAU.

Inspection de tous les Postes, le 25 Ventôse.

Les Adjudans.....	BÉNARD, Capitaine.......	1.er et 2.e	Arrondissemens.
	COLLINET, *idem*.........	3.e et 4.e	*idem.*
	DUMEZ, *idem*..........	5.e et 6.e	*idem.*
	LESAGE, *idem*...........	7.e et 8.e	*idem.*
	CUDEY, *idem*...........	9.e et 12.e	*idem.*
	GASNIER, *idem*..........	10.e et 11.e	*idem.*

ADJUDANS DE RONDES DE NUIT.

Du 25 au 26 Ventôse.

SEGUIN, Capitaine.......	1.er et 2.e	Arrond.t
DURET, *idem*...........	3.e et 4.e	*idem.*
GEORGES, Lieutenant.....	5.e et 6.e	*idem.*
DUMESNIL, Capitaine.....	7.e et 8.e	*idem.*
POUGET aîné, *idem*.......	9.e et 12.e	*idem.*
DELESTRÉE, *idem*........	10.e et 11.e	*idem.*

Du 26 au 27 Ventôse.

BÉNARD, Capitaine.......	1.er et 2.e	Arrond.t
COLLINET, *idem*.........	3.e et 4.e	*idem.*
DUMEZ, *idem*...........	5.e et 6.e	*idem.*
LESAGE, *idem*...........	7.e et 8.e	*idem.*
CUDEY, *idem*...........	9.e et 12.e	*idem.*
GASNIER, *idem*.........	10.e et 11.e	*idem.*

ADJUDANS DE SERVICE.

Le 26 Ventôse....	à l'État-major..	*L'Adjudant Lieutenant,* VIOLANT.
		L'Adjudant Lieutenant, MATHIÉ.
	à la Bourse.....	*L'Adjudant Capitaine,* TONNELOT.
	aux Marchés....	*L'Adjudant Lieutenant,* LAMI-LAGOARDETTE.

GARDE MUNICIPALE DE PARIS.

Inspection des Postes des Ports.

Le 25 Ventôse...	*De jour.*	MOUTIN........	Lieutenant au 1.er Régiment *(Rive gauche).*
	De nuit.	DAVIET.........	Capitaine au 2.e Régiment *(Rive droite).*
		Inspection des Postes des Barrières.	
	De jour.	TRÉBOIS.........	Sous-lieutenant au 1.er Régiment *(Rive droite).*
	De nuit.	BARNIER........	Capitaine au 2.e Régiment *(Rive gauche).*
		Inspection des Postes de sûreté.	
	De jour.	RECOULET.......	Sous-lieutenant au 1.er Régiment *(Rive gauche).*
	De nuit.	PÉGARD.........	*Idem* au 2.e Régiment *(Rive droite).*

TROUPES CASERNÉES DANS PARIS.

Le service des postes qui leur sont affectés, conformément à l'état qui leur a été donné par le Gouverneur de Paris.

L'Adjudant-commandant, Sous-chef de l'État-major général,

DOUCET.

ÉTAT-MAJOR DU GOUVERNEMENT DE PARIS.

LIBERTÉ. *ÉGALITÉ.*

ORDRE du 26 Ventôse, an 12 de la République française.

SERVICE DE L'ÉTAT-MAJOR DU GOUVERNEMENT.

Du 26 au 27 Ventôse.

Adjudant de Place de service à l'État-major........................ CARON.
Adjudant de Place de visite des Postes........................... CARON.

Visite aux Casernes, Prisons, Hôpital, et distribution de fourrages.

Rive droite de la Seine : le Capitaine Adjudant de Place.................. VILLERS.
Rive gauche : le Capitaine Adjudant de Place.......................... COTEAU.

Du 27 au 28 Ventôse.

Adjudant de Place de service à l'État-major........................ VILLERS.
Adjudant de Place de visite des Postes........................... VILLERS.

Visite aux Casernes, Prisons, Hôpital, et distribution de fourrages.

Rive droite de la Seine : le Capitaine Adjudant de Place.................. CORDIEZ.
Rive gauche : le Capitaine Adjudant de Place.......................... GRAILLARD.

Inspection de tous les Postes, le 26 Ventôse.

Les Adjudans......	SEGUIN, Capitaine.......	1.er et 2.e	Arrondissemens.
	DURET, *idem*............	3.e et 4.e	*idem.*
	GEORGES, Lieutenant.....	5.e et 6.e	*idem.*
	DUMESNIL, Capitaine.....	7.e et 8.e	*idem.*
	POUGET aîné, *idem*......	9.e et 12.e	*idem.*
	DELESTRÉE, *idem*........	10.e et 11.e	*idem.*

ADJUDANS DE RONDES DE NUIT.

Du 26 au 27 Ventôse.

BÉNARD, Capitaine.......	1.er et 2.e Arrond.s
COLLINET, *idem*.........	3.e et 4.e *idem.*
DUMEZ, *idem*...........	5.e et 6.e *idem.*
LESAGE, *idem*...........	7.e et 8.e *idem.*
CUDEY, *idem*............	9.e et 12.e *idem.*
GASNIER, *idem*..........	10.e et 11.e *idem.*

Du 27 au 28 Ventôse.

GOILLOT, Capitaine......	1.er et 2.e Arrond.s
GASSON, *idem*...........	3.e et 4.e *idem.*
POUGET jeune, *idem*.....	5.e et 6.e *idem.*
CROSNIER, *idem*.........	7.e et 8.e *idem.*
DUPLESSY, *idem*.........	9.e et 12.e *idem.*
IRMINGER, *idem*.........	10.e et 11.e *idem.*

ADJUDANS DE SERVICE.

Le 27 Ventôse....	à l'État-major..	*L'Adjudant Lieutenant,* HUBERT.
		L'Adjudant Lieutenant, BERNARD aîné.
	aux Marchés....	*L'Adjudant Lieutenant,* BÉGUIN.

GARDE MUNICIPALE DE PARIS.

Inspection des Postes des Ports.

Le 26 Ventôse...

De nuit. LEMINE......... Sous-lieutenant au 1.er Régiment *(Rive droite)*.
De jour. MOISY.......... *Idem* au 2.e Régiment *(Rive gauche)*.

Inspection des Postes des Barrières.

De nuit. JULIEN......... Capitaine au 1.er Régiment *(Rive gauche)*.
De jour. BERNARD........ *Idem* au 2.e Régiment *(Rive droite)*.

Inspection des Postes de sûreté.

De nuit. MÉJANEL........ Lieutenant au 1.er Régiment *(Rive droite)*.
De jour. LEFEVRE........ *Idem* au 2.e Régiment *(Rive gauche)*.

TROUPES CASERNÉES DANS PARIS.

Le service des postes qui leur sont affectés, conformément à l'état qui leur a été donné par le Gouverneur de Paris.

Conseil de guerre spécial.

Composition du Conseil de guerre spécial qui devra se tenir le 30 Ventôse, à neuf heures du matin, à l'Etat-major du Gouvernement de Paris, quai Voltaire, n.° 4, pour procéder au jugement du nommé *Le Bocq* (Jean-Louis-Marie), soldat au 32.e régiment d'Infanterie, prévenu de désertion à l'intérieur, conformément aux dispositions du titre III de l'Arrêté du Gouvernement du 19 Vendémiaire an 12.

BARDIN......... Chef de Bataillon au 1.er Régiment de la Garde de Paris, *Président ;*
LONLAY........ Capitaine au 4.e de Vétérans ;
FOURNEAU...... *Idem* au 10.e de Vétérans ;
BADEZ.......... *Idem* au 1.er de Cuirassiers;
LEROUX........ *Idem* au 96.e de ligne ;
LA CROIX....... Lieutenant au 18.e de ligne;
MARSIN........ *Idem* au 4.e d'Infanterie légère;
DUCHATEAU..... *Idem* au 96.e de ligne, *Rapporteur*.

Composition du Conseil de guerre spécial qui devra se tenir le 30 Ventôse, à midi, à l'État-major du Gouvernement de Paris, quai Voltaire, n.° 4, pour procéder au jugement du nommé *Lafon* (Jean), soldat au 4.e Régiment d'infanterie légère, prévenu de désertion à l'intérieur, conformément aux dispositions du titre III de l'Arrêté du Gouvernement du 19 Vendémiaire an 12.

CHEVILLIER...... Chef de Bataillon au 4.e Regiment d'Infanterie légère, *Président ;*
HASSE.......... Capitaine au 1.er Régiment de la Garde de Paris;
GRIMAUD........ *Idem* au 2.e *idem* de ladite Garde;
CHEFONTAINE.... *Idem* au 10.e de Vétérans;
PEUTAT......... *Idem* au 4.e de Vétérans ;
RODIER......... Lieutenant au 18.e de ligne;
LACOUR......... *Idem* au 96.e de ligne;
LATILLE......... *Idem* des Dragons de la Garde Paris, *Rapporteur*.

Composition du Conseil de guerre spécial qui devra se tenir le 1.er Germinal, à neuf heures du matin, à l'État-major du Gouvernement de Paris, quai Voltaire, n.° 4, pour procéder au jugement du nommé *Ratel* (Claude), soldat au 4.e Régiment d'Infanterie légère, prévenu de désertion à l'intérieur, conformément aux dispositions du titre III de l'Arrêté du Gouvernement du 19 Vendémiaire an 12.

VIRAUX......... Chef de Bataillon au 18.e Régiment de ligne, *Président ;*
CHAYNET........ Capitaine audit Régiment ;
RAYNAUT........ *Idem* au 4.e d'Infanterie légère ;
LAUTRÉ......... *Idem* au 4.e de Vétérans ;
SCHIRMANN...... *Idem* au 10.e de Vétérans ;
MARTIN......... Lieutenant au 1.er de la Garde de Paris ;
ROBERT......... *Idem* au 2.e de ladite Garde ;
BUNEL.......... Capitaine au 4.e de Vétérans, *Rapporteur*.

Composition du Conseil de guerre spécial qui devra se tenir le 1.er Germinal, à midi, à l'État-major du Gouvernement de Paris, quai Voltaire, n.° 4, pour procéder au jugement du nommé *Girousier* (Benoît), soldat au 4.e Régiment d'Infanterie légére, prévenu de désertion à l'intérieur, conformément aux dispositions du titre III de l'Arrêté du Gouvernement du 19 Vendémiaire an 12.

RAVIER......... Colonel du 18.e Régiment de ligne, *Président;*
ROCHE.......... Capitaine au 4.e d'Infanterie légère;
MAGNON........ *Idem* au 1.er de Cuirassiers;
STIVAL.......... *Idem* au 4.e de Vétérans;
LEBLANC........ *Idem* au 10.e de Vétérans;
COMMUNIER..... Lieutenant au 18.e de ligne;
VIOLETTE....... *Idem* au 10.e de Vétérans;
CARER.......... *Idem* audit Régiment, *Rapporteur.*

Composition du Conseil de guerre spécial qui devra se tenir le 2 Germinal, à neuf heures du matin, à l'État-major du Gouvernement de Paris, quai Voltaire, n.° 4, pour procéder au jugement du nommé *Bicotigny* (Jean-Baptiste-Joseph), soldat au 32.e Régiment d'Infanterie de ligne, prévenu de désertion à l'intérieur, conformément aux dispositions du titre III de l'Arrêté du Gouvernement du 19 Vendémiaire an 12.

DEMONGIN...... Chef d'Escadron au 1.er Régiment de Cuirassiers, *Président;*
JOUANNY....... Capitaine au 4.e de Vétérans;
CAUCLIN........ *Idem* au 10.e de Vétérans;
COURONNEAU... *Idem* au 1.er de la Garde de Paris;
LEBORGNE....... *Idem* au 2.e de ladite Garde;
CONDÉ.......... Lieutenant au 18.e de ligne;
LACROIX......... *Idem* au 4.e de Vétérans;
LECOMPTE....... Capitaine au 4.e d'Infanterie légère, *Rapporteur.*

Composition du Conseil de guerre spécial qui devra se tenir le 2 Germinal, à midi, à l'Etat-major du Gouvernement de Paris, quai Voltaire, n.° 4, pour procéder au jugement du nommé *Lutton* (Jean), soldat au 4.e Régiment d'infanterie légère, prévenu de désertion à l'intérieur, conformément aux dispositions du titre III de l'Arrêté du Gouvernement du 19 Vendémiaire an 12.

LACOSTE........ Major du 96.e Régiment de ligne, *Président;*
DENOYAU BERNE. Capitaine au 18.e de ligne;
DUPART......... *Idem* au 4.e de Vétérans;
BESSON......... *Idem* au 10.e de Vétérans;
COMBRASSARD.... *Idem* des Dragons de la Garde de Paris;
MOUTIN........ Lieutenant au 1.er de ladite Garde;
HARAN.......... *Idem* au 2.e de ladite Garde,
ROY............ Capitaine au 4.e d'Infanterie légère, *Rapporteur.*

L'Adjudant-commandant, Sous-chef de l'État-major général,

DOUCET.

ÉTAT-MAJOR DU GOUVERNEMENT DE PARIS.

LIBERTÉ. *ÉGALITÉ.*

ORDRE du 27 Ventôse, an 12 de la République française.

SERVICE DE L'ÉTAT-MAJOR DU GOUVERNEMENT.

Du 27 au 28 Ventôse.

Adjudant de Place de service à l'État-major.......................... VILLERS.
Adjudant de Place de visite des Postes.......................... VILLERS.

Visite aux Casernes, Prisons, Hôpital, et distribution de fourrages.

Rive droite de la Seine : le Capitaine Adjudant de Place.................. CORDIEZ.
Rive gauche : le Capitaine Adjudant de Place.......................... GRAILLARD.

Du 28 au 29 Ventôse.

Adjudant de Place de service à l'État-major.......................... LABORDE.
Adjudant de Place de visite des Postes.......................... LABORDE.

Visite aux Casernes, Prisons, Hôpital, et distribution de fourrages.

Rive droite de la Seine : le Capitaine Adjudant de Place..................
Rive gauche :

Inspection de tous les Postes, le 27 Ventôse.

Les Adjudans......	LEJEUNE, Lieutenant......	1.er	et	2.e	Arrondissemens.
	L'ÉTANG, Capitaine........	3.e	et	4.e	*idem.*
	DEVAUX, *idem*..........	5.e	et	6.e	*idem.*
	ROCH, Lieutenant........	7.e	et	8.e	*idem.*
	VATRIN, Capitaine........	9.e	et	12.e	*idem.*
	LEBRIGANT, *idem*........	10.e	et	11.e	*idem.*

ADJUDANS DE RONDES DE NUIT.

Du 27 au 28 Ventôse.

GOILLOT, Capitaine......	1.er	et	2.e	Arrond.s
GASSON, *idem*...........	3.e	et	4.e	*idem.*
POUGET jeune, *idem*......	5.e	et	6.e	*idem.*
CROSNIER, *idem*..........	7.e	et	8.e	*idem.*
DUPLESSY, *idem*.........	9.e	et	12.e	*idem.*
IRMINGER, *idem*.........	10.e	et	11.e	*idem.*

Du 28 au 29 Ventôse.

LEJEUNE, Lieutenant.....	1.er	et	2.e	Arrond.s
L'ÉTANG, Capitaine.......	3.e	et	4.e	*idem.*
DEVAUX, *idem*..........	5.e	et	6.e	*idem.*
ROCH, Lieutenant........	7.e	et	8.e	*idem.*
VATRIN, Capitaine.......	9.e	et	12.e	*idem.*
LEBRIGANT, *idem*........	10.e	et	11.e	*idem.*

ADJUDANS DE SERVICE.

Le 28 Ventôse....	à l'État-major..	*L'Adjudant Capitaine*, CONSTANS.
		L'Adjudant Lieutenant, QUINSON.
	à la Bourse.....	*L'Adjudant Capitaine*, DURAND.
	aux Marchés....	*L'Adjudant Lieutenant*, GALLY.

GARDE MUNICIPALE DE PARIS.

Inspection des Postes des Ports.

Le 27 Ventôse...

De jour. WATRIN........ Sous-lieutenant au 1.er Régiment *(Rive gauche).*
De nuit. HENRY.......... Capitaine au 2.e Régiment *(Rive droite).*

Inspection des Postes des Barrières.

De jour. GUESNIER....... Capitaine au 1.er Régiment *(Rive droite).*
De nuit. HARAN......... Lieutenant au 2.e Régiment *(Rive gauche).*

Inspection des Postes de sûreté.

De jour. PEILLON........ Lieutenant au 1.er Régiment *(Rive gauche).*
De nuit. OLIVIER........ Sous-lieutenant au 2.e Régiment *(Rive droite).*

TROUPES CASERNÉES DANS PARIS.

Le service des postes qui leur sont affectés, conformément à l'état qui leur a été donné par le Gouverneur de cette ville.

L'Adjudant-commandant, Sous-chef de l'État-major général,

DOUCET.

ÉTAT-MAJOR DU GOUVERNEMENT DE PARIS.

LIBERTÉ.

ÉGALITÉ.

ORDRE du 29 Ventôse, an 12 de la République française.

SERVICE DE L'ÉTAT-MAJOR DU GOUVERNEMENT.

Du 29 au 30 Ventôse.

Adjudant de Place de service à l'État-major........................... GRAILLARD.
Adjudant de Place de visite des Postes........................... GRAILLARD.

Visite aux Casernes, Prisons, Hôpital, et distribution de fourrages.

Rive droite de la Seine : le Capitaine Adjudant de Place................ COTEAU.
Rive gauche : le Capitaine Adjudant de Place........................... VILLERS.

Du 30 Ventôse au 1.er Germinal.

Adjudant de Place de service à l'État-major........................... VIART.
Adjudant de Place de ronde........................... VIART.

Visite aux Casernes, Prisons, Hôpital, et distribution de fourrages.

Rive droite de la Seine : le Capitaine Adjudant de Place................ GRAILLARD.
Rive gauche : le Capitaine Adjudant de Place........................... CORDIEZ.

Inspection de tous les Postes, le 29 Ventôse.

Les Adjudans.....	LEJEUNE, Lieutenant.....	1.er	et	2.e	Arrondissemens.
	L'ÉTANG, Capitaine.......	3.e	et	4.e	*idem.*
	DEVAUX, *idem*..........	5.e	et	6.e	*idem.*
	ROCH, Lieutenant........	7.e	et	8.e	*idem.*
	VATRIN, Capitaine.......	9.e	et	12.e	*idem.*
	LEBRIGANT, *idem*........	10.e	et	11.e	*idem.*

ADJUDANS DE RONDES DE NUIT.

Du 29 au 30 Ventôse.

GOILLOT, Capitaine......	1.er	et	2.e	Arrond.t
GASSON, *idem*...........	3.e	et	4.e	*idem.*
POUGET jeune, *idem*......	5.e	et	6.e	*idem.*
CROSNIER, *idem*..........	7.e	et	8.e	*idem.*
DUPLESSY, *idem*.........	9.e	et	12.e	*idem.*
LEBRIGANT, *idem*........	10.e	et	11.e	*idem.*

Du 30 Ventôse au 1.er Germinal.

LEJEUNE, Lieutenant.....	1.er	et	2.e	Arrond.t
L'ÉTANG, Capitaine.......	3.e	et	4.e	*idem.*
DEVAUX, *idem*...........	5.e	et	6.e	*idem.*
ROCH, Lieutenant........	7.e	et	8.e	*idem.*
VATRIN, Capitaine.......	9.e	et	12.e	*idem.*
IRMINGER, *idem*.........	10.e	et	11.e	*idem.*

ADJUDANS DE SERVICE.

Le 30 Ventôse....	à l'État-major..	*L'Adjudant Capitaine*, HUBERT.
		L'Adjudant Lieutenant, LAUNÉE.
	à la Bourse.....	*L'Adjudant Capitaine*,. CONSTANS.
	aux Marchés....	*L'Adjudant Lieutenant*, LEHECQ.

GARDE MUNICIPALE DE PARIS.

		Inspection des Postes des Ports.	
Le 29 Ventôse...	*De jour.*	HASSE..........	Capitaine au 1.er Régiment *(Rive gauche).*
	De nuit.	GRIMAUD.......	Capitaine au 2.e Régiment *(Rive droite).*
		Inspection des Postes des Barrières.	
	De jour.	MARTIN.........	Lieutenant au 1.er Régiment *(Rive droite).*
	De nuit.	TISSOT.........	Sous-lieutenant au 2.e Régiment *(Rive gauche).*
		Inspection des Postes de sûreté.	
	De jour.	LEBLANC........	Capitaine au 1.er Régiment *(Rive gauche).*
	De nuit.	MELAY..........	Sous-lieutenant au 2.e Régiment *(Rive droite).*

TROUPES CASERNÉES DANS PARIS.

Le service des postes qui leur sont affectés, conformément à l'état qui leur a été donné par le Gouverneur de cette ville.

L'Adjudant-commandant, Sous-chef de l'État-major général,

DOUCET.

ÉTAT-MAJOR DU GOUVERNEMENT DE PARIS.

LIBERTÉ. *ÉGALITÉ.*

ORDRE du 30 Ventôse, an 12 de la République française.

SERVICE DE L'ÉTAT-MAJOR DU GOUVERNEMENT.

Du 30 Ventôse au 1.er Germinal.

Adjudant de Place de service à l'État-major .... VIART.
Adjudant de Place de visite des Postes .... VIART.

Visite aux Casernes, Prisons, Hôpital, et distribution de fourrages.

Rive droite de la Seine : le Capitaine Adjudant de Place .... GRAILLARD.
Rive gauche : le Capitaine Adjudant de Place .... CORDIEZ.

Du 1.er au 2 Germinal.

Adjudant de Place de service à l'État-major .... COTEAU.
Adjudant de Place de ronde .... COTEAU.

Visite aux Casernes, Prisons, Hôpital, et distribution de fourrages.

Rive droite de la Seine : le Capitaine Adjudant de Place .... CARON.
Rive gauche : le Capitaine Adjudant de Place .... VIART.

Inspection de tous les Postes, le 30 Ventôse.

Les Adjudans.....	GOILLOT, Capitaine.......	1.er	et	2.e	Arrondissemens.
	GASSON, *idem*...........	3.e	et	4.e	*idem.*
	POUGET jeune, *idem*......	5.e	et	6.e	*idem.*
	CROSNIER, *idem*.........	7.e	et	8.e	*idem.*
	DUPLESSY, *idem*.........	9.e	et	12.e	*idem.*
	IRMINGER, *idem*.........	10.e	et	11.e	*idem.*

ADJUDANS DE RONDES DE NUIT.

Du 30 Ventôse au 1.er Germinal.

LEJEUNE, Lieutenant.....	1.er	et	2.e	Arrond.s
L'ÉTANG, Capitaine.......	3.e	et	4.e	*idem.*
DEVAUX, *idem*...........	5.e	et	6.e	*idem.*
ROCH, Lieutenant........	7.e	et	8.e	*idem.*
VATRIN, Capitaine.......	9.e	et	12.e	*idem.*
LEBRIGANT, *idem*........	10.e	et	11.e	*idem.*

Du 1.er au 2 Germinal.

GOILLOT, Capitaine......	1.er	et	2.e	Arrond.s
GASSON, *idem*...........	3.e	et	4.e	*idem.*
POUGET jeune, *idem*......	5.e	et	6.e	*idem.*
CROSNIER, *idem*.........	7.e	et	8.e	*idem.*
DUPLESSY, *idem*.........	9.e	et	12.e	*idem.*
IRMINGER, *idem*.........	10.e	et	11.e	*idem.*

ADJUDANS DE SERVICE.

Le 1.er Germinal...	à l'État-major..	*L'Adjudant Capitaine*, DURAND.
		L'Adjudant Lieutenant, TERRIER.
	à la Bourse.....	*L'Adjudant Capitaine*, HUBERT.
	aux Marchés....	*L'Adjudant Lieutenant*, VASSEUR.

GARDE MUNICIPALE DE PARIS.

Le 30 Ventôse...

Inspection des Postes des Ports.

De nuit.	VIDAL..........	Capitaine au 1.er Régiment *(Rive droite).*
De jour.	LEROI..........	Lieutenant au 2.e Régiment *(Rive gauche).*

Inspection des Postes des Barrières.

De nuit.	MOULIN........	Lieutenant au 1.er Régiment *(Rive gauche).*
De jour.	THOMAS........	*Idem* au 2.e Régiment *(Rive droite).*

Inspection des Postes de sûreté.

De nuit.	VILLERS-VANDEY.	Lieutenant au 1.er Régiment *(Rive droite).*
De jour.	CHEVALIER.....	Sous-lieutenant au 2.e Régiment *(Rive gauche).*

TROUPES CASERNÉES DANS PARIS.

Le service des postes qui leur sont affectés, conformément à l'état qui leur a été donné par le Gouverneur de cette ville.

Conseil de guerre spécial.

Composition du Conseil de guerre spécial qui devra se tenir le 2 Germinal, à trois heures de l'après midi à l'État-major du Gouvernement de Paris, quai Voltaire, n.° 4, pour procéder *contradictoirement* au jugement du nommé *Fourchon* (Joseph), soldat au 18.e Régiment d'Infanterie de ligne, prévenu de désertion à l'intérieur, conformément aux dispositions du titre III de l'Arrêté du Gouvernement du 19 Vendémiaire an 12.

PARSIS.........	Chef de Bataillon au 2.e Régiment de la Garde de Paris, *Président;*
JULIEN,........	Capitaine au 4.e de Vétérans;
GARNISON.......	*Idem* au 10.e de Vétérans;
JULIEN.........	*Idem* au 1.er Régiment de la Garde de Paris;
DUPRÉ..........	*Idem* au 2.e de ladite Garde;
BARTHELEMY.....	Lieutenant au 18.e de ligne;
GILLARDET......	*Idem* au 96.e de ligne;
FOLLIET........	*Idem* au 4.e d'Infanterie légère, *Rapporteur.*

L'Adjudant-commandant, Sous-chef de l'État-major général,

DOUCET.

ÉTAT-MAJOR DU GOUVERNEMENT DE PARIS.

LIBERTÉ. *ÉGALITÉ.*

ORDRE du 1.er Germinal, an 12 de la République française.

SERVICE DE L'ÉTAT-MAJOR DU GOUVERNEMENT.

Du 1.er au 2 Germinal.

Adjudant de Place de service à l'État-major........................... COTEAU.

Adjudant de Place de visite des Postes........................... COTEAU.

Visite aux Casernes, Prisons, Hôpital, et distribution de fourrages.

Rive droite de la Seine : le Capitaine Adjudant de Place................ CARON.

Rive gauche : le Capitaine Adjudant de Place........................... VIART.

Du 2 au 3 Germinal.

Adjudant de Place de service à l'État-major........................... CORDIEZ.

Adjudant de Place de visite des Postes........................... CORDIEZ.

Visite aux Casernes, Prisons, Hôpital, et distribution de fourrages.

Rive droite de la Seine : le Capitaine Adjudant de Place................ CORDIEZ.

Rive gauche : le Capitaine Adjudant de Place........................... GRAILLARD.

ORDRE GÉNÉRAL.

Rien de nouveau.

L'Adjudant-commandant, Sous-chef de l'État-major général,

DOUCET.

ÉTAT-MAJOR DU GOUVERNEMENT DE PARIS.

LIBERTÉ. *ÉGALITÉ.*

ORDRE du 2 Germinal, an 12 de la République française.

SERVICE DE L'ÉTAT-MAJOR DU GOUVERNEMENT.

Du 2 au 3 Germinal.

Adjudant de Place de service à l'État-major .... CORDIEZ.
Adjudant de Place de visite des Postes.............................. CORDIEZ.

Visite aux Casernes, Prisons, Hôpital, et distribution de fourrages.

Rive droite de la Seine : le Capitaine Adjudant de Place................ VILLERS.
Rive gauche : le Capitaine Adjudant de Place.......................... COTEAU.

Du 3 au 4 Germinal.

Adjudant de Place de service à l'État-major........................... CARON.
Adjudant de Place de visite des Postes.............................. CARON.

Visite aux Casernes, Prisons, Hôpital, et distribution de fourrages.

Rive droite de la Seine : le Capitaine Adjudant de Place................ CORDIEZ.
Rive gauche : le Capitaine Adjudant de Place......................... GRAILLARD.

ORDRE GÉNÉRAL.

Rien de nouveau.

L'Adjudant-commandant, Sous-chef de l'État-major général,

DOUCET.

ÉTAT-MAJOR DU GOUVERNEMENT DE PARIS.

LIBERTÉ.  *ÉGALITÉ.*

ORDRE du 3 Germinal, an 12 de la République française.

SERVICE DE L'ÉTAT-MAJOR DU GOUVERNEMENT.

Du 3 au 4 Germinal.

Adjudant de Place de service à l'État-major........................... CARON.

Adjudant de Place de visite des Postes................................ CARON.

Visite aux Casernes, Prisons, Hôpital, et distribution de fourrages.

Rive droite de la Seine : le Capitaine Adjudant de Place.............. CORDIEZ.

Rive gauche : le Capitaine Adjudant de Place.......................... GRAILLARD.

Du 4 au 5 Germinal.

Adjudant de Place de service à l'État-major........................... VILLERS.

Adjudant de Place de ronde.. VILLERS.

Visite aux Casernes, Prisons, Hôpital, et distribution de fourrages.

Rive droite de la Seine : le Capitaine Adjudant de Place.............. VIART.

Rive gauche : le Capitaine Adjudant de Place.......................... CARON.

ORDRE GÉNÉRAL.

Retraite.

A commencer de ce jour, la Retraite sera battue, dans tous les Postes de cette ville où il existe un tambour, et dans toutes les Casernes de la garnison, à huit heures précises du soir.

L'Adjudant-commandant, Sous-chef de l'État-major général,

DOUCET.

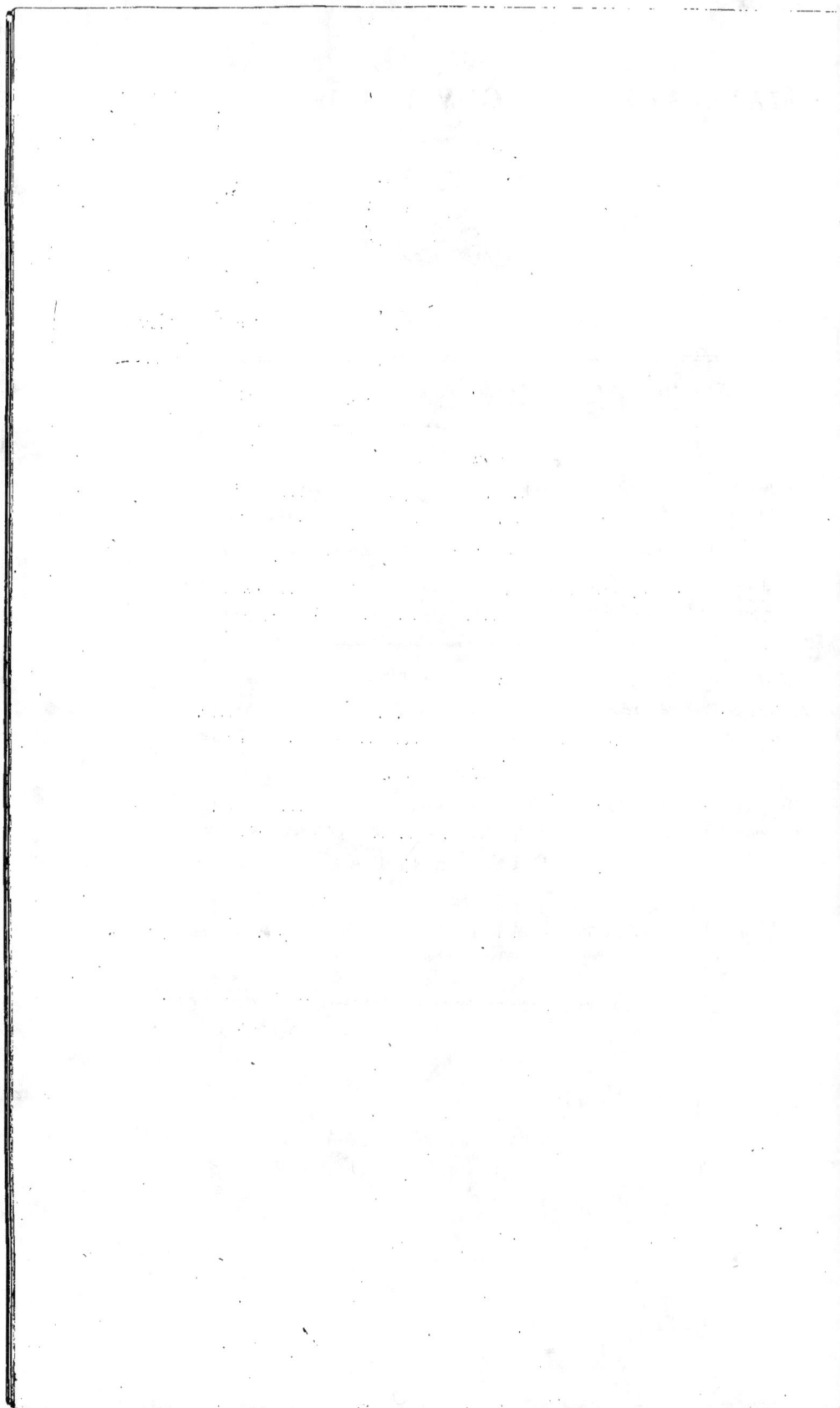

ÉTAT-MAJOR DU GOUVERNEMENT DE PARIS.

LIBERTÉ.  *ÉGALITÉ.*

ORDRE du 4 Germinal, an 12 de la République française.

SERVICE DE L'ÉTAT-MAJOR DU GOUVERNEMENT.

Du 4 au 5 Germinal.

Adjudant de Place de service à l'État-major .... VILLERS.
Adjudant de Place de visite des Postes .... VILLERS.

Visite aux Casernes, Prisons, Hôpital, et distribution de fourrages.

Rive droite de la Seine : le Capitaine Adjudant de Place .... VIART.
Rive gauche : le Capitaine Adjudant de Place .... CARON.

Du 5 au 6 Germinal.

Adjudant de Place de service à l'État-major .... LABORDE.
Adjudant de Place de ronde .... LABORDE.

Visite aux Casernes, Prisons, Hôpital, et distribution de fourrages.

Rive droite de la Seine : le Capitaine Adjudant de Place .... COTEAU.
Rive gauche : le Capitaine Adjudant de Place .... VILLERS.

ORDRE GÉNÉRAL.

Rien de nouveau.

L'Adjudant-commandant, Sous-chef de l'État-major général,

DOUCET.

ÉTAT-MAJOR DU GOUVERNEMENT DE PARIS.

LIBERTÉ. *ÉGALITÉ.*

ORDRE du 5 Germinal, an 12 de la République française.

SERVICE DE L'ÉTAT-MAJOR DU GOUVERNEMENT.

Du 5 au 6 Germinal.

Adjudant de Place de service à l'État-major .... LABORDE.
Adjudant de Place de visite des Postes .... LABORDE.

Visite aux Casernes, Prisons, Hôpital, et distribution de fourrages.

Rive droite de la Seine : le Capitaine Adjudant de Place .... COTEAU.
Rive gauche : le Capitaine Adjudant de Place .... VILLERS.

Du 6 au 7 Germinal.

Adjudant de Place de service à l'État-major .... GRAILLARD.
Adjudant de Place de ronde .... GRAILLARD.

Visite aux Casernes, Prisons, Hôpital, et distribution de fourrages.

Rive droite de la Seine : le Capitaine Adjudant de Place .... GRAILLARD.
Rive gauche : le Capitaine Adjudant de Place .... CORDIEZ.

ORDRE GÉNÉRAL.

Rien de nouveau.

L'Adjudant-commandant, Sous-chef de l'État-major général,

DOUCET.

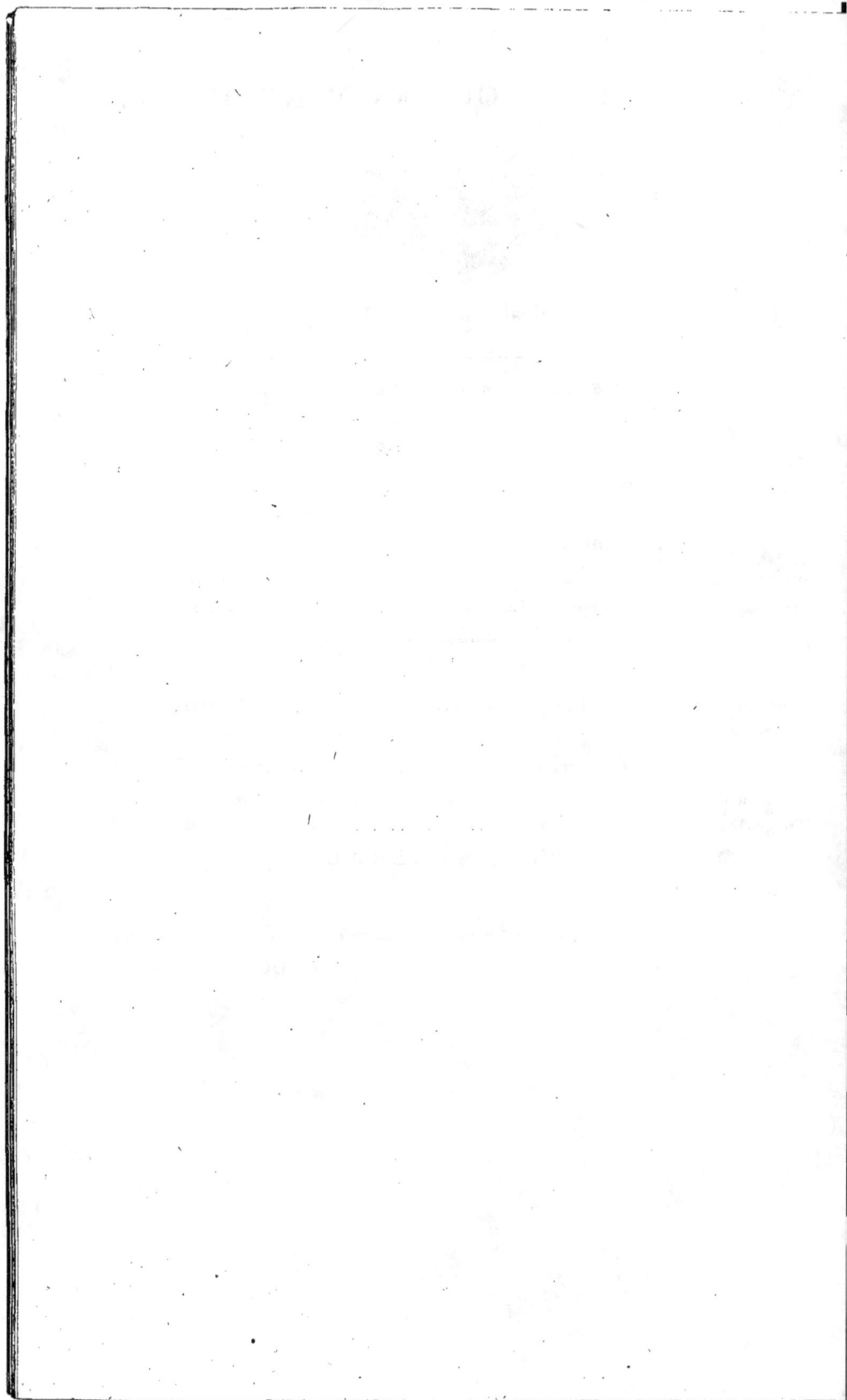

ÉTAT-MAJOR DU GOUVERNEMENT DE PARIS.

LIBERTÉ.  *ÉGALITÉ.*

ORDRE du 6 Germinal, an 12 de la République française.

SERVICE DE L'ÉTAT-MAJOR DU GOUVERNEMENT.

Du 6 au 7 Germinal.

Adjudant de Place de service à l'État-major général .... GRAILLARD.
Adjudant de Place de visite des Postes .... GRAILLARD.

Visite aux Casernes, Prisons, Hôpital, et distribution de fourrages.

Rive droite de la Seine : le Capitaine Adjudant de Place .... GRAILLARD.
Rive gauche : le Capitaine Adjudant de Place .... CORDIEZ.

Du 7 au 8 Germinal.

Adjudant de Place de service à l'État-major général .... COTEAU.
Adjudant de Place de ronde .... COTEAU.

Visite aux Casernes, Prisons, Hôpital, et distribution de fourrages.

Rive droite de la Seine : le Capitaine Adjudant de Place .... CARON.
Rive gauche : le Capitaine Adjudant de Place .... VIART.

ORDRE GÉNÉRAL.

Rien de nouveau.

L'Adjudant-commandant, Sous-chef de l'État-major général,
DOUCET.

ÉTAT-MAJOR DU GOUVERNEMENT DE PARIS.

LIBERTÉ. *ÉGALITÉ.*

ORDRE du 7 Germinal, an 12 de la République française.

SERVICE DE L'ÉTAT-MAJOR DU GOUVERNEMENT.

Du 7 au 8 Germinal.

Adjudant de Place de service à l'État-major général.................... COTEAU.
Adjudant de Place de visite des Postes.................................... COTEAU.

Visite aux Casernes, Prisons, Hôpital, et distribution de fourrages.

Rive droite de la Seine : le Capitaine Adjudant de Place................. CARON.
Rive gauche : le Capitaine Adjudant de Place............................ VIART.

Du 8 au 9 Germinal.

Adjudant de Place de service à l'État-major général.................... CORDIEZ.
Adjudant de Place de ronde.. CORDIEZ.

Visite aux Casernes, Prisons, Hôpital, et distribution de fourrages.

Rive droite de la Seine : le Capitaine Adjudant de Place................ VILLERS.
Rive gauche : le Capitaine Adjudant de Place............................ COTEAU.

ORDRE GÉNÉRAL.

Nomination.

Le C.en *Sanson*, Lieutenant Adjudant près le deuxième Arrondissement de cette ville, est nommé Lieutenant Adjudant de la Place de Paris, en remplacement du C.en *Graillard*, nommé Adjudant Capitaine de ladite Place. Le Général en chef Gouverneur de Paris invite les Autorités civiles et militaires à le reconnaître en ladite qualité.

L'Adjudant-commandant, Sous-chef de l'État-major général,

DOUCET.

ÉTAT-MAJOR DU GOUVERNEMENT DE PARIS.

LIBERTÉ. *ÉGALITÉ.*

ORDRE du 8 Germinal, an 12 de la République française.

SERVICE DE L'ÉTAT-MAJOR DU GOUVERNEMENT.

Du 8 au 9 Germinal.

Adjudant de Place de service à l'État-major général........................ CORDIEZ.
Adjudant de Place de visite des Postes.. CORDIEZ.

Visite aux Casernes, Prisons, Hôpital, et distribution de fourrages.

Rive droite de la Seine : le Capitaine Adjudant de Place................. VILLERS.
Rive gauche : le Capitaine Adjudant de Place.............................. CÔTEAU.

Du 9 au 10 Germinal.

Adjudant de Place de service à l'État-major général..................... CARON.
Adjudant de Place de visite des Postes.. CARON.

Visite aux Casernes, Prisons, Hôpital, et distribution de fourrages.

Rive droite de la Seine : le Capitaine Adjudant de Place................. CORDIEZ.
Rive gauche : le Capitaine Adjudant de Place.............................. GRAILLARD.

ORDRE GÉNÉRAL.

Rien de nouveau.

L'Adjudant-commandant, Sous-chef de l'État-major général,

DOUCET.

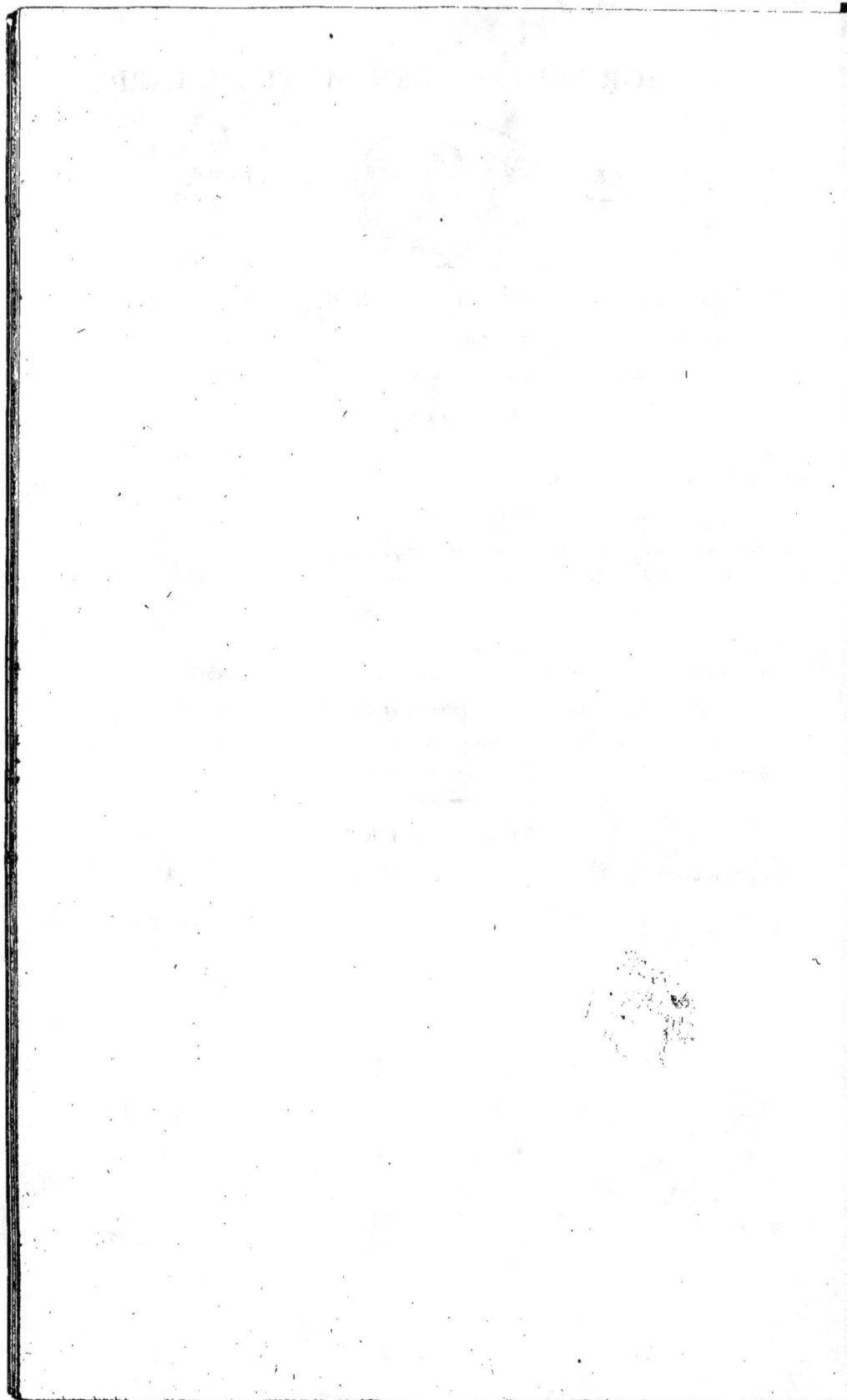

ÉTAT-MAJOR DU GOUVERNEMENT DE PARIS.

LIBERTÉ. *ÉGALITÉ.*

ORDRE du 9 Germinal, an 12 de la République française.

SERVICE DE L'ÉTAT-MAJOR DU GOUVERNEMENT.

Du 9 au 10 Germinal.

Adjudant de Place de service à l'État-major général........................ CARON.
Adjudant de Place de visite des Postes.................................... CARON.

Visite aux Casernes, Prisons, Hôpital, et distribution de fourrages.

Rive droite de la Seine : le Capitaine Adjudant de Place.................. CORDIEZ.
Rive gauche : le Capitaine Adjudant de Place.............................. GRAILLARD.

Du 10 au 11 Germinal.

Adjudant de Place de service à l'État-major général........................ VILLERS.
Adjudant de Place de visite des Postes.................................... VILLERS.

Visite aux Casernes, Prisons, Hôpital, et distribution de fourrages.

Rive droite de la Seine : le Capitaine Adjudant de Place.................. VIART.
Rive gauche : le Capitaine Adjudant de Place.............................. CARON.

ORDRE GÉNÉRAL.

Rien de nouveau.

L'Adjudant-commandant, Sous-chef de l'État-major général,

DOUCET.

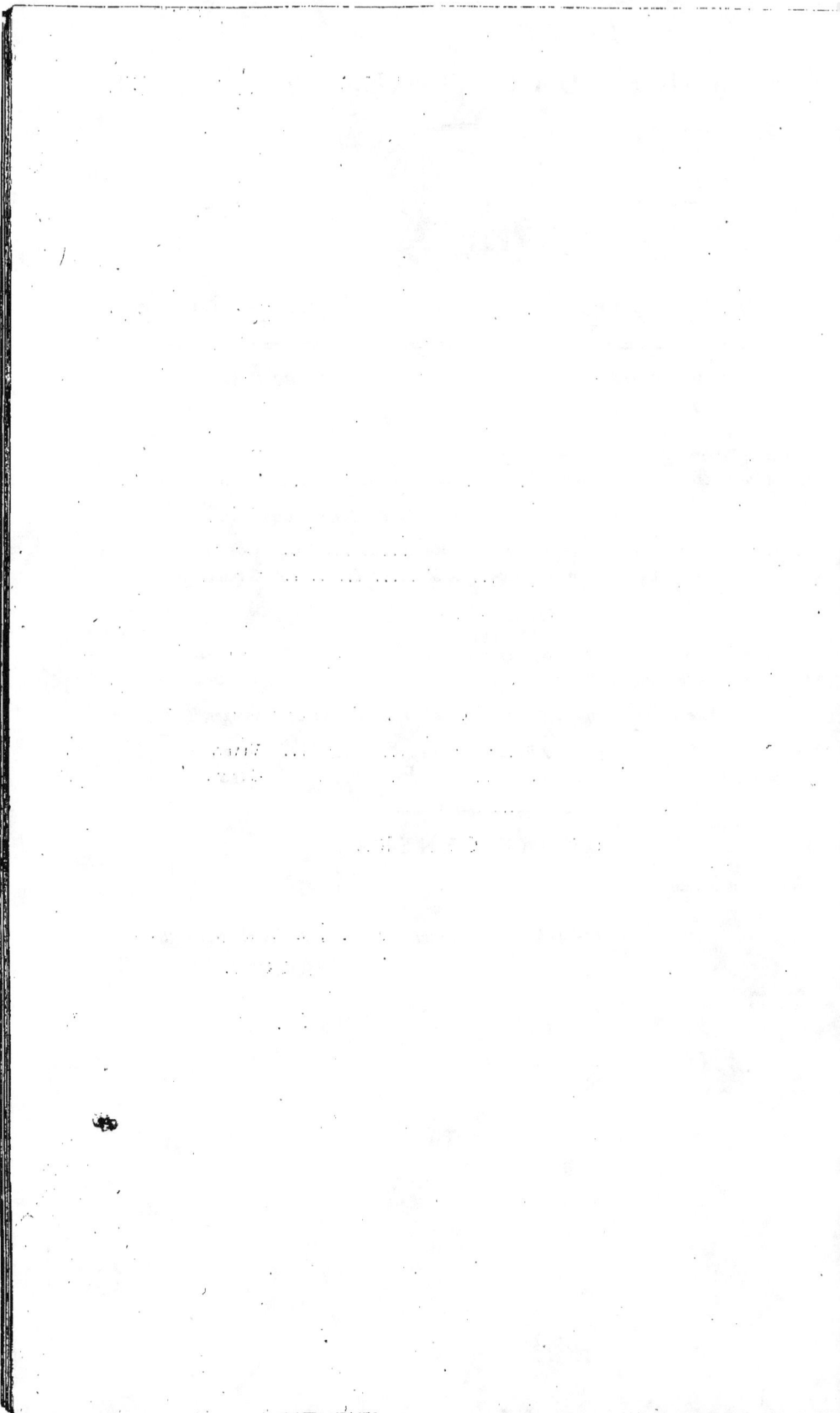

ÉTAT-MAJOR DU GOUVERNEMENT DE PARIS.

LIBERTÉ. *ÉGALITÉ.*

ORDRE du 10 Germinal, an 12 de la République française.

SERVICE DE L'ÉTAT-MAJOR DU GOUVERNEMENT.

Du 10 au 11 Germinal.

Adjudant de Place de service à l'État-major général.................... VILLERS.
Adjudant de Place de visite des Postes............................ VILLERS.

Visite aux Casernes, Prisons, Hôpital, et distribution de fourrages.

Rive droite de la Seine : le Capitaine Adjudant de Place................ VIART.
Rive gauche : le Capitaine Adjudant de Place.......................... CARON.

Du 11 au 12 Germinal.

Adjudant de Place de service à l'État-major général.................... SANSON.
Adjudant de Place de visite des Postes............................ SANSON.

Visite aux Casernes, Prisons, Hôpital, et distribution de fourrages.

Rive droite de la Seine : le Capitaine Adjudant de Place................ COTEAU.
Rive gauche : le Capitaine Adjudant de Place.......................... VILLERS.

ORDRE GÉNÉRAL.

Rien de nouveau.

L'Adjudant-commandant, Sous-chef de l'État-major général et du Gouvernement de Paris,

DOUCET.

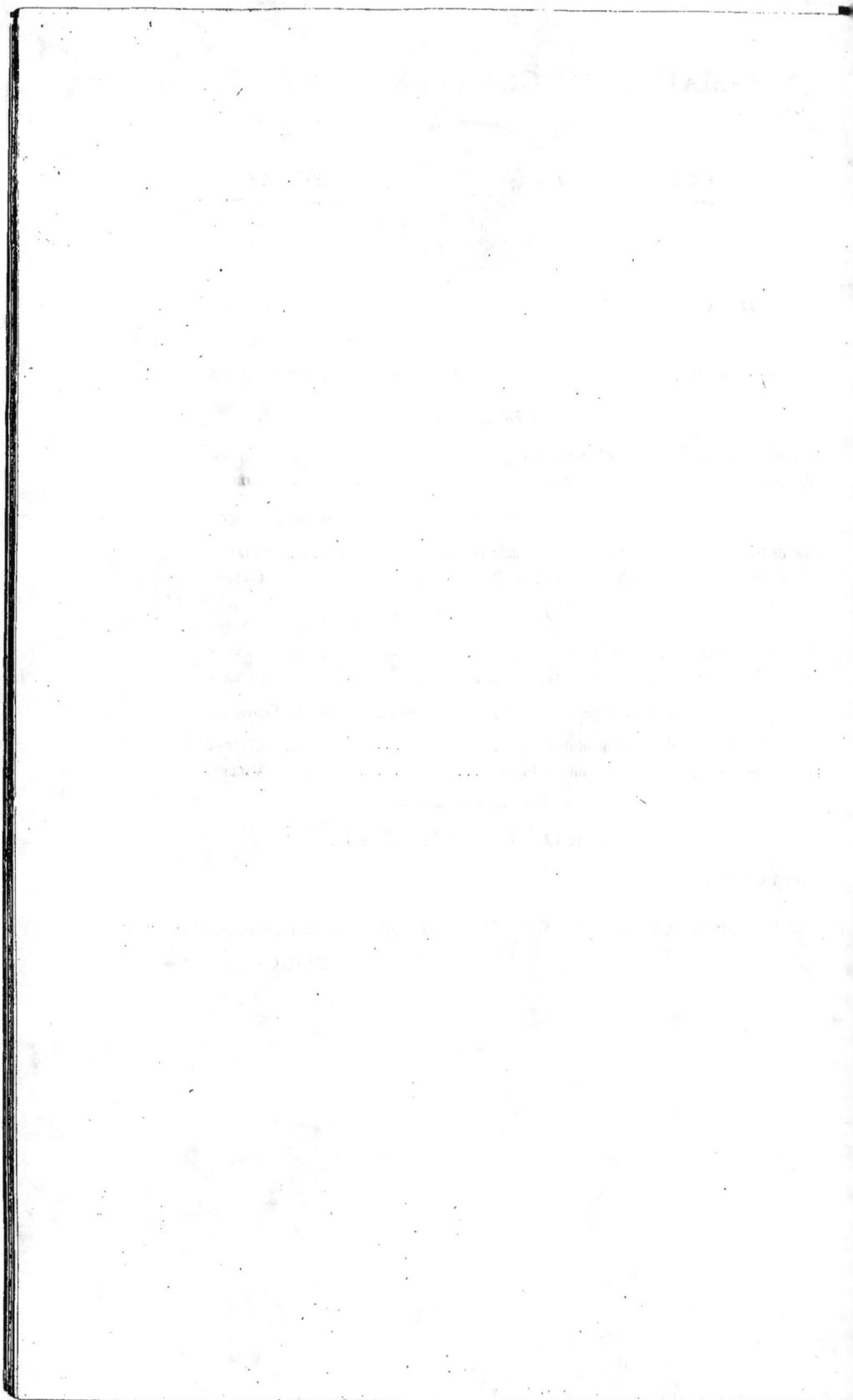

ÉTAT-MAJOR DU GOUVERNEMENT DE PARIS.

LIBERTÉ.  *ÉGALITÉ.*

ORDRE du 11 Germinal, an 12 de la République française.

SERVICE DE L'ÉTAT-MAJOR DU GOUVERNEMENT.

Du 11 au 12 Germinal.

Adjudant de Place de service à l'État-major général.......................... SANSON.
Adjudant de Place de visite des Postes.................................. SANSON.

Visite aux Casernes, Prisons, Hôpital, et distribution de fourrages.

Rive droite de la Seine : le Capitaine Adjudant de Place................. COTEAU.
Rive gauche : le Capitaine Adjudant de Place........................... VILLERS.

Du 12 au 13 Germinal.

Adjudant de Place de service à l'État-major général.......................... GRAILLARD.
Adjudant de Place de visite des Postes.................................. GRAILLARD.

Visite aux Casernes, Prisons, Hôpital, et distribution de fourrages.

Rive droite de la Seine : le Capitaine Adjudant de Place................. GRAILLARD.
Rive gauche : le Capitaine Adjudant de Place............................ CORDIEZ.

ORDRE GÉNÉRAL.

Rien de nouveau.

L'Adjudant-commandant, Sous-chef de l'État-major général et du Gouvernement de Paris,

DOUCET.

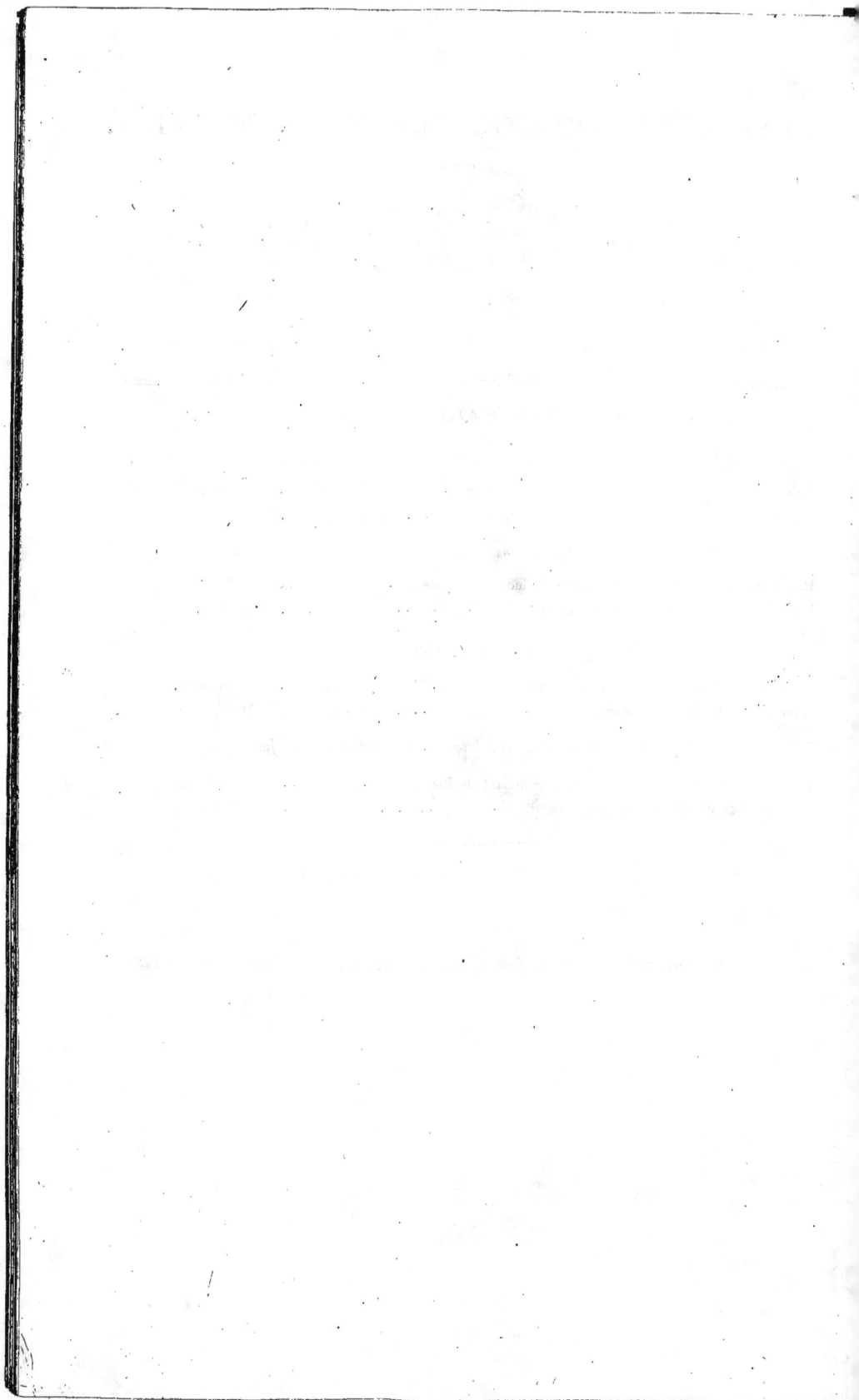

ÉTAT-MAJOR DU GOUVERNEMENT DE PARIS.

LIBERTÉ. *ÉGALITÉ.*

ORDRE du 12 Germinal, an 12 de la République française.

SERVICE DE L'ÉTAT-MAJOR DU GOUVERNEMENT.

Du 12 au 13 Germinal.

Adjudant de Place de service à l'État-major général........................ GRAILLARD.
Adjudant de Place de visite des Postes.................................... GRAILLARD.

Visite aux Casernes, Prisons, Hôpital, et distribution de fourrages.

Rive droite de la Seine : le Capitaine Adjudant de Place.................. GRAILLARD.
Rive gauche : le Capitaine Adjudant de Place.............................. CORDIEZ.

Du 13 au 14 Germinal.

Adjudant de Place de service à l'État-major général........................ COTEAU.
Adjudant de Place de visite des Postes.................................... COTEAU.

Visite aux Casernes, Prisons, Hôpital, et distribution de fourrages.

Rive droite de la Seine : le Lieutenant Adjudant de Place.................. SANSON.
Rive gauche : le Capitaine Adjudant de Place.............................. VIART.

ORDRE GÉNÉRAL.

Rien de nouveau.

L'Adjudant-commandant, Sous-chef de l'État-major général et du Gouvernement de Paris,

DOUCET.

ÉTAT-MAJOR DU GOUVERNEMENT DE PARIS.

LIBERTÉ. *ÉGALITÉ.*

ORDRE du 13 Germinal, an 12 de la République française.

SERVICE DE L'ÉTAT-MAJOR DU GOUVERNEMENT.

Du 13 au 14 Germinal.

Adjudant de Place de service à l'État-major général.................... COTEAU.
Adjudant de Place de visite des Postes.................................. COTEAU.

Visite aux Casernes, Prisons, Hôpital, et distribution de fourrages.

Rive droite de la Seine : le Lieutenant Adjudant de Place............... SANSON.
Rive gauche : le Capitaine Adjudant de Place........................ VIART.

Du 14 au 15 Germinal.

Adjudant de Place de service à l'État-major général.................... CORDIEZ.
Adjudant de Place de visite des Postes.................................. CORDIEZ.

Visite aux Casernes, Prisons, Hôpital, et distribution de fourrages.

Rive droite de la Seine : le Capitaine Adjudant de Place................ LABORDE.
Rive gauche : le Lieutenant Adjudant de Place........................ SANSON.

ORDRE GÉNÉRAL.

Rien de nouveau.

L'Adjudant-commandant, Sous-chef de l'État-major général et du Gouvernement de Paris,

DOUCET.

ÉTAT-MAJOR DU GOUVERNEMENT DE PARIS.

LIBERTÉ. *ÉGALITÉ.*

ORDRE du 14 Germinal, an 12 de la République française.

SERVICE DE L'ÉTAT-MAJOR DU GOUVERNEMENT.

Du 14 au 15 Germinal.

Adjudant de Place de service à l'État-major général...................... CORDIEZ.
Adjudant de Place de visite des Postes.................................... CORDIEZ.

Visite aux Casernes, Prisons, Hôpital, et distribution de fourrages.

Rive droite de la Seine : le Capitaine Adjudant de Place................. LABORDE.
Rive gauche : le Lieutenant Adjudant de Place........................... SANSON.

Du 15 au 16 Germinal.

Adjudant de Place de service à l'État-major général...................... CARON.
Adjudant de Place de visite des Postes.................................... CARON.

Visite aux Casernes, Prisons, Hôpital, et distribution de fourrages.

Rive droite de la Seine : le Capitaine Adjudant de Place................. CARON.
Rive gauche : le Capitaine Adjudant de Place............................ COTEAU.

ORDRE GÉNÉRAL.

Rien de nouveau.

L'Adjudant-commandant, Sous-chef de l'État-major général et du Gouvernement de Paris,

DOUCET.

ÉTAT-MAJOR DU GOUVERNEMENT DE PARIS.

LIBERTÉ. *ÉGALITÉ.*

ORDRE du 15 Germinal, an 12 de la République française.

SERVICE DE L'ÉTAT-MAJOR DU GOUVERNEMENT.

Du 15 au 16 Germinal.

Adjudant de Place de service à l'État-major général.................... CARON.
Adjudant de Place de visite des Postes............................ CARON.

Visite aux Casernes, Prisons, Hôpital, et distribution de fourrages.

Rive droite de la Seine : le Capitaine Adjudant de Place................ CARON.
Rive gauche : le Capitaine Adjudant de Place........................ COTEAU.

Du 16 au 17 Germinal.

Adjudant de Place de service à l'État-major général.................... VILLERS.
Adjudant de Place de visite des Postes............................ VILLERS.

Visite aux Casernes, Prisons, Hôpital, et distribution de fourrages.

Rive droite de la Seine : le Capitaine Adjudant de Place................ VILLERS.
Rive gauche : le Capitaine Adjudant de Place........................ GRAILLARD.

ORDRE GÉNÉRAL.

Rien de nouveau.

L'Adjudant-commandant, Sous-chef de l'État-major général et du Gouvernement de Paris,

DOUCET.

ÉTAT-MAJOR DU GOUVERNEMENT DE PARIS.

LIBERTÉ. *ÉGALITÉ.*

ORDRE du 16 Germinal, an 12 de la République française.

SERVICE DE L'ÉTAT-MAJOR DU GOUVERNEMENT.

Du 16 au 17 Germinal.

Adjudant de Place de service à l'État-major général.................... VILLERS.

Adjudant de Place de visite des Postes.................................... VILLERS.

Visite aux Casernes, Prisons, Hôpital, et distribution de fourrages.

Rive droite de la Seine : le Capitaine Adjudant de Place................. VILLERS.

Rive gauche : le Capitaine Adjudant de Place.......................... GRAILLARD.

Du 17 au 18 Germinal.

Adjudant de Place de service à l'État-major général.................... LABORDE.

Adjudant de Place de ronde.. LABORDE.

Visite aux Casernes, Prisons, Hôpital, et distribution de fourrages.

Rive droite de la Seine : le Capitaine Adjudant de Place................ CORDIEZ.

Rive gauche : le Lieutenant Adjudant de Place.......................... SANSON.

ORDRE GÉNÉRAL.

Rien de nouveau.

L'Adjudant-commandant, Sous-chef de l'État-major général et du Gouvernement de Paris,

DOUCET.

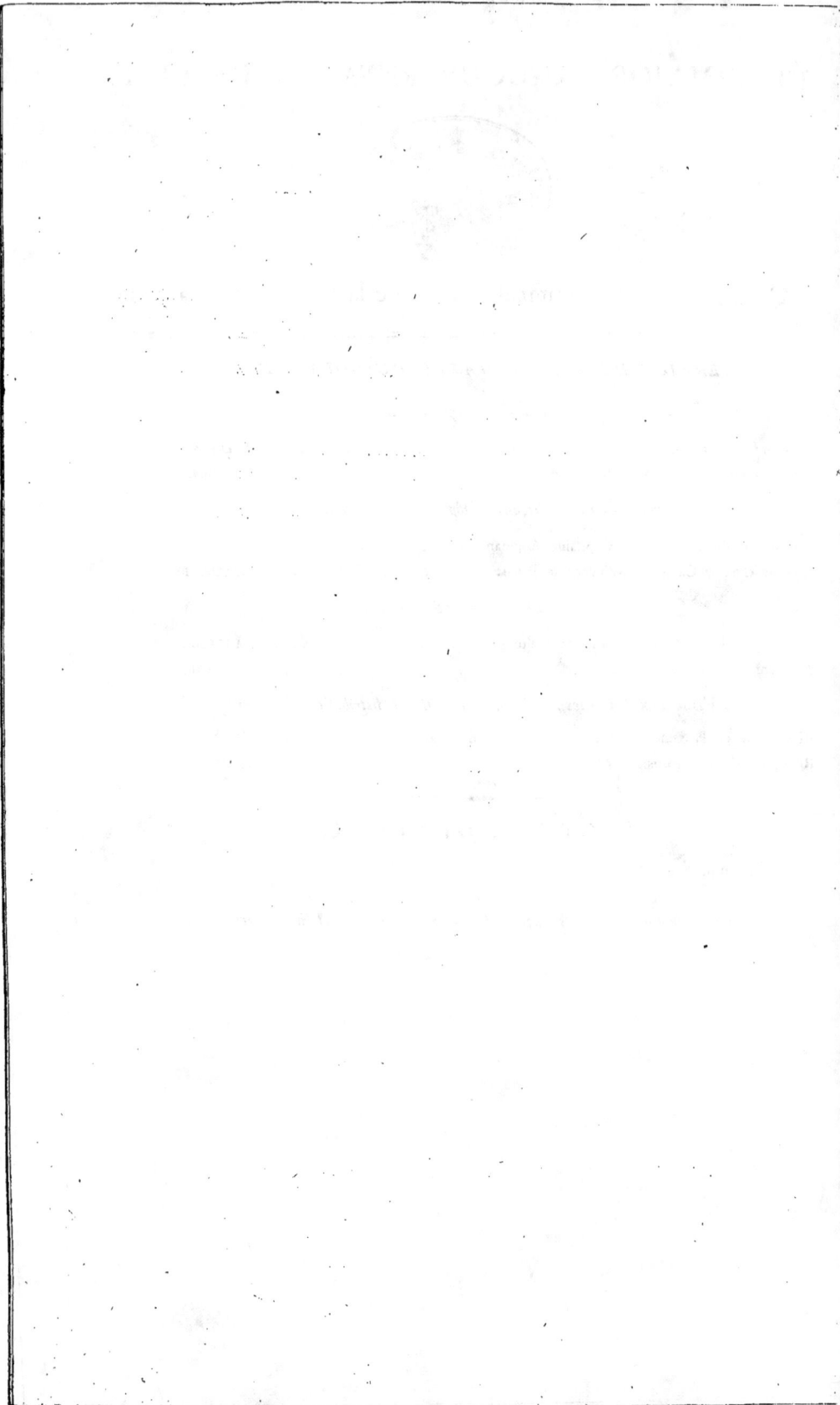

ÉTAT-MAJOR DU GOUVERNEMENT DE PARIS.

LIBERTÉ. *ÉGALITÉ.*

ORDRE du 19 Germinal, an 12 de la République française.

SERVICE DE L'ÉTAT-MAJOR DU GOUVERNEMENT.

Du 19 au 20 Germinal.

Adjudant de Place de service à l'État-major général.................... SANSON.
Adjudant de Place de visite des Postes.............................. SANSON.

Visite aux Casernes, Prisons, Hôpital, et distribution de fourrages.

Rive droite de la Seine : le Capitaine Adjudant de Place............... COTEAU.
Rive gauche : le Capitaine Adjudant de Place......................... CARON.

Du 20 au 21 Germinal.

Adjudant de Place de service à l'État-major général.................... COTEAU.
Adjudant de Place de visite des Postes.............................. COTEAU.

Visite aux Casernes, Prisons, Hôpital, et distribution de fourrages.

Rive droite de la Seine : le Lieutenant Adjudant de Place.............. SANSON.
Rive gauche : le Capitaine Adjudant de Place......................... VILLERS.

ORDRE GÉNÉRAL.

Rien de nouveau.

L'Adjudant-commandant, Sous-chef de l'État-major général et du Gouvernement de Paris,

DOUCET.

ÉTAT-MAJOR DU GOUVERNEMENT DE PARIS.

LIBERTÉ.

ÉGALITÉ.

ORDRE du 21 Germinal, an 12 de la République française.

SERVICE DE L'ÉTAT-MAJOR DU GOUVERNEMENT.

Du 21 au 22 Germinal.

Adjudant de Place de service à l'État-major général.......................... CORDIEZ.
Adjudant de Place de visite des Postes.. CORDIEZ.

Visite aux Casernes, Prisons, Hôpital, et distribution de fourrages.

Rive droite de la Seine : le Capitaine Adjudant de Place................. GRAILLARD.
Rive gauche : le Capitaine Adjudant de Place.......................... CORDIEZ.

Du 22 au 23 Germinal.

Adjudant de Place de service à l'État-major général.......................... CARON.
Adjudant de Place de visite des Postes.. CARON.

Visite aux Casernes, Prisons, Hôpital, et distribution de fourrages.

Rive droite de la Seine : le Capitaine Adjudant de Place................. LABORDE.
Rive gauche : le Capitaine Adjudant de Place.......................... VIART.

ORDRE GÉNÉRAL.

Mutation.

En conséquence des ordres du Général en chef Gouverneur de Paris, les bureaux du Secrétariat de la Place seront transférés, aujourd'hui, au quartier général, *rue des Capucines.*

Les Autorités civiles et militaires sont invitées à faire parvenir à cette nouvelle demeure toute leur correspondance avec le Général Gouverneur de cette ville.

Les bureaux de la Police militaire devant rester jusqu'à nouvel ordre à l'ancien État-major de la Place, *quai Voltaire, n.° 4*, les Militaires de tous grades et les Officiers réformés qui touchent leur traitement à Paris, sont tenus de s'y présenter pour y faire viser leurs permissions, feuilles de route ou mandats de paiement; et les Militaires ou Conscrits prévenus de désertion ou autres délits, continueront d'y être amenés.

Les Conseils de guerre spéciaux tiendront jusqu'à ce qu'il en ait été autrement ordonné audit ancien État-major de la Place, *quai Voltaire, n.° 4.*

L'Adjudant-commandant, Sous-chef de l'État-major général et du Gouvernement de Paris,

DOUCET.

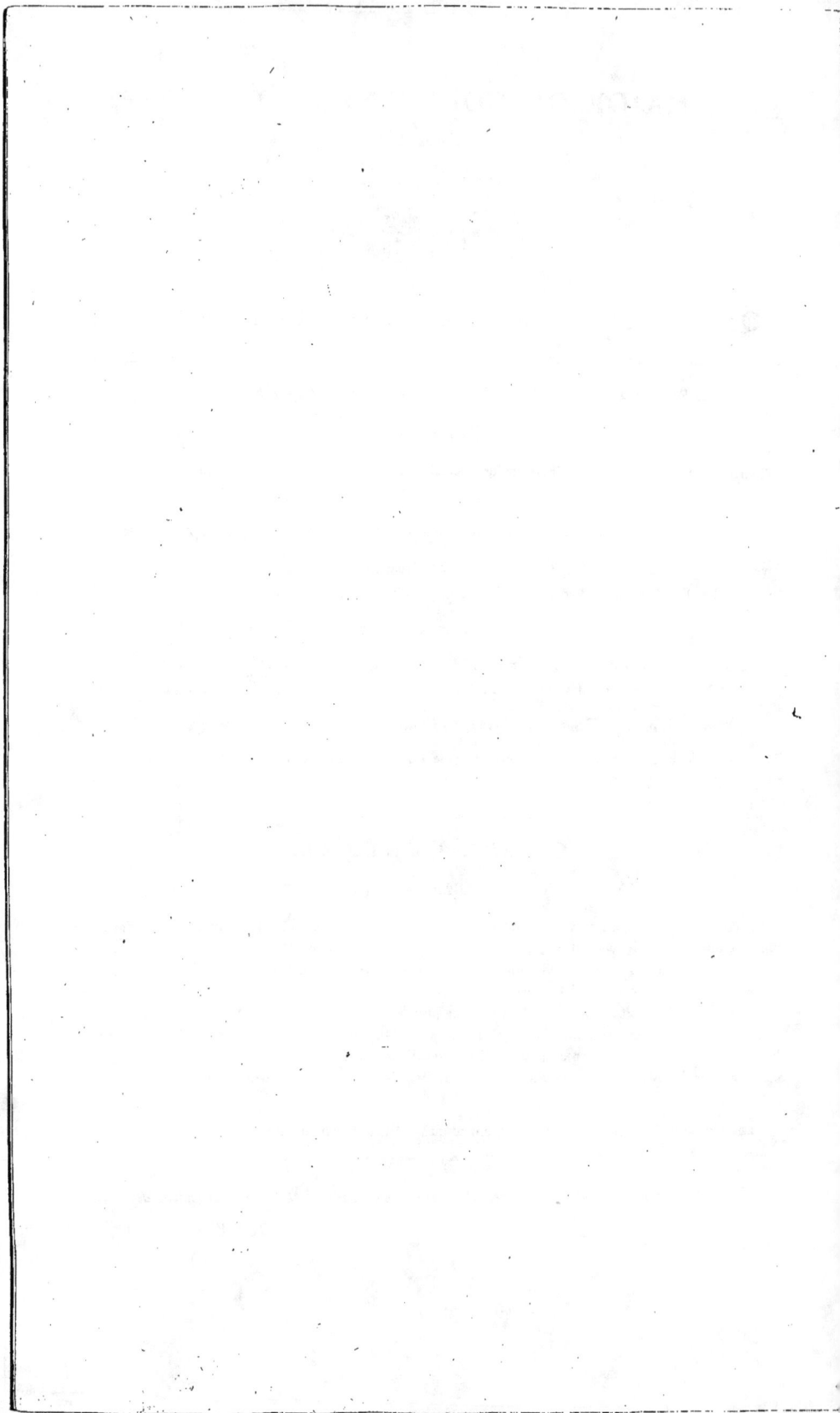

ÉTAT-MAJOR DU GOUVERNEMENT DE PARIS.

LIBERTÉ. *ÉGALITÉ.*

ORDRE du 22 Germinal, an 12 de la République française.

SERVICE DE L'ÉTAT-MAJOR DU GOUVERNEMENT.

Du 22 au 23 Germinal.

Adjudant de Place de service à l'État-major général.................... CARON.

Adjudant de Place de visite des Postes.............................. CARON.

Visite aux Casernes, Prisons, Hôpital, et distribution de fourrages.

Rive droite de la Seine : le Capitaine Adjudant de Place................ LABORDE.

Rive gauche : le Capitaine Adjudant de Place........................ VIART.

Du 23 au 24 Germinal.

Adjudant de Place de service à l'État-major général.................... VILLERS.

Adjudant de Place de visite des Postes.............................. VILLERS.

Visite aux Casernes, Prisons, Hôpital, et distribution de fourrages.

Rive droite de la Seine : le Capitaine Adjudant de Place................ CARON.

Rive gauche : le Capitaine Adjudant de Place........................ COTEAU.

ORDRE GÉNÉRAL.

Rien de nouveau.

L'Adjudant-commandant, Sous-chef de l'État-major général et du Gouvernement de Paris,

DOUCET.

ÉTAT-MAJOR DU GOUVERNEMENT DE PARIS.

LIBERTÉ. *ÉGALITÉ.*

ORDRE du 24 Germinal, an 12 de la République française.

SERVICE DE L'ÉTAT-MAJOR DU GOUVERNEMENT.

Du 24 au 25 Germinal.

Adjudant de Place de service à l'État-major général.................... GRAILLARD.
Adjudant de Place de visite des Postes.................................... GRAILLARD.

Visite aux Casernes, Prisons, Hôpital, et distribution de fourrages.

Rive droite de la Seine : le Capitaine Adjudant de Place................ VILLERS.
Rive gauche : le Lieutenant Adjudant de Place.......................... SANSON.

Du 25 au 26 Germinal.

Adjudant de Place de service à l'État-major général.................... SANSON.
Adjudant de Place de visite des Postes.................................... SANSON.

Visite aux Casernes, Prisons, Hôpital, et distribution de fourrages.

Rive droite de la Seine : le Capitaine Adjudant de Place................ CORDIEZ.
Rive gauche : le Capitaine Adjudant de Place............................ GRAILLARD.

ORDRE GÉNÉRAL.

Rien de nouveau.

L'Adjudant-commandant, Sous-chef de l'État-major général et du Gouvernement de Paris,

DOUCET.

ÉTAT-MAJOR DU GOUVERNEMENT DE PARIS.

LIBERTÉ. *ÉGALITÉ.*

ORDRE du 25 Germinal, an 12 de la République française.

SERVICE DE L'ÉTAT-MAJOR DU GOUVERNEMENT.

Du 25 au 26 Germinal.

Adjudant de Place de service à l'État-major général........................ SANSON.
Adjudant de Place de visite des Postes.. SANSON.

Visite aux Casernes, Prisons, Hôpital, et distribution de fourrages.

Rive droite de la Seine : le Capitaine Adjudant de Place................ CORDIEZ.
Rive gauche : le Capitaine Adjudant de Place.............................. GRAILLARD.

Du 26 au 27 Germinal.

Adjudant de Place de service à l'État-major général........................ COTEAU.
Adjudant de Place de visite des Postes.. COTEAU.

Visite aux Casernes, Prisons, Hôpital, et distribution de fourrages.

Rive droite de la Seine : le Capitaine Adjudant de Place................ VIART.
Rive gauche : le Capitaine Adjudant de Place.............................. LABORDE.

ORDRE GÉNÉRAL.

Rien de nouveau.

L'Adjudant-commandant, Sous-chef de l'État-major général et du Gouvernement de Paris,

DOUCET.

ÉTAT-MAJOR DU GOUVERNEMENT DE PARIS.

LIBERTÉ. *ÉGALITÉ.*

ORDRE du 26 Germinal, an 12 de la République française.

SERVICE DE L'ÉTAT-MAJOR DU GOUVERNEMENT.

Du 26 au 27 Germinal.

Adjudant de Place de service à l'État-major général… COTEAU.
Adjudant de Place de visite des Postes… COTEAU.

Visite aux Casernes, Prisons, Hôpital, et distribution de fourrages.

Rive droite de la Seine : le Capitaine Adjudant de Place… VIART.
Rive gauche : le Capitaine Adjudant de Place… LABORDE.

Du 27 au 28 Germinal.

Adjudant de Place de service à l'État-major général… CORDIEZ.
Adjudant de Place de visite des Postes… CORDIEZ.

Visite aux Casernes, Prisons, Hôpital, et distribution de fourrages.

Rive droite de la Seine : le Capitaine Adjudant de Place… COTEAU.
Rive gauche : le Capitaine Adjudant de Place… CARON.

ORDRE GÉNÉRAL.

Rien de nouveau.

L'Adjudant-commandant, Sous-chef de l'État-major général et du Gouvernement de Paris,

DOUCET.

ÉTAT-MAJOR DU GOUVERNEMENT DE PARIS.

LIBERTÉ.  *ÉGALITÉ.*

ORDRE du 27 Germinal, an 12 de la République française.

SERVICE DE L'ÉTAT-MAJOR DU GOUVERNEMENT.

Du 27 au 28 Germinal.

Adjudant de Place de service à l'État-major général........................ CORDIEZ.
Adjudant de Place de visite des Postes.................................... CORDIEZ.

Visite aux Casernes, Prisons, Hôpital, et distribution de fourrages.

Rive droite de la Seine : le Capitaine Adjudant de Place................ COTEAU.
Rive gauche : le Capitaine Adjudant de Place.......................... CARON.

Du 28 au 29 Germinal.

Adjudant de Place de service à l'État-major général..................... CARON.
Adjudant de Place de ronde....................................... CARON.

Visite aux Casernes, Prisons, Hôpital, et distribution de fourrages.

Rive droite de la Seine : le Lieutenant Adjudant de Place................ SANSON.
Rive gauche : le Capitaine Adjudant de Place......................... VILLERS.

Rien de nouveau.

L'Adjudant-commandant, Sous-chef de l'État-major général et du Gouvernement de Paris,

DOUCET.

ÉTAT-MAJOR DU GOUVERNEMENT DE PARIS.

LIBERTÉ.  *ÉGALITÉ.*

ORDRE du 28 Germinal, an 12 de la République française.

SERVICE DE L'ÉTAT-MAJOR DU GOUVERNEMENT.

Du 28 au 29 Germinal.

Adjudant de Place de service à l'État-major général........................ CARON.
Adjudant de Place de visite des Postes.................................... CARON.

Visite aux Casernes, Prisons, Hôpital, et distribution de fourrages.

Rive droite de la Seine : le Lieutenant Adjudant de Place............... SANSON.
Rive gauche : le Capitaine Adjudant de Place............................ VILLERS.

Du 29 au 30 Germinal.

Adjudant de Place de service à l'État-major général........................ VILLERS.
Adjudant de Place de ronde.. VILLERS.

Visite aux Casernes, Prisons, Hôpital, et distribution de fourrages.

Rive droite de la Seine : le Capitaine Adjudant de Place................ GRAILLARD.
Rive gauche : le Capitaine Adjudant de Place............................ CORDIEZ.

AVIS aux 1.er et 2.e Régimens de la Garde municipale de Paris.

Le Général en chef Gouverneur de Paris, qui plusieurs fois instruit des vols de vin commis par les Sentinelles des Postes des Ports, s'était contenté de rappeler à l'honneur les Soldats qui servent sous ses ordres, les prévient aujourd'hui, qu'à l'avenir le vin ou tout autre objet volé sur les ports par un Soldat de garde, sera payé par tout le Poste, à moins qu'on ne dénonce le coupable, qui, dès-lors, sera puni selon toute la rigueur des lois.

L'Adjudant-commandant, Sous-chef de l'État-major général et du Gouvernement de Paris,

DOUCET.

ÉTAT-MAJOR DU GOUVERNEMENT DE PARIS.

LIBERTÉ.  *ÉGALITÉ.*

ORDRE du 29 Germinal, an 12 de la République française.

SERVIÇE DE L'ÉTAT-MAJOR DU GOUVERNEMENT.

Du 29 au 30 Germinal.

Adjudant de Place de service à l'État-major général.................... VILLERS.
Adjudant de Place de visite des Postes.................................. VILLERS.

Visite aux Casernes, Prisons, Hôpital, et distribution de fourrages.

Rive droite de la Seine : le Capitaine Adjudant de Place................ GRAILLARD.
Rive gauche : le Capitaine Adjudant de Place............................ CORDIEZ.

Du 30 Germinal au 1.er Floréal.

Adjudant de Place de service à l'État-major général.................... GRAILLARD.
Adjudant de Place de visite des Postes.................................. GRAILLARD.

Visite aux Casernes, Prisons, Hôpital, et distribution de fourrages.

Rive droite de la Seine : le Capitaine Adjudant de Place................ LABORDE.
Rive gauche : le Capitaine Adjudant de Place............................ VIART.

Revues.

Le Colonel *Grobert*, Sous-inspecteur aux revues, passera aujourd'hui celles de l'État-major d'Artillerie et de l'État-major du Génie; le 30 courant celles du Dépôt de la Guerre et les Élèves de l'École Polytechnique; et le 1.er Floréal, à onze heures précises du matin, sur la place des Vosges, celle du 1.er Régiment de Cuirassiers.

ORDRE GÉNÉRAL pour l'Armée, du 25 Germinal an 12 de la République française.

Aucun militaire employé, soit dans l'arrondissement affecté au Commandement de l'un des camps formés dans l'intérieur de la République, soit dans une Division militaire, soit dans les États où les Troupes françaises sont stationnées, ne peut en sortir sans une autorisation du Gouvernement, transmise par le Ministre de la guerre.

Si un Général commandant jugeait utile au bien du service d'expédier au Gouvernement un Officier comme dépêche extraordinaire, il est autorisé à le faire ; mais il ne doit user de cette faculté que dans des cas urgens, et lorsque ses dépêches sont susceptibles d'explications verbales. L'officier sera porteur d'un passe-port annonçant qu'il est envoyé en dépêche extraordinaire, et qu'il doit se rendre directement auprès du Ministre de la guerre. En même-temps le Général commandant informera le Ministre, par la correspondance ordinaire, de la mission qu'il a donnée.

Sous aucun prétexte ni d'affaire, ni de congé de convalescence, ni de retraite, ni pour quelqu'autre motif que ce soit, les Chefs de corps, et les Conseils d'administration, ne peuvent autoriser, même provisoirement, un Militaire à s'éloigner de son corps de plus d'un jour de marche sans la permission du Général commandant l'arrondissement; celui-ci à sortir du département qu'il commande, sans la permission du Commandant supérieur ; et enfin, les Généraux commandant les camps, les armées ou les divisions militaires de l'intérieur, à sortir de l'étendue de leur commandement, sans l'ordre du Ministre de la guerre.

Tous les Militaires qui voyageraient sans une autorisation conforme à ce qui vient d'être prescrit, seront considérés comme voyageant sans permission, et obligés de retourner sur-le-champ à leur poste.

Le Ministre de la Guerre, ALEX. BERTHIER.

L'Adjudant-commandant, Sous-chef de l'État-major général et du Gouvernement de Paris,

DOUCET.

[illegible]

ÉTAT-MAJOR DU GOUVERNEMENT DE PARIS.

LIBERTÉ. *ÉGALITÉ.*

ORDRE du 30 Germinal, an 12 de la République française.

SERVICE DE L'ÉTAT-MAJOR DU GOUVERNEMENT.

Du 30 Germinal au 1.er Floréal.

Adjudant de Place de service à l'État-major général.................... LABORDE.
Adjudant de Place de visite des Postes.................................. LABORDE.

Visite aux Casernes, Prisons, Hôpital, et distribution de fourrages.

Rive droite de la Seine : le Capitaine Adjudant de Place................ LABORDE.
Rive gauche : le Capitaine Adjudant de Place............................ VIART.

Du 1.er au 2 Floréal.

Adjudant de Place de service à l'Etat-major général..................... GRAILLARD.
Adjudant de Place de visite des Postes.................................. GRAILLARD.

Visite aux Casernes, Prisons, Hôpital, et distribution de fourrages.

Rive droite de la Seine : le Capitaine Adjudant de Place................ CARON.
Rive gauche : le Capitaine Adjudant de Place............................ COTEAU.

Rien de nouveau.

L'Adjudant-commandant, Sous-chef de l'État-major général et du Gouvernement de Paris,

DOUCET.

ÉTAT-MAJOR DU GOUVERNEMENT DE PARIS.

LIBERTÉ. *ÉGALITÉ.*

ORDRE du 1.er Floréal, an 12 de la République française.

SERVICE DE L'ÉTAT-MAJOR DU GOUVERNEMENT.

Du 1.er au 2 Floréal.

Adjudant de Place de service à l'Etat-major général.................... GRAILLARD.
Adjudant de Place de visite des Postes.................................... GRAILLARD.

Visite aux Casernes, Prisons, Hôpital, et distribution de fourrages.

Rive droite de la Seine : le Capitaine Adjudant de Place................ CARON.
Rive gauche : le Capitaine Adjudant de Place............................ COTEAU.

Du 2 au 3 Floréal.

Adjudant de Place de service à l'État-major général.................... SANSON.
Adjudant de Place de visite des Postes.................................... SANSON.

Visite aux Casernes, Prisons, Hôpital, et distribution de fourrages.

Rive droite de la Seine : le Capitaine Adjudant de Place................ VILLERS.
Rive gauche : le Lieutenant Adjudant de Place............................ SANSON.

Rien de nouveau.

L'Adjudant-commandant, Sous-chef de l'État-major général et du Gouvernement de Paris,

DOUCET.

ÉTAT-MAJOR DU GOUVERNEMENT DE PARIS.

LIBERTÉ.

ÉGALITÉ.

ORDRE du 2 Floréal, an 12 de la République française.

SERVICE DE L'ÉTAT-MAJOR DU GOUVERNEMENT.

Du 2 au 3 Floréal.

Adjudant de Place de service à l'État-major général.......................... SANSON.
Adjudant de Place de visite des Postes.............................. SANSON.

Visite aux Casernes, Prisons, Hôpital, et distribution de fourrages.

Rive droite de la Seine : le Capitaine Adjudant de Place................ VILLERS.
Rive gauche : le Lieutenant Adjudant de Place........................ SANSON.

Du 3 au 4 Floréal.

Adjudant de Place de service à l'Etat-major général...................... COTEAU.
Adjudant de Place de visite des Postes.............................. COTEAU.

Visite aux Casernes, Prisons, Hôpital, et distribution de fourrages.

Rive droite de la Seine : le Capitaine Adjudant de Place................ CORDIEZ.
Rive gauche : le Capitaine Adjudant de Place......................... GRAILLARD.

Rien de nouveau.

L'Adjudant-commandant, Sous-chef de l'État-major général et du Gouvernement de Paris,

DOUCET.

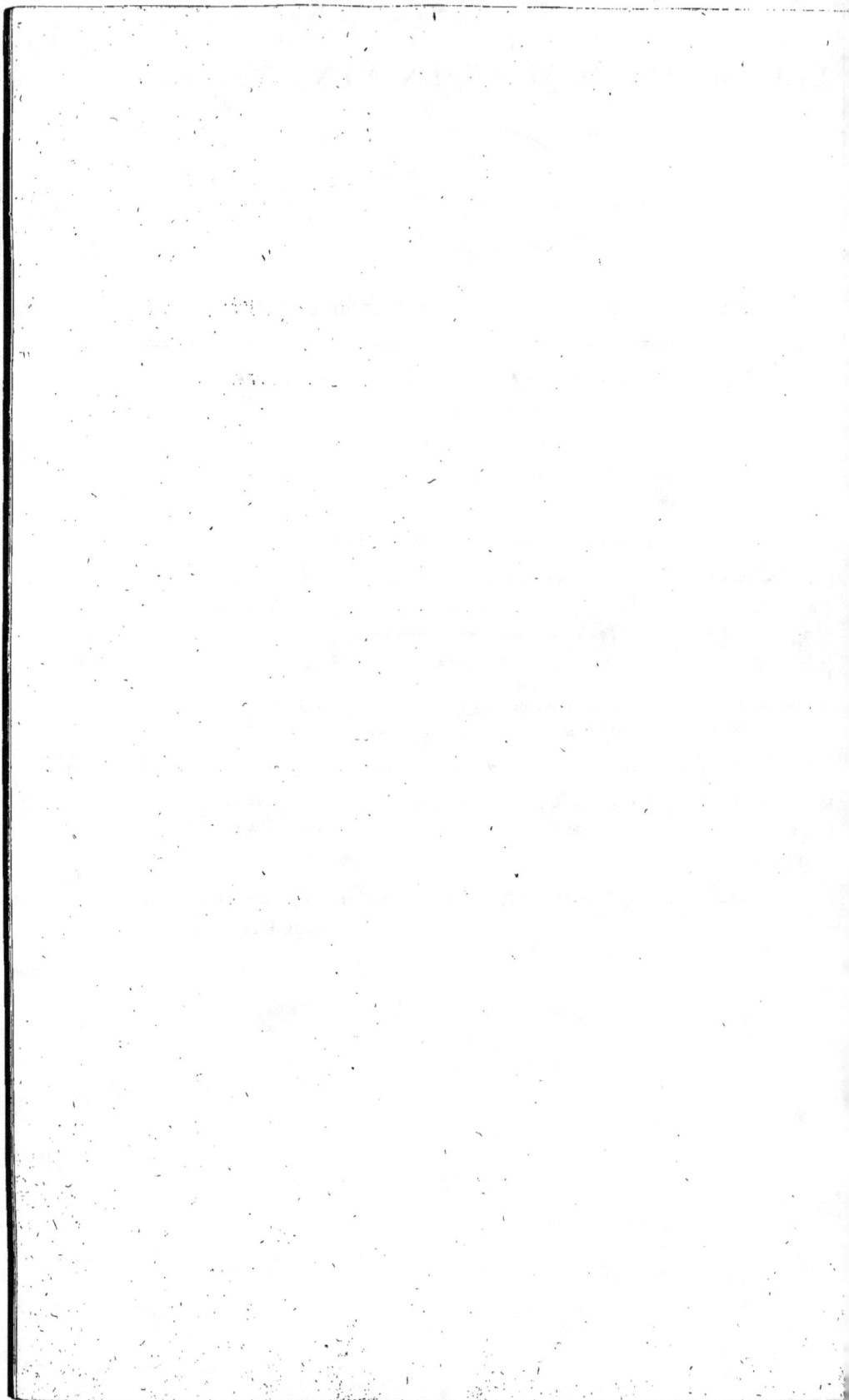

ÉTAT-MAJOR DU GOUVERNEMENT DE PARIS.

LIBERTÉ. *ÉGALITÉ.*

ORDRE du 3 Floréal, an 12 de la République française.

SERVICE DE L'ÉTAT-MAJOR DU GOUVERNEMENT.

Du 3 au 4 Floréal.

Adjudant de Place de service à l'Etat-major général........................ COTEAU.
Adjudant de Place de visite des Postes..................................... COTEAU.

Visite aux Casernes, Prisons, Hôpital, et distribution de fourrages.

Rive droite de la Seine : le Capitaine Adjudant de Place.................. CORDIEZ.
Rive gauche : le Capitaine Adjudant de Place.............................. GRAILLARD.

Du 4 au 5 Floréal.

Adjudant de Place de service à l'État-major général........................ CORDIEZ.
Adjudant de Place de visite des postes..................................... CORDIEZ.

Visite aux Casernes, Prisons, Hôpital, et distribution de fourrages.

Rive droite de la Seine : le Capitaine Adjudant de Place.................. VIART.
Rive gauche : le Capitaine Adjudant de Place.............................. LABORDE.

Rien de nouveau.

L'Adjudant-commandant, Sous-chef de l'État-major général et du Gouvernement de Paris;

DOUCET.

ÉTAT-MAJOR DU GOUVERNEMENT DE PARIS.

LIBERTÉ. *ÉGALITÉ.*

ORDRE du 4 Floréal, an 12 de la République française.

SERVICE DE L'ÉTAT-MAJOR DU GOUVERNEMENT.

Du 4 au 5 Floréal.

Adjudant de Place de service à l'État-major général........................ CORDIEZ.
Adjudant de Place de visite des postes.................................. CORDIEZ.

Visite aux Casernes, Prisons, Hôpital, et distribution de fourrages.

Rive droite de la Seine : le Capitaine Adjudant de Place.................. VIART.
Rive gauche : le Capitaine Adjudant de Place............................. LABORDE.

Du 5 au 6 Floréal.

Adjudant de Place de service à l'Etat-major général....................... CARON.
Adjudant de Place de visite des Postes.................................. CARON.

Visite aux Casernes, Prisons, Hôpital, et distribution de fourrages.

Rive droite de la Seine : le Capitaine Adjudant de Place.................. COTEAU.
Rive gauche : le Capitaine Adjudant de Place.............................. CARON.

Nomination.

Le Général en chef Gouverneur de Paris a nommé, le 29 Germinal dernier, le C.en *Vallot,* Capitaine réformé des Volontaires de la Réserve, à la place d'Adjudant-Capitaine près le 6.e arrondissement de cette ville.

Les Autorités civiles et militaires sont invitées à le reconnaître en ladite qualité.

Jugement.

Le Conseil de guerre spécial a condamné, le 30 Germinal dernier, à cinq années de travaux publics et à 15,00 francs d'amende, le nommé *Hurier,* déserteur du 32.e régiment d'infanterie de ligne. Ce coupable a été dégradé, hier 3 Floréal, à onze heures du matin, sur la place Vendôme, en présence du disponible de son régiment et de toutes les gardes montantes de la garnison.

L'Adjudant-commandant, Sous-chef de l'État-major général et du Gouvernement de Paris,

DOUCET.

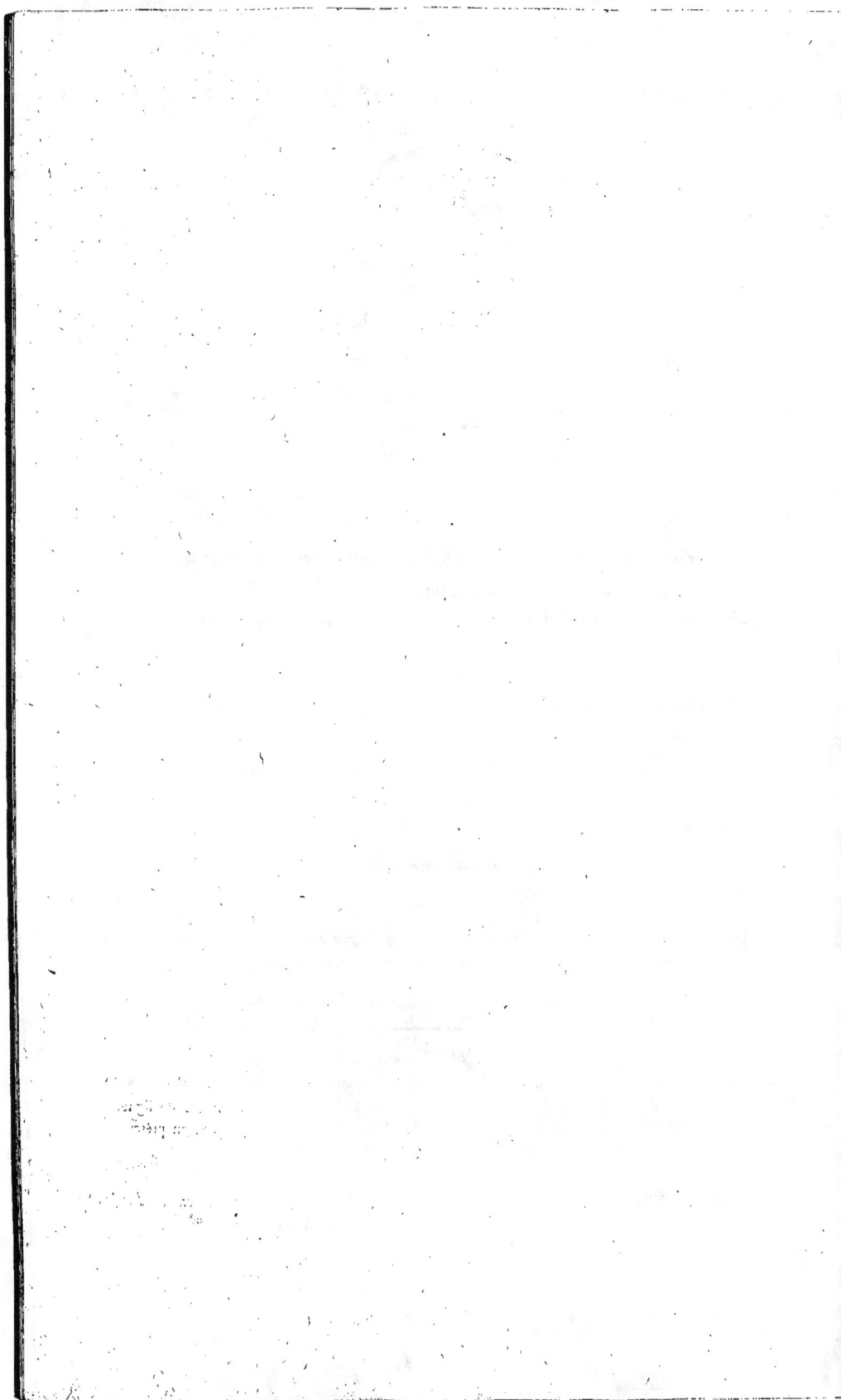

ÉTAT-MAJOR DU GOUVERNEMENT DE PARIS.

LIBERTÉ. — *ÉGALITÉ.*

ORDRE du 5 Floréal, an 12 de la République française.

SERVICE DE L'ÉTAT-MAJOR DU GOUVERNEMENT.

Du 5 au 6 Floréal.

Adjudant de Place de service à l'Etat-major général...................... CARON.
Adjudant de Place de visite des Postes.................................... CARON.

Visite aux Casernes, Prisons, Hôpital, et distribution de fourrages.

Rive droite de la Seine : le Capitaine Adjudant de Place................ COTEAU.
Rive gauche : le Capitaine Adjudant de Place........................... CARON.

Du 6 au 7 Floréal.

Adjudant de Place de service à l'État-major général...................... VILLERS.
Adjudant de Place de visite des postes.................................... VILLERS.

Visite aux Casernes, Prisons, Hôpital, et distribution de fourrages.

Rive droite de la Seine : le Lieutenant Adjudant de Place................ SANSON.
Rive gauche : le Capitaine Adjudant de Place............................ VILLERS.

Rien de nouveau.

L'Adjudant-commandant, Sous-chef de l'État-major général et du Gouvernement de Paris,

DOUCET.

ÉTAT-MAJOR DU GOUVERNEMENT DE PARIS.

LIBERTÉ. *ÉGALITÉ.*

ORDRE du 6 Floréal, an 12 de la République française.

SERVICE DE L'ÉTAT-MAJOR DU GOUVERNEMENT.

Du 6 au 7 Floréal.

Adjudant de Place de service à l'État-major général........................ VILLERS.
Adjudant de Place de visite des postes................................... VILLERS.

Visite aux Casernes, Prisons, Hôpital, et distribution de fourrages.

Rive droite de la Seine : le Lieutenant Adjudant de Place................ SANSON.
Rive gauche : le Capitaine Adjudant de Place............................ VILLERS.

Du 7 au 8 Floréal.

Adjudant de Place de service à l'Etat-major général...................... LABORDE.
Adjudant de Place de visite des Postes................................... LABORDE.

Visite aux Casernes, Prisons, Hôpital, et distribution de fourrages.

Rive droite de la Seine : le Capitaine Adjudant de Place................ GRAILLARD.
Rive gauche : le Capitaine Adjudant de Place............................ CORDIEZ.

Rien de nouveau.

L'Adjudant-commandant, Sous-chef de l'État-major général et du Gouvernement de Paris,

DOUCET.

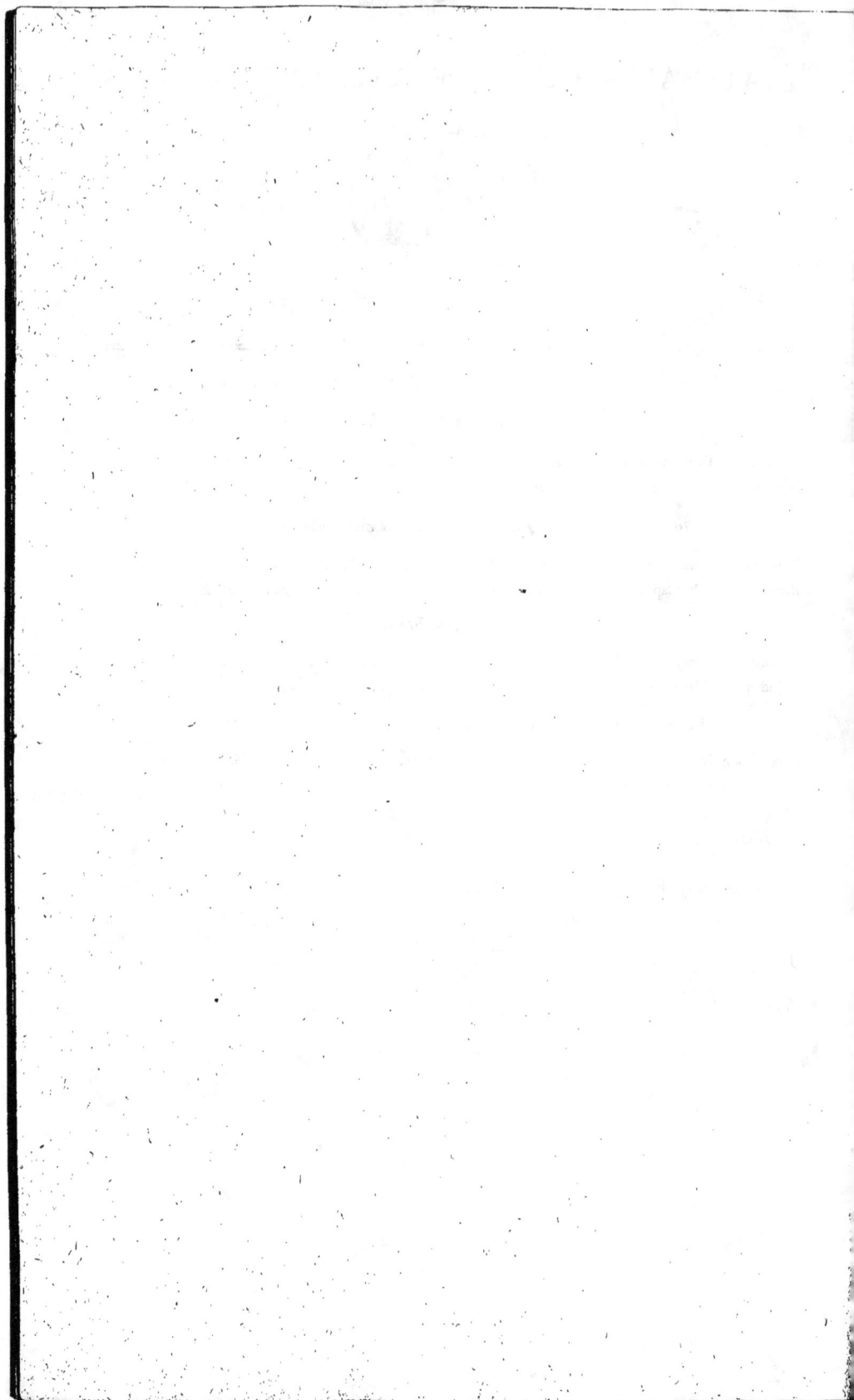

ÉTAT-MAJOR DU GOUVERNEMENT DE PARIS.

LIBERTÉ.  *ÉGALITÉ.*

ORDRE du 7 Floréal, an 12 de la République française.

SERVICE DE L'ÉTAT-MAJOR DU GOUVERNEMENT.

Du 7 au 8 Floréal.

Adjudant de Place de service à l'Etat-major général.......................... LABORDE.
Adjudant de Place de visite des Postes.................................... LABORDE.

Visite aux Casernes, Prisons, Hôpital, et distribution de fourrages.

Rive droite de la Seine : le Capitaine Adjudant de Place................ GRAILLARD.
Rive gauche : le Capitaine Adjudant de Place............................ CORDIEZ.

Du 8 au 9 Floréal.

Adjudant de Place de service à l'État-major général..................... GRAILLARD.
Adjudant de Place de visite des postes.................................. GRAILLARD.

Visite aux Casernes, Prisons, Hôpital, et distribution de fourrages.

Rive droite de la Seine : le Capitaine Adjudant de Place................ LABORDE.
Rive gauche : le Capitaine Adjudant de Place............................ VIART.

Rien de nouveau.

L'Adjudant-commandant, Sous-chef de l'État-major général et du Gouvernement de Paris,
DOUCET.

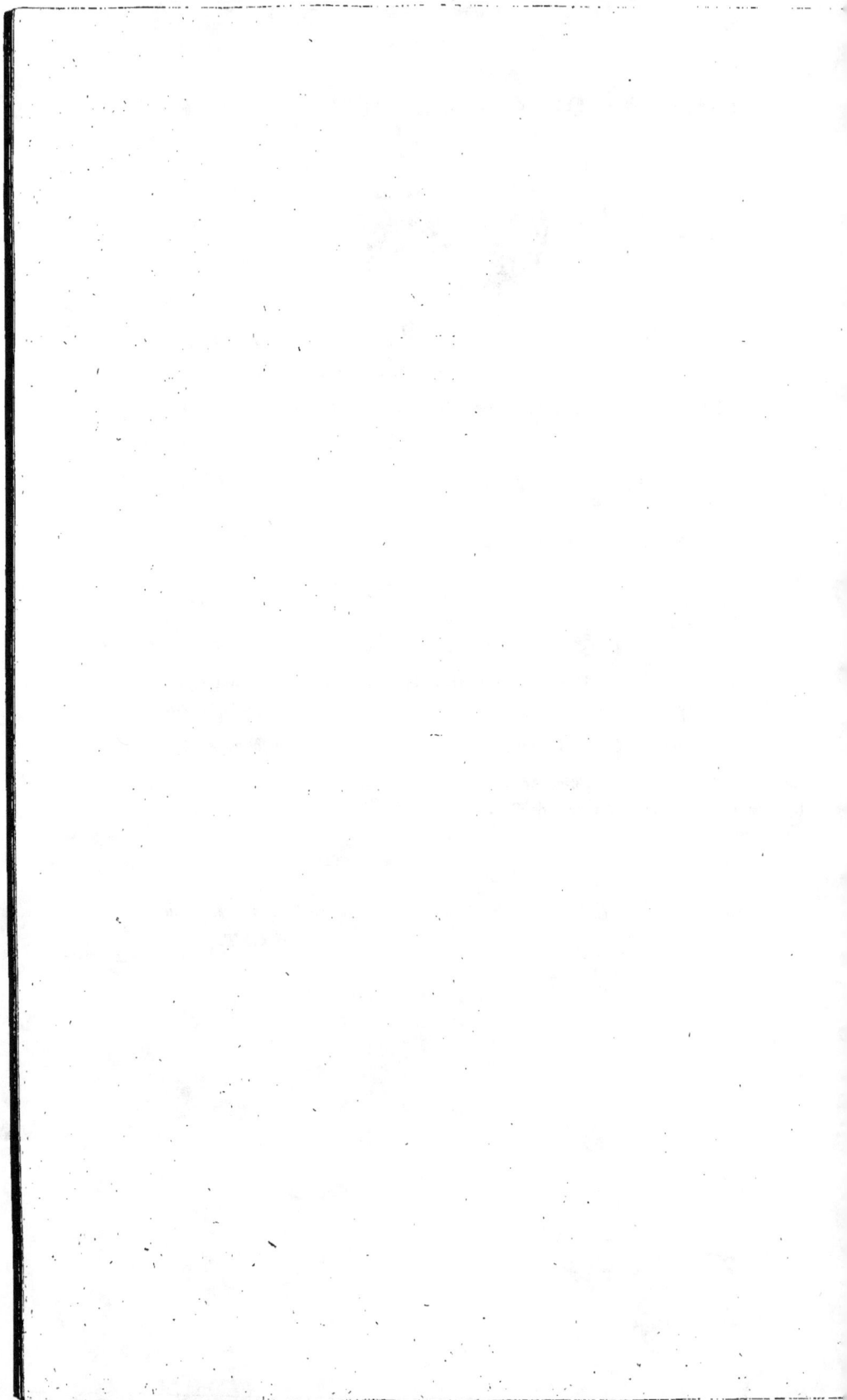

ETAT-MAJOR DU GOUVERNEMENT DE PARIS.

LIBERTÉ. *ÉGALITÉ.*

ORDRE du 8 Floréal, an 12 de la République française.

SERVICE DE L'ÉTAT-MAJOR DU GOUVERNEMENT.

Du 8 au 9 Floréal.

Adjudant de Place de service à l'État-major général.................. GRAILLARD.
Adjudant de Place de visite des postes.................................. GRAILLARD.

Visite aux Casernes, Prisons, Hôpital, et distribution de fourrages.

Rive droite de la Seine : le Capitaine Adjudant de Place................. LABORDE.
Rive gauche : le Capitaine Adjudant de Place.......................... VIART.

Du 9 au 10 Floréal.

Adjudant de Place de service à l'Etat-major général.................. COTEAU.
Adjudant de Place de visite des Postes.................................. COTEAU.

Visite aux Casernes, Prisons, Hôpital, et distribution de fourrages.

Rive droite de la Seine : le Capitaine Adjudant de Place................. CARON.
Rive gauche : le Capitaine Adjudant de Place.......................... COTEAU.

Aux Chefs des Corps composant la garnison de Paris.

Le Général Chef de l'État-major général et du Gouvernement de Paris enjoint aux Chefs de tous les corps de la garnison de ne point faire prendre les armes aux troupes qui sont sous leurs ordres, sans l'avoir prévenu à cet égard au moins vingt-quatre heures à l'avance.

Corvée.

Le trente-deuxième régiment d'infanterie de ligne fournira, à compter de ce jour, jusqu'au 8 du mois de prairial prochain inclusivement, tous les hommes de corvée nécessaires aux travaux du dépôt central de l'Artillerie, sur la réquisition particulière du Général *Saint-Laurent,* Directeur dudit dépôt.

L'Adjudant-commandant, Sous-chef de l'État-major général et du Gouvernement de Paris,

DOUCET.

ETAT-MAJOR DU GOUVERNEMENT DE PARIS.

LIBERTÉ. *ÉGALITÉ.*

ORDRE du 9 Floréal, an 12 de la République française.

SERVICE DE L'ÉTAT-MAJOR DU GOUVERNEMENT.

Du 9 au 10 Floréal.

Adjudant de Place de service à l'Etat-major général........................ SANSON.
Adjudant de Place de visite des Postes.. SANSON.

Visite aux Casernes, Prisons, Hôpital, et distribution de fourrages.

Rive droite de la Seine : le Capitaine Adjudant de Place................ CARON.
Rive gauche : le Capitaine Adjudant de Place................................ COTEAU.

Du 10 au 11 Floréal.

Adjudant de Place de service à l'État-major général........................ COTEAU.
Adjudant de Place de visite des postes.. COTEAU.

Visite aux Casernes, Prisons, Hôpital, et distribution de fourrages.

Rive droite de la Seine : le Capitaine Adjudant de Place................ VILLERS.
Rive gauche : le Lieutenant Adjudant de Place................................ SANSON.

Rien de nouveau.

L'Adjudant-commandant, Sous-chef de l'État-major général et du Gouvernement de Paris,

DOUCET.

ETAT-MAJOR DU GOUVERNEMENT DE PARIS.

LIBERTÉ. *ÉGALITÉ.*

ORDRE du 10 Floréal, an 12 de la République française.

SERVICE DE L'ÉTAT-MAJOR DU GOUVERNEMENT.

Du 10 au 11 Floréal.

Adjudant de Place de service à l'État-major général.................... COTEAU.
Adjudant de Place de visite des postes.............................. COTEAU.

Visite aux Casernes, Prisons, Hôpital, et distribution de fourrages.

Rive droite de la Seine : le Capitaine Adjudant de Place................ VILLERS.
Rive gauche : le Lieutenant Adjudant de Place......................... SANSON.

Du 11 au 12 Floréal.

Adjudant de Place de service à l'Etat-major général.................... CORDIEZ.
Adjudant de Place de ronde.. CORDIEZ.

Visite aux Casernes, Prisons, Hôpital, et distribution de fourrages.

Rive droite de la Seine : le Capitaine Adjudant de Place................ CORDIEZ.
Rive gauche : le Capitaine Adjudant de Place......................... GRAILLARD.

CONSEIL DE GUERRE SPÉCIAL.

Le Conseil de guerre spécial a rendu, le 8 Floréal présent, un jugement portant absolution du crime de désertion, dont le nommé *Gaspard Latteux*, Brigadier des Dragons de la Garde de Paris, était prévenu; ce Militaire a été renvoyé à son Corps pour y continuer son service.

L'Adjudant-commandant, Sous-chef de l'État-major général et du Gouvernement de Paris,

DOUCET.

ÉTAT-MAJOR DU GOUVERNEMENT DE PARIS.

LIBERTÉ. *ÉGALITÉ.*

ORDRE du 11 Floréal, an 12 de la République française.

SERVICE DE L'ÉTAT-MAJOR DU GOUVERNEMENT.

Du 11 au 12 Floréal.

djudant de Place de service à l'Etat-major général........................ CORDIEZ.
djudant de Place de visite des postes................................ CORDIEZ.

Visite aux Casernes, Prisons, Hôpital, et distribution de fourrages.

ive droite de la Seine : le Capitaine Adjudant de Place................ CORDIEZ.
ive gauche : le Capitaine Adjudant de Place........................... GRAILLARD.

Du 12 au 13 Floréal.

djudant de Place de service à l'État-major général...................... CARON.
ljudant de Place de ronde.. CARON.

Visite aux Casernes, Prisons, Hôpital, et distribution de fourrages.

ve droite de la Seine : le Capitaine Adjudant de Place................. VIART.
ve gauche : le Capitaine Adjudant de Place........................... LABORDE.

Rien de nouveau.

L'Adjudant-commandant, Sous-chef de l'État-major général et du Gouvernement de Paris,

DOUCET.

ETAT-MAJOR DU GOUVERNEMENT DE PARIS.

LIBERTÉ. *ÉGALITÉ.*

ORDRE du 12 Floréal, an 12 de la République française.

SERVICE DE L'ÉTAT-MAJOR DU GOUVERNEMENT.

Du 12 au 13 Floréal.

Adjudant de Place de service à l'État-major général.................... CARON.

Adjudant de Place de visite des postes.................................... CARON.

Visite aux Casernes, Prisons, Hôpital, et distribution de fourrages.

Rive droite de la Seine : le Capitaine Adjudant de Place................. VIART.

Rive gauche : le Capitaine Adjudant de Place.............................. LABORDE.

Du 13 au 14 Floréal.

Adjudant de Place de service à l'Etat-major général..................... VILLERS.

Adjudant de Place de ronde... VILLERS.

Visite aux Casernes, Prisons, Hôpital, et distribution de fourrages.

Rive droite de la Seine : le Capitaine Adjudant de Place................. COTEAU.

Rive gauche : le Capitaine Adjudant de Place.............................. CARON.

Rien de nouveau.

L'Adjudant-commandant, Sous-chef de l'État-major général et du Gouvernement de Paris,

DOUCET.

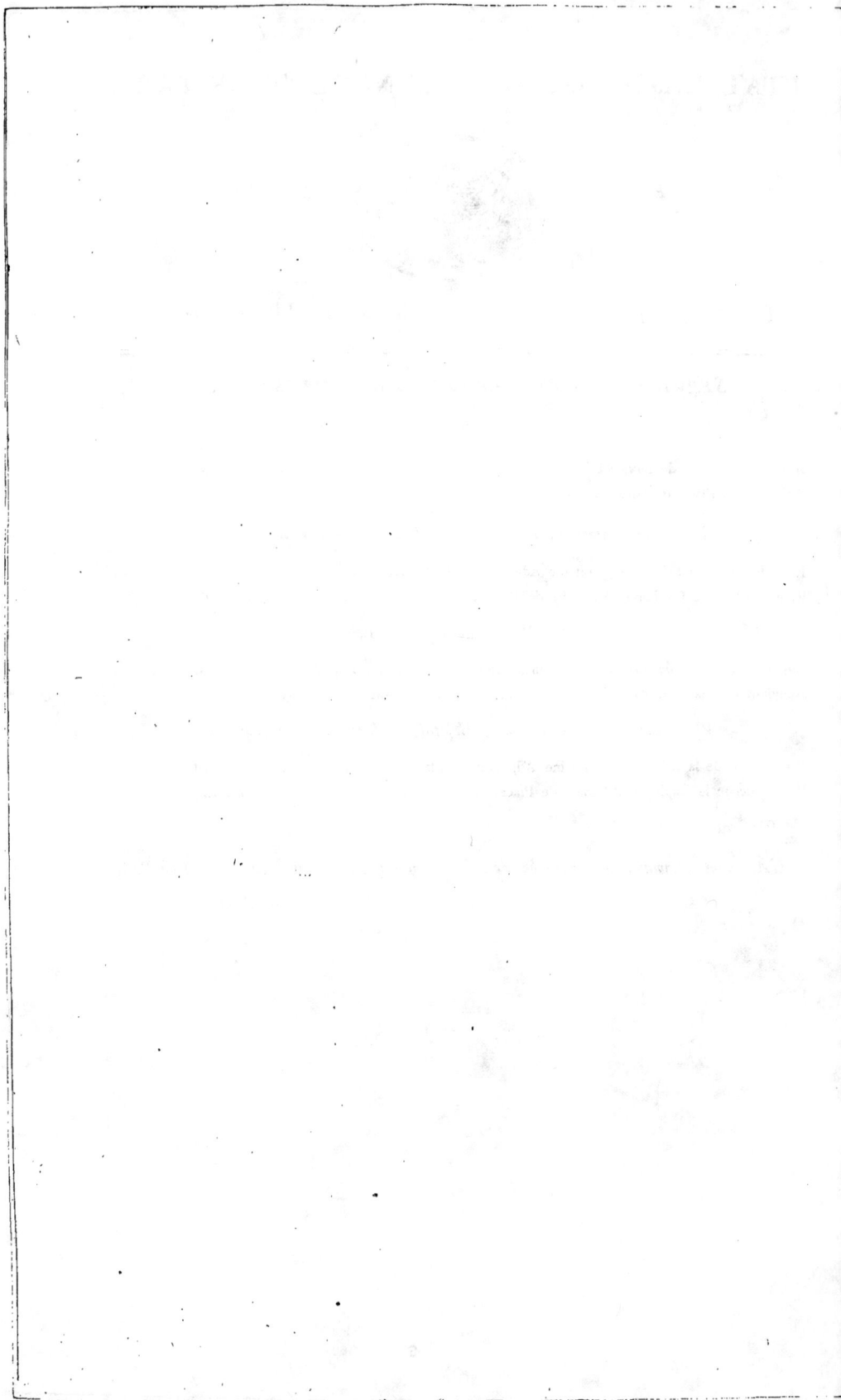

ETAT-MAJOR DU GOUVERNEMENT DE PARIS.

LIBERTÉ.

ÉGALITÉ.

ORDRE du 13 Floréal, an 12 de la République française.

SERVICE DE L'ÉTAT-MAJOR DU GOUVERNEMENT.

Du 13 au 14 Floréal.

Adjudant de Place de service à l'Etat-major général.......................... VILLERS.

Adjudant de Place de visite des postes.. VILLERS.

Visite aux Casernes, Prisons, Hôpital, et distribution de fourrages.

Rive droite de la Seine : le Capitaine Adjudant de Place................. COTEAU.

Rive gauche : le Capitaine Adjudant de Place................................. CARON.

Du 14 au 15 Floréal.

Adjudant de Place de service à l'État-major général.......................... LABORDE.

Adjudant de Place de ronde.. LABORDE.

Visite aux Casernes, Prisons, Hôpital, et distribution de fourrages.

Rive droite de la Seine : le Lieutenant Adjudant de Place................. SANSON.

Rive gauche : le Capitaine Adjudant de Place................................. VILLERS.

Rien de nouveau.

L'Adjudant-commandant, Sous-chef de l'État-major général et du Gouvernement de Paris,

DOUCET.

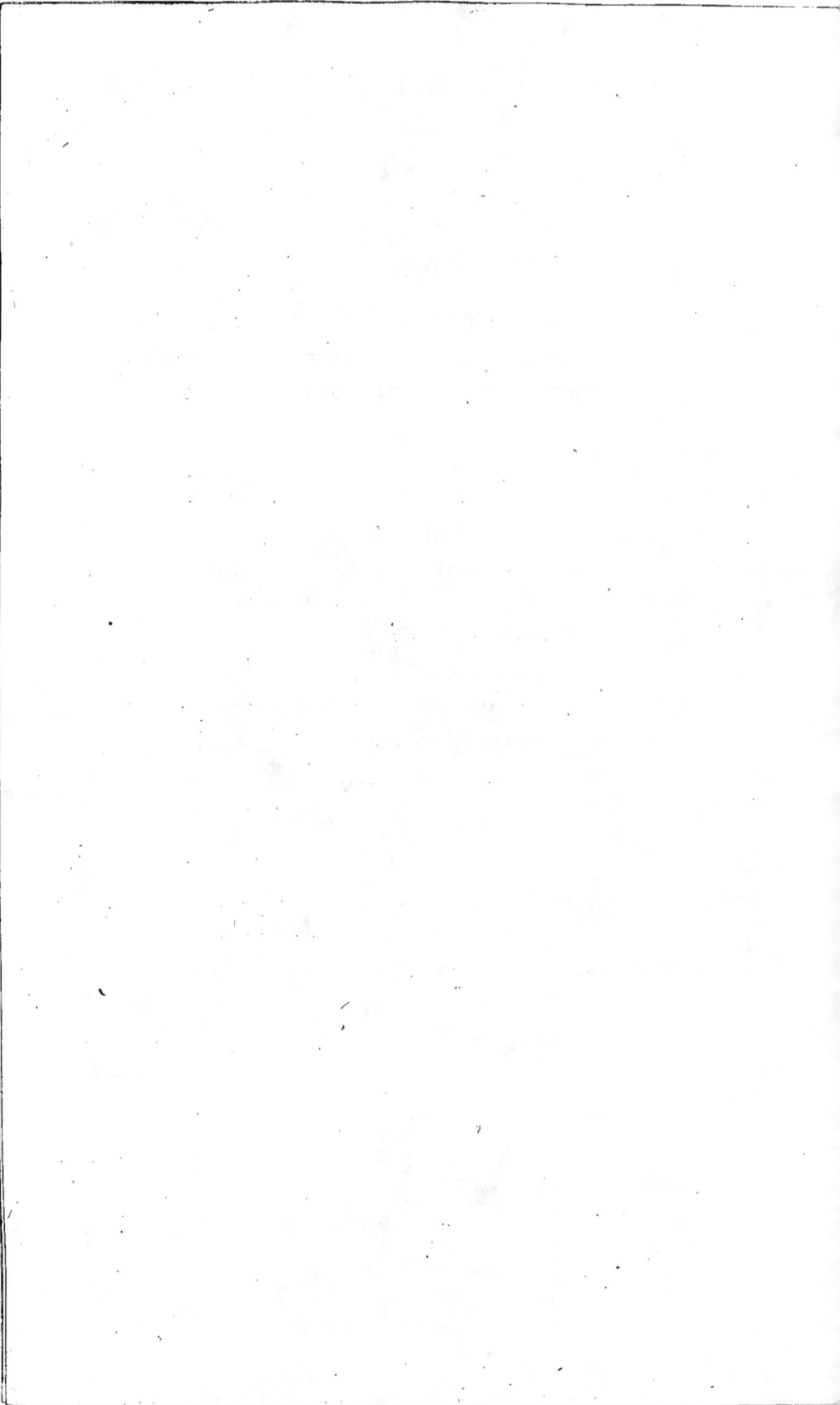

ETAT-MAJOR DU GOUVERNEMENT DE PARIS.

LIBERTÉ. *ÉGALITÉ.*

ORDRE du 14 Floréal, an 12 de la République française.

SERVICE DE L'ÉTAT-MAJOR DU GOUVERNEMENT.

Du 14 au 15 Floréal.

Adjudant de Place de service à l'État-major général.................... LABORDE.
Adjudant de Place de visite des postes.................................... LABORDE.

Visite aux Casernes, Prisons, Hôpital, et distribution de fourrages.

Rive droite de la Seine : le Lieutenant Adjudant de Place................ SANSON.
Rive gauche : le Capitaine Adjudant de Place........................... VILLERS.

Du 15 au 16 Floréal.

Adjudant de Place de service à l'Etat-major général..................... GRAILLARD.
Adjudant de Place de ronde.. GRAILLARD.

Visite aux Casernes, Prisons, Hôpital, et distribution de fourrages.

Rive droite de la Seine : le Capitaine Adjudant de Place................. GRAILLARD.
Rive gauche : le Capitaine Adjudant de Place............................ CORDIEZ.

Rien de nouveau.

L'Adjudant-commandant, Sous-chef de l'État-major général et du Gouvernement de Paris,

DOUCET.

ETAT-MAJOR DU GOUVERNEMENT DE PARIS.

LIBERTÉ. *ÉGALITÉ.*

ORDRE du 15 Floréal, an 12 de la République française.

SERVICE DE L'ÉTAT-MAJOR DU GOUVERNEMENT.

Du 15 au 16 Floréal.

Adjudant de Place de service à l'Etat-major général.......................... GRAILLARD.

Adjudant de Place de visite des postes................................... GRAILLARD.

Visite aux Casernes, Prisons, Hôpital, et distribution de fourrages.

Rive droite de la Seine : le Capitaine Adjudant de Place................. GRAILLARD.

Rive gauche : le Capitaine Adjudant de Place........................... CORDIEZ.

Du 16 au 17 Floréal.

Adjudant de Place de service à l'État-major général..................... COTEAU.

Adjudant de Place de ronde.. COTEAU.

Visite aux Casernes, Prisons, Hôpital, et distribution de fourrages.

Rive droite de la Seine : le Capitaine Adjudant de Place................. LABORDE.

Rive gauche : le Capitaine Adjudant de Place........................... VIART.

Rien de nouveau.

L'Adjudant-commandant, Sous-chef de l'État-major général et du Gouvernement de Paris,

DOUCET.

ETAT-MAJOR DU GOUVERNEMENT DE PARIS.

LIBERTÉ. *ÉGALITÉ.*

ORDRE du 16 Floréal, an 12 de la République française.

SERVICE DE L'ÉTAT-MAJOR DU GOUVERNEMENT.

Du 16 au 17 Floréal.

Adjudant de Place de service à l'État-major général........................ COTEAU.
Adjudant de Place de visite des postes.............................. COTEAU.

Visite aux Casernes, Prisons, Hôpital, et distribution de fourrages.

Rive droite de la Seine : le Capitaine Adjudant de Place.................. LABORDE.
Rive gauche : le Capitaine Adjudant de Place.......................... VIART.

Du 17 au 18 Floréal.

Adjudant de Place de service à l'Etat-major général...................... CORDIEZ.
Adjudant de Place de ronde.. CORDIEZ.

Visite aux Casernes, Prisons, Hôpital, et distribution de fourrages.

Rive droite de la Seine : le Capitaine Adjudant de Place................. CARON.
Rive gauche : le Capitaine Adjudant de Place.......................... COTEAU.

Rien de nouveau.

L'Adjudant-commandant, Sous-chef de l'État-major général et du Gouvernement de Paris,

DOUCET.

ÉTAT-MAJOR DU GOUVERNEMENT DE PARIS.

LIBERTÉ.

ÉGALITÉ.

ORDRE du 17 Floréal, an 12 de la République française.

SERVICE DE L'ÉTAT-MAJOR DU GOUVERNEMENT.

Du 17 au 18 Floréal.

Adjudant de Place de service à l'État-major général........................ CORDIEZ.
Adjudant de Place de visite des postes.. CORDIEZ.

Visite aux Casernes, Prisons, Hôpital, et distribution de fourrages.

Rive droite de la Seine : le Capitaine Adjudant de Place................. CARON.
Rive gauche : le Capitaine Adjudant de Place.............................. COTEAU.

Du 18 au 19 Floréal.

Adjudant de Place de service à l'État-major général........................ CARON.
Adjudant de Place de ronde.. CARON.

Visite aux Casernes, Prisons, Hôpital, et distribution de fourrages.

Rive droite de la Seine : le Capitaine Adjudant de Place................. VILLERS.
Rive gauche : le Lieutenant Adjudant de Place............................. SANSON.

Rien de nouveau.

L'Adjudant-commandant, Sous-chef de l'État-major général et du Gouvernement de Paris,

DOUCET.

ÉTAT-MAJOR DU GOUVERNEMENT DE PARIS.

LIBERTÉ.  *ÉGALITÉ.*

ORDRE du 18 Floréal, an 12 de la République française.

SERVICE DE L'ÉTAT-MAJOR DU GOUVERNEMENT.

Du 18 au 19 Floréal.

Adjudant de Place de service à l'État-major général.................... SANSON.

Adjudant de Place de visite des postes.................................. SANSON.

Visite aux Casernes, Prisons, Hôpital, et distribution de fourrages.

Rive droite de la Seine : le Capitaine Adjudant de Place................. VILLERS.

Rive gauche : le Capitaine Adjudant de Place.......................... GRAILLARD.

Du 19 au 20 Floréal.

Adjudant de Place de service à l'État-major général.................... CARON.

Adjudant de Place de visite des postes.................................. CARON.

Visite aux Casernes, Prisons, Hôpital, et distribution de fourrages.

Rive droite de la Seine : le Capitaine Adjudant de Place................ CORDIEZ.

Rive gauche : le Lieutenant Adjudant de Place.......................... SANSON.

Rien de nouveau.

L'Adjudant-commandant, Sous-chef de l'État-major général et du Gouvernement de Paris,

DOUCET.

ÉTAT-MAJOR DU GOUVERNEMENT DE PARIS.

LIBERTÉ.  *ÉGALITÉ.*

ORDRE du 19 Floréal, an 12 de la République française.

SERVICE DE L'ÉTAT-MAJOR DU GOUVERNEMENT.

Du 19 au 20 Floréal.

Adjudant de Place de service à l'État-major général........................ VILLERS.

Adjudant de Place de ronde de nuit.................................. CORDIEZ.

Visite aux Casernes, Prisons, Hôpital, et distribution de fourrages.

Rive droite de la Seine : le Capitaine Adjudant de Place................ CORDIEZ.

Rive gauche : le Capitaine Adjudant de Place.......................... CARON.

Du 20 au 21 Floréal.

Adjudant de Place de service à l'État-major général..................... LABORDE.

Adjudant de Place de ronde de nuit.................................. CARON.

Visite aux Casernes, Prisons, Hôpital, et distribution de fourrages.

Rive droite de la Seine : le Capitaine Adjudant de Place................ VIART.

Rive gauche : le Capitaine Adjudant de Place.......................... VILLERS.

Rien de nouveau.

L'Adjudant-commandant, Sous-chef de l'État-major général et du Gouvernement de Paris,

DOUCET.

ÉTAT-MAJOR DU GOUVERNEMENT DE PARIS.

LIBERTÉ. *ÉGALITÉ.*

ORDRE du 20 Floréal, an 12 de la République française.

SERVICE DE L'ÉTAT-MAJOR DU GOUVERNEMENT.

Du 20 au 21 Floréal.

Adjudant de Place de service à l'État-major général.................... GRAILLARD.

Adjudant de Place de ronde de nuit.................................. CARON.

Visite aux Casernes, Prisons, Hôpital, et distribution de fourrages.

Rive droite de la Seine : le Capitaine Adjudant de Place................. VIART.

Rive gauche : le Capitaine Adjudant de Place........................... VILLERS.

Du 21 au 22 Floréal.

Adjudant de Place de service à l'État-major général.................... SANSON.

Adjudant de Place de ronde de nuit.................................. GRAILLARD.

Visite aux Casernes, Prisons, Hôpital, et distribution de fourrages.

Rive droite de la Seine : le Capitaine Adjudant de Place................ COTEAU.

Rive gauche : le Lieutenant Adjudant de Place.......................... SANSON.

Rien de nouveau.

L'Adjudant-commandant, Sous-chef de l'État-major général et du Gouvernement de Paris,

DOUCET.

ÉTAT-MAJOR DU GOUVERNEMENT DE PARIS.

LIBERTÉ.  *ÉGALITÉ.*

ORDRE du 21 Floréal, an 12 de la République française.

SERVICE DE L'ÉTAT-MAJOR DU GOUVERNEMENT.

Du 21 au 22 Floréal.

Adjudant de Place de service à l'État-major général........................ SANSON.
Adjudant de Place de ronde de nuit.................................... VILLERS.

Visite aux Casernes, Prisons, Hôpital, et distribution de fourrages.

Rive droite de la Seine : le Capitaine Adjudant de Place................ COTEAU.
Rive gauche : le Capitaine Adjudant de Place........................... GRAILLARD.

Du 22 au 23 Floréal.

Adjudant de Place de service à l'État-major général....................... COTEAU.
Adjudant de Place de ronde de nuit..................................... GRAILLARD.

Visite aux Casernes, Prisons, Hôpital, et distribution de fourrages.

Rive droite de la Seine : le Capitaine Adjudant de Place................. CORDIEZ.
Rive gauche : le Lieutenant Adjudant de Place........................... SANSON.

Nomination.

Le Général en chef Gouverneur de Paris a nommé, le 18 floréal présent, en vertu de la loi du 20 vendémiaire an 12, à la place d'Adjudant-Lieutenant près l'un des douze arrondissemens de cette ville, le C.en *Lemaitre*, ex-Lieutenant au 30.e régiment de Dragons.

Les Autorités civiles et militaires sont invitées à reconnaître cet Officier en ladite qualité

L'Adjudant-commandant, Sous-chef de l'État-major général et du Gouvernement de Paris,

DOUCET.

ÉTAT-MAJOR DU GOUVERNEMENT DE PARIS.

LIBERTÉ. *ÉGALITÉ.*

ORDRE du 22 Floréal, an 12 de la République française.

SERVICE DE L'ÉTAT-MAJOR DU GOUVERNEMENT.

Du 22 au 23 Floréal.

Adjudant de Place de service à l'État-major général.................... COTEAU.

Adjudant de Place de ronde de nuit.. GRAILLARD.

Visite aux Casernes, Prisons, Hôpital, et distribution de fourrages.

Rive droite de la Seine : le Capitaine Adjudant de Place................. CORDIEZ.

Rive gauche : le Lieutenant Adjudant de Place........................... SANSON.

Du 23 au 24 Floréal.

Adjudant de Place de service à l'État-major général.................... CORDIEZ.

Adjudant de Place de ronde de nuit.. SANSON.

Visite aux Casernes, Prisons, Hôpital, et distribution de fourrages.

Rive droite de la Seine : le Capitaine Adjudant de Place................ CARON.

Rive gauche : le Capitaine Adjudant de Place............................. VIART.

Jugement du Conseil de guerre spécial.

Le nommé François *Boulanger,* fusilier au premier régiment de la Garde municipale de Paris, convaincu de désertion à l'intérieur, a été condamné le 18 floréal, présent mois, par le Conseil de guerre spécial, à la peine de trois années de travaux publics, et à 1,500 francs d'amende.

Lecture de son jugement lui a été faite hier, 21 dudit, en présence de son régiment et de toutes les Gardes montantes de la garnison, qui ont été commandées à cet effet, et qui ont défilé devant ce condamné.

L'Adjudant-commandant, Sous-chef de l'État-major général et du Gouvernement de Paris,

DOUCET.

ÉTAT-MAJOR DU GOUVERNEMENT DE PARIS.

LIBERTÉ.  *ÉGALITÉ.*

ORDRE du 23 Floréal, an 12 de la République française.

SERVICE DE L'ÉTAT-MAJOR DU GOUVERNEMENT.

Du 23 au 24 Floréal.

Adjudant de Place de service à l'État-major général.......................... CORDIEZ.
Adjudant de Place de ronde de nuit.. SANSON.

Visite aux Casernes, Prisons, Hôpital, et distribution de fourrages,

Rive droite de la Seine : le Capitaine Adjudant de Place.................. CARON.
Rive gauche : le Capitaine Adjudant de Place.................................. VIART.

Du 24 au 25 Floréal.

Adjudant de Place de service à l'État-major général.......................... CARON.
Adjudant de Place de ronde de nuit.. VIART.

Visite aux Casernes, Prisons, Hôpital, et distribution de fourrages.

Rive droite de la Seine : le Capitaine Adjudant de Place.................. VILLERS.
Rive gauche : le Capitaine Adjudant de Place.................................. COTEAU.

Rien de nouveau.

L'Adjudant-commandant, Sous-chef de l'État-major général et du Gouvernement de Paris,

DOUCET.

[illegible]

[illegible]

[illegible]

[illegible]

[illegible]

ÉTAT-MAJOR DU GOUVERNEMENT DE PARIS.

LIBERTÉ. *ÉGALITÉ.*

ORDRE du 24 Floréal, an 12 de la République française.

SERVICE DE L'ÉTAT-MAJOR DU GOUVERNEMENT.

Du 24 au 25 Floréal.

Adjudant de Place de service à l'État-major général.................... CARON.
Adjudant de Place de ronde de nuit...................................... VIART.

Visite aux Casernes, Prisons, Hôpital, et distribution de fourrages.

Rive droite de la Seine : le Capitaine Adjudant de Place................. VILLERS.
Rive gauche : le Capitaine Adjudant de Place........................... CORDIEZ.

Du 25 au 26 Floréal.

Adjudant de Place de service à l'État-major général..................... VILLERS.
Adjudant de Place de ronde de nuit...................................... COTEAU.

Visite aux Casernes, Prisons, Hôpital, et distribution de fourrages.

Rive droite de la Seine : le Capitaine Adjudant de Place................ GRAILLARD.
Rive gauche : le Capitaine Adjudant de Place........................... CARON.

Rien de nouveau.

L'Adjudant-commandant, Sous-chef de l'État-major général et du Gouvernement de Paris,
DOUCET.

ÉTAT-MAJOR DU GOUVERNEMENT DE PARIS.

LIBERTÉ. *ÉGALITÉ.*

ORDRE du 25 Floréal, an 12 de la République française.

SERVICE DE L'ÉTAT-MAJOR DU GOUVERNEMENT.

Du 25 au 26 Floréal.

Adjudant de Place de service à l'État-major général.......................... VILLERS.
Adjudant de Place de ronde de nuit.................................... COTEAU.

Visite aux Casernes, Prisons, Hôpital, et distribution de fourrages.

Rive droite de la Seine : le Capitaine Adjudant de Place................ GRAILLARD.
Rive gauche : le Capitaine Adjudant de Place.......................... CARON.

Du 26 au 27 Floréal.

Adjudant de Place de service à l'État-major général.......................... GRAILLARD.
Adjudant de Place de ronde de nuit.................................... CORDIEZ.

Visite aux Casernes, Prisons, Hôpital, et distribution de fourrages.

Rive droite de la Seine : le Capitaine Adjudant de Place................ SANSON.
Rive gauche : le Capitaine Adjudant de Place.......................... VILLERS.

Rien de nouveau.

L'Adjudant-commandant, Sous-chef de l'État-major général et du Gouvernement de Paris,
DOUCET.

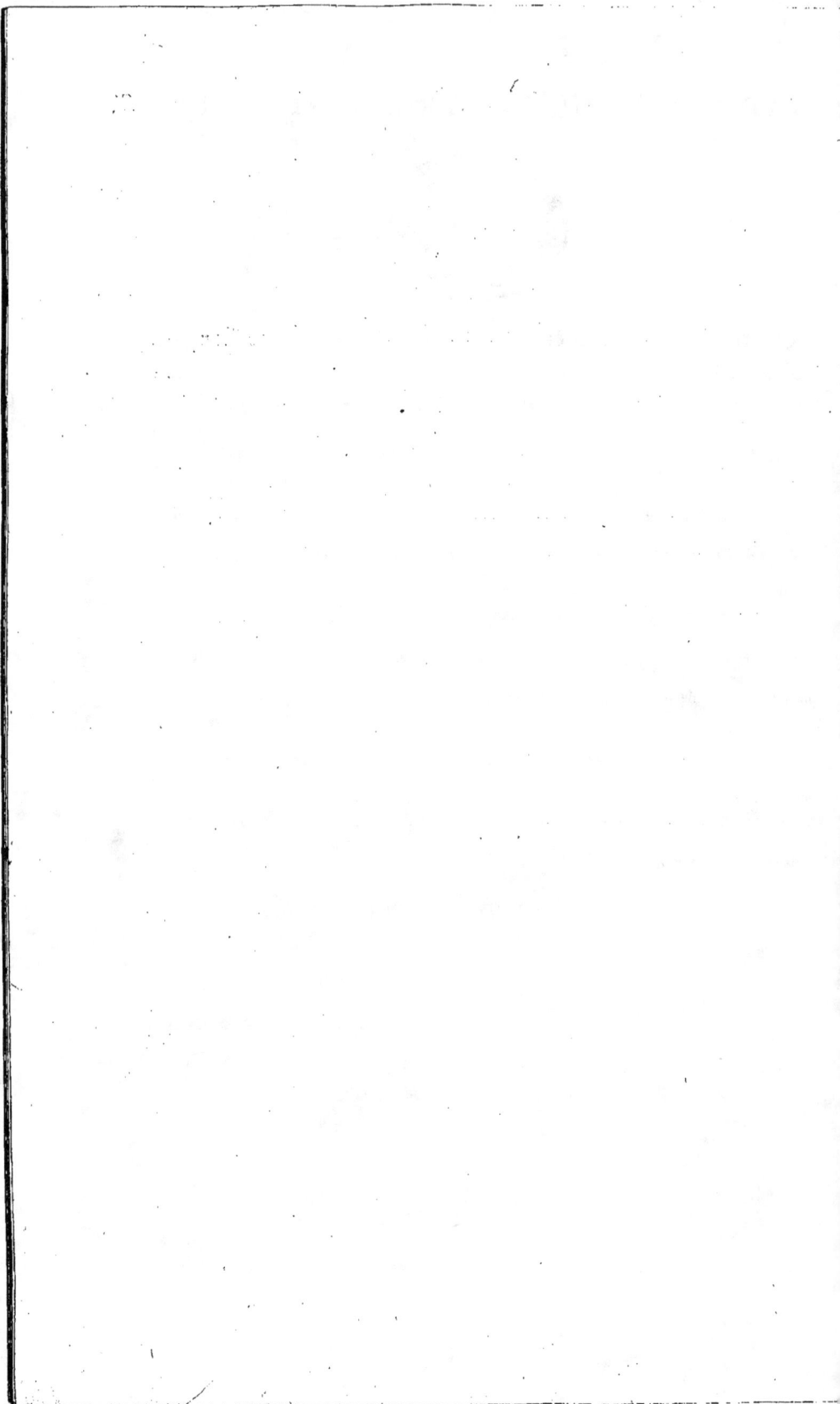

ÉTAT-MAJOR DU GOUVERNEMENT DE PARIS.

LIBERTÉ. *ÉGALITÉ.*

ORDRE du 26 Floréal, an 12 de la République française.

SERVICE DE L'ÉTAT-MAJOR DU GOUVERNEMENT.

Du 26 au 27 Floréal.

Adjudant de Place de service à l'État-major général........................ GRAILLARD.

Adjudant de Place de ronde de nuit....................................... CORDIEZ.

Visite aux Casernes, Prisons, Hôpital, et distribution de fourrages.

Rive droite de la Seine : le Lieutenant Adjudant de Place................. SANSON.

Rive gauche : le Capitaine Adjudant de Place.............................. VILLERS.

Du 27 au 28 Floréal.

Adjudant de Place de service à l'État-major général........................ SANSON.

Adjudant de Place de ronde de nuit....................................... CARON.

Visite aux Casernes, Prisons, Hôpital, et distribution de fourrages.

Rive droite de la Seine : le Capitaine Adjudant de Place................... VIART.

Rive gauche : le Capitaine Adjudant de Place.............................. GRAILLARD.

Jugement.

Le Conseil de guerre spécial a acquitté, le 24 courant, le nommé Louis-Philippe *Colette*, trompette des Dragons de la Garde de Paris, de l'accusation du crime de désertion dirigée contre lui, et l'a renvoyé à son corps pour y continuer ses services.

L'Adjudant-commandant, Sous-chef de l'État-major général et du Gouvernement de Paris,

DOUCET.

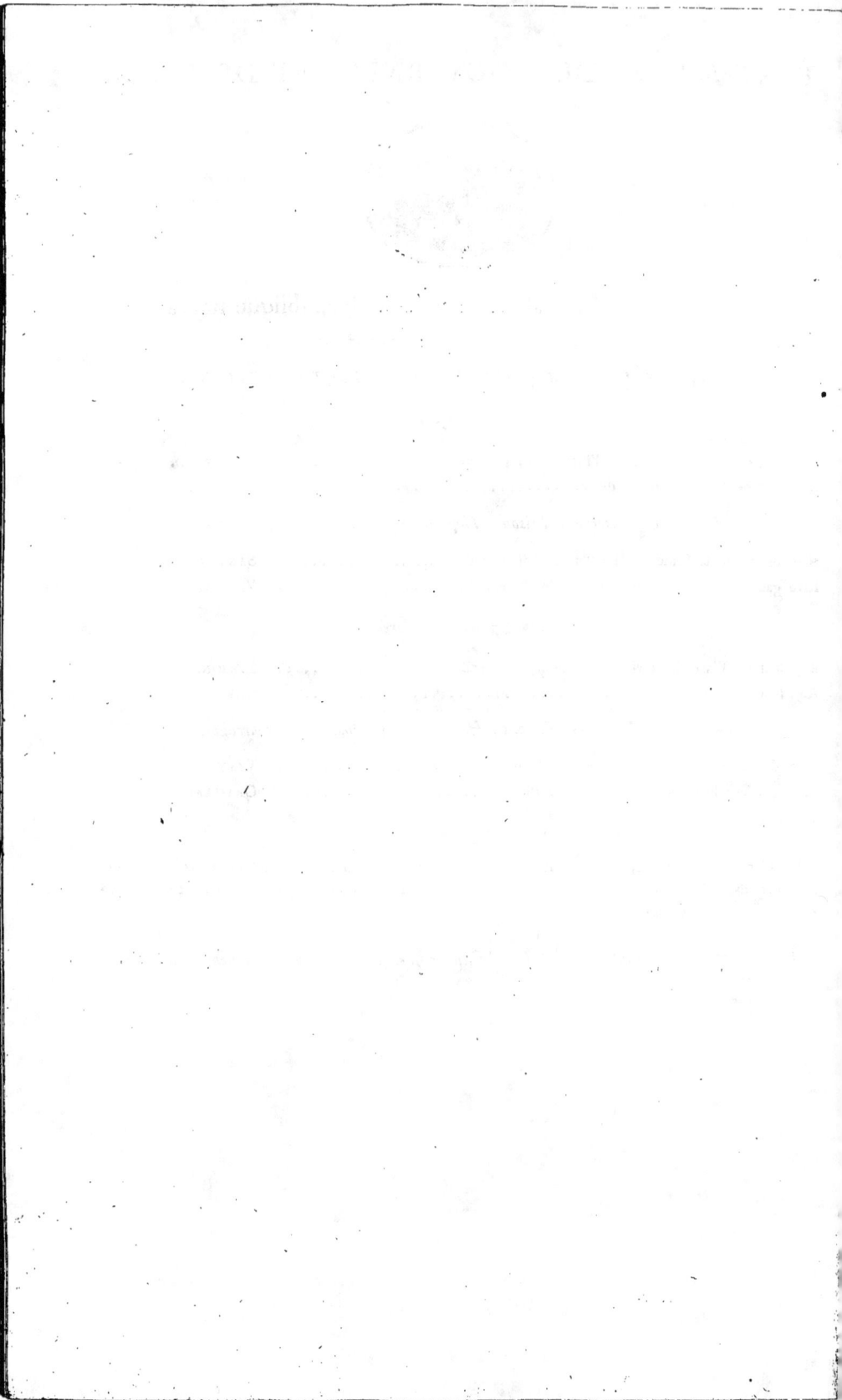

ÉTAT-MAJOR DU GOUVERNEMENT DE PARIS.

LIBERTÉ. *ÉGALITÉ.*

ORDRE du 27 Floréal, an 12 de la République française.

SERVICE DE L'ÉTAT-MAJOR DU GOUVERNEMENT.

Du 27 au 28 Floréal.

Adjudant de Place de service à l'État-major général.................... SANSON.
Adjudant de Place de ronde de nuit.................................. CARON.

Visite aux Casernes, Prisons, Hôpital, et distribution de fourrages.

Rive droite de la Seine : le Capitaine Adjudant de Place................ VIART.
Rive gauche : le Capitaine Adjudant de Place........................ GRAILLARD.

Du 28 au 29 Floréal.

Adjudant de Place de service à l'État-major général.................... COTEAU.
Adjudant de Place de ronde de nuit.................................. VILLERS.

Visite aux Casernes, Prisons, Hôpital, et distribution de fourrages.

Rive droite de la Seine : le Capitaine Adjudant de Place................ CORDIEZ.
Rive gauche : le Lieutenant Adjudant de Place........................ SANSON.

Rien de nouveau.

L'Adjudant-commandant, Sous-chef de l'État-major général et du Gouvernement de Paris,

DOUCET.

ÉTAT-MAJOR DU GOUVERNEMENT DE PARIS.

LIBERTÉ. *ÉGALITÉ.*

ORDRE du 28 Floréal, an 12 de la République française.

SERVICE DE L'ÉTAT-MAJOR DU GOUVERNEMENT.

Du 28 au 29 Floréal.

Adjudant de Place de service à l'État-major général............ COTEAU.
Adjudant de Place de ronde de nuit............ VILLERS.

Visite aux Casernes, Prisons, Hôpital, et distribution de fourrages.

Rive droite de la Seine : le Capitaine Adjudant de Place............ CORDIEZ.
Rive gauche : le Lieutenant Adjudant de Place............ SANSON.

Du 29 au 30 Floréal.

Adjudant de Place de service à l'État-major général............ CORDIEZ.
Adjudant de Place de ronde de nuit............ GRAILLARD.

Visite aux Casernes, Prisons, Hôpital, et distribution de fourrages.

Rive droite de la Seine : le Capitaine Adjudant de Place............ COTEAU.
Rive gauche : le Capitaine Adjudant de Place............ COTEAU.

Jugement du Conseil de guerre spécial.

Le Conseil de guerre spécial a condamné, le 25 courant, le nommé *Remy-Alexis Berger*, Soldat au 32.e Régiment d'Infanterie de ligne, convaincu de désertion à l'intérieur, à la peine de cinq années de travaux publics et à 1500 francs d'amende. Le Jugement de ce condamné lui a été lu hier à onze heures du matin, sur la place Vendôme, en présence de tout le disponible dudit Régiment, de toutes les Gardes montantes de la garnison, et d'un détachement de vingt-cinq Cuirassiers du premier Régiment, commandé à cet effet.

L'Adjudant-commandant, Sous-chef de l'État-major général et du Gouvernement de Paris,

DOUCET.

ÉTAT-MAJOR DU GOUVERNEMENT DE PARIS.

LIBERTÉ. *ÉGALITÉ.*

ORDRE du 29 Floréal, an 12 de la République française.

SERVICE DE L'ÉTAT-MAJOR DU GOUVERNEMENT.

Du 29 au 30 Floréal.

Adjudant de Place de service à l'État-major général........................ CORDIEZ.
Adjudant de Place de ronde de nuit.................................... GRAILLARD.

Visite aux Casernes, Prisons, Hôpital, et distribution de fourrages.

Rive droite de la Seine : le Capitaine Adjudant de Place................. COTEAU.
Rive gauche : le Capitaine Adjudant de Place............................ COTEAU.

Du 30 Floréal au 1.er Prairial.

Adjudant de Place de service à l'État-major général........................ CARON.
Adjudant de Place de ronde de nuit.................................... SANSON.

Visite aux Casernes, Prisons, Hôpital, et distribution de fourrages.

Rive droite de la Seine : le Capitaine Adjudant de Place................. VILLERS.
Rive gauche : le Capitaine Adjudant de Place............................ CORDIEZ.

Rien de nouveau.

L'Adjudant-commandant, Sous-chef de l'État-major général et du Gouvernement de Paris,

DOUCET.

[illegible]

[illegible] de la [illegible]

[illegible]

[illegible]

[illegible]

[illegible]

[illegible]

ÉTAT-MAJOR DU GOUVERNEMENT DE PARIS.

LIBERTÉ. *ÉGALITÉ.*

ORDRE du 30 Floréal, an 12 de la République française.

SERVICE DE L'ÉTAT-MAJOR DU GOUVERNEMENT.

Du 30 Floréal au 1.er Prairial.

Adjudant de Place de service à l'État-major général.................... CARON.
Adjudant de Place de ronde de nuit.................................... SANSON.

Visite aux Casernes, Prisons, Hôpital, et distribution de fourrages.

Rive droite de la Seine : le Capitaine Adjudant de Place................. VILLERS.
Rive gauche : le Capitaine Adjudant de Place............................ CORDIEZ.

Du 1.er au 2 Prairial.

Adjudant de Place de service à l'État-major général.................... VILLERS.
Adjudant de Place de ronde de nuit.................................... VIART.

Visite aux Casernes, Prisons, Hôpital, et distribution de fourrages.

Rive droite de la Seine : le Capitaine Adjudant de Place................. CARON.
Rive gauche : le Capitaine Adjudant de Place............................ CARON.

Rien de nouveau.

L'Adjudant-commandant, Sous-chef de l'État-major général et du Gouvernement de Paris,

DOUCET.

ÉTAT-MAJOR DU GOUVERNEMENT DE PARIS.

LIBERTÉ. *ÉGALITÉ.*

ORDRE du 1.er Prairial, an 12 de la République française.

SERVICE DE L'ÉTAT-MAJOR DU GOUVERNEMENT.

Du 1.er au 2 Prairial.

Adjudant de Place de service à l'État-major général.................... VILLERS.
Adjudant de Place de ronde de nuit.................................... VIART.

Visite aux Casernes, Prisons, Hôpital, et distribution de fourrages.

Rive droite de la Seine : le Capitaine Adjudant de Place................ CARON.
Rive gauche : le Capitaine Adjudant de Place........................... CARON.

Du 2 au 3 Prairial.

Adjudant de Place de service à l'État-major général.................... CORDIEZ.
Adjudant de Place de ronde de nuit.................................... COTEAU.

Visite aux Casernes, Prisons, Hôpital, et distribution de fourrages.

Rive droite de la Seine : le Capitaine Adjudant de Place................ VILLERS.
Rive gauche : le Capitaine Adjudant de Place........................... VILLERS.

Revues.

Le Colonel *Grobert*, Sous-inspecteur aux revues, a passé, le 29 floréal dernier, celles du Dépôt de la guerre et des Élèves de l'École polythecnique, et passera aujourd'hui celles des États-Majors d'artillerie et du génie.

Jugement.

Le Conseil de guerre spécial a acquitté, le 27 floréal dernier, le nommé *Benoit*, Fusilier au 2.e Régiment de la Garde de Paris, de l'accusation du crime de désertion dirigée contre lui, et l'a renvoyé au 1.er Conseil de guerre permanent, pour y être jugé, comme ayant vendu ses effets d'habillement et de petit équipement.

L'Adjudant-commandant, Sous-chef de l'État-major général et du Gouvernement de Paris,

DOUCET.

ÉTAT-MAJOR DU GOUVERNEMENT DE PARIS.

LIBERTÉ. *ÉGALITÉ.*

ORDRE du 2 Prairial, an 12 de la République française.

SERVICE DE L'ÉTAT-MAJOR DU GOUVERNEMENT.

Du 2 au 3 Prairial.

Adjudant de Place de service à l'État-major général...................... CORDIEZ.
Adjudant de Place de ronde de nuit.................................. COTEAU.

Visite aux Casernes, Prisons, Hôpital, et distribution de fourrages.

Rive droite de la Seine : le Capitaine Adjudant de Place................. VILLERS.
Rive gauche : le Capitaine Adjudant de Place.......................... VILLERS.

Du 3 au 4 Prairial.

Adjudant de Place de service à l'État-major général...................... SANSON.
Adjudant de Place de ronde de nuit.................................. CARON.

Visite aux Casernes, Prisons, Hôpital, et distribution de fourrages.

Rive droite de la Seine : le Capitaine Adjudant de Place................. GRAILLARD.
Rive gauche : le Capitaine Adjudant de Place.......................... GRAILLARD.

Rien de nouveau.

L'Adjudant-commandant, Sous-chef de l'État-major général et du Gouvernement de Paris,

DOUCET.

ÉTAT-MAJOR DU GOUVERNEMENT DE PARIS.

LIBERTÉ. *ÉGALITÉ.*

ORDRE du 3 Prairial, an 12 de la République française.

SERVICE DE L'ÉTAT-MAJOR DU GOUVERNEMENT.

Du 3 au 4 Prairial.

Adjudant de Place de service à l'État-major général.................... SANSON.
Adjudant de Place de ronde de nuit...................................... CARON.

Visite aux Casernes, Prisons, Hôpital, et distribution de fourrages.

Rive droite de la Seine : le Capitaine Adjudant de Place................ GRAILLARD.
Rive gauche : le Capitaine Adjudant de Place........................... GRAILLARD.

Du 4 au 5 Prairial.

Adjudant de Place de service à l'État-major général.................... COTEAU.
Adjudant de Place de ronde de nuit...................................... CORDIEZ.

Visite aux Casernes, Prisons, Hôpital, et distribution de fourrages.

Rive droite de la Seine : le Lieutenant Adjudant de Place............... SANSON.
Rive gauche : le Lieutenant Adjudant de Place........................... SANSON.

Nominations.

Le Maréchal de l'Empire, Commandant en chef la première Division militaire, et Gouverneur de Paris, a nommé, le 2 du présent, en vertu de la loi du 20 vendémiaire de la présente année, le C.^en *Lefort*, Capitaine réformé du vingt-cinquième régiment d'infanterie légère, à la place d'Adjudant-Capitaine; et le C.^en *Malespine*, ex-Capitaine au dix-huitième régiment d'infanterie de ligne, à celle d'Adjudant-Lieutenant près l'un des douze arrondissemens de Paris.

Jugement.

Le nommé Jean *Vanpé*, déserteur du 96.e régiment, a été condamné, le 29 floréal dernier, par le Conseil de guerre spécial, à cinq années de travaux publics, et à 1,500 fr. d'amende; son jugement lui a été lu hier en présence du disponible dudit régiment, de toutes les Gardes montantes de la garnison, et de soixante hommes de cavalerie commandés à cet effet.

L'Adjudant-commandant, Sous-chef de l'État-major général et du Gouvernement de Paris,

DOUCET.

ÉTAT-MAJOR DU GOUVERNEMENT DE PARIS.

LIBERTÉ. *ÉGALITÉ.*

ORDRE du 4 Prairial, an 12 de la République française.

SERVICE DE L'ÉTAT-MAJOR DU GOUVERNEMENT.

Du 4 au 5 Prairial.

Adjudant de Place de service à l'État-major général........................ COTEAU.
Adjudant de Place de ronde de nuit.................................... CORDIEZ.

Visite aux Casernes, Prisons, Hôpital, et distribution de fourrages.

Rive droite de la Seine : le Lieutenant Adjudant de Place................. SANSON.
Rive gauche : le Lieutenant Adjudant de Place.......................... SANSON.

Du 5 au 6 Prairial.

Adjudant de Place de service à l'État-major général........................ CORDIEZ.
Adjudant de Place de ronde de nuit.................................... VILLERS.

Visite aux Casernes, Prisons, Hôpital, et distribution de fourrages.

Rive droite de la Seine : le Capitaine Adjudant de Place................. VIART.
Rive gauche : le Capitaine Adjudant de Place.......................... COTEAU.

Rien de nouveau.

L'Adjudant-commandant, Sous-chef de l'État-major général et du Gouvernement de Paris,

DOUCET.

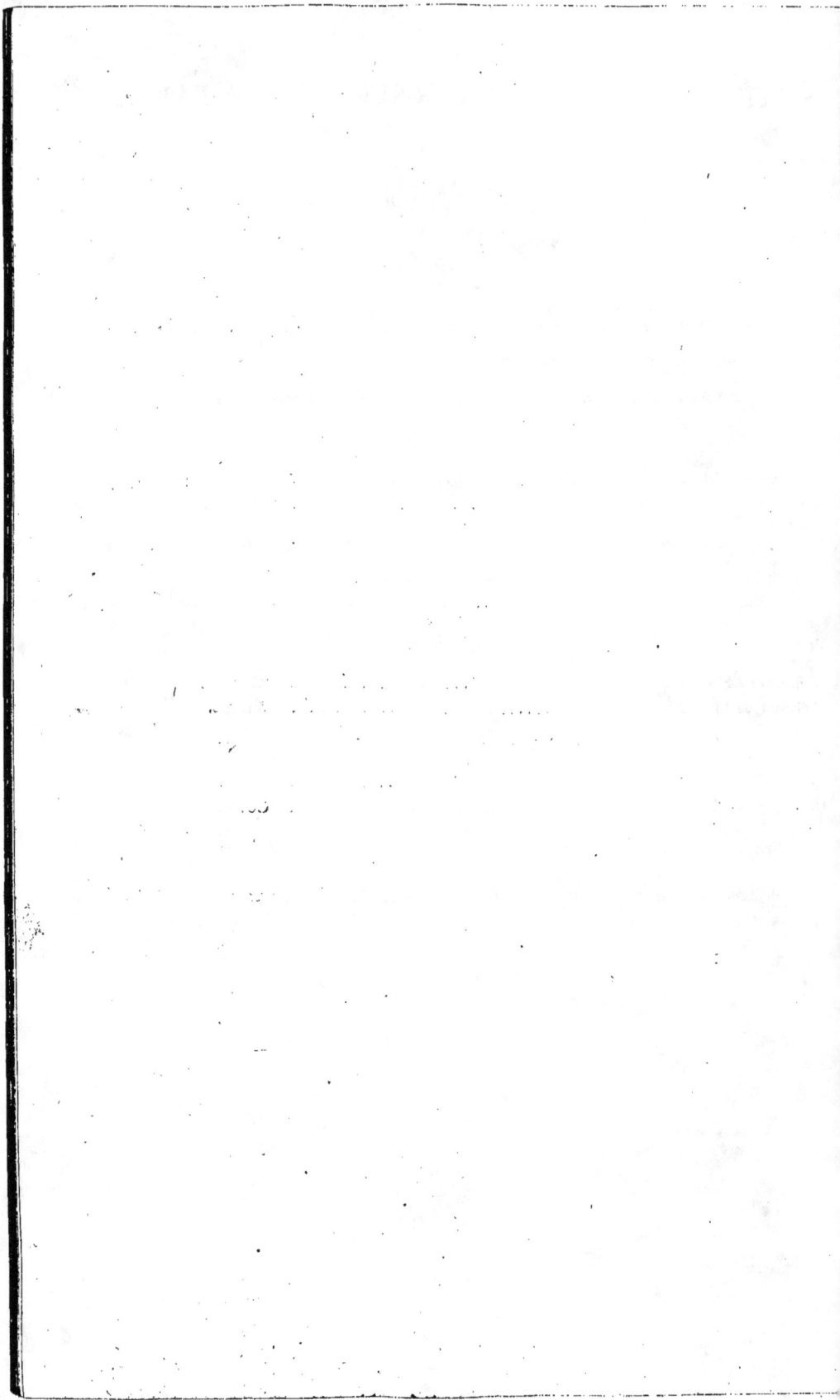

ÉTAT-MAJOR
DU GOUVERNEMENT DE PARIS.

ORDRE du 5 Prairial an 12.

SERVICE DE L'ÉTAT-MAJOR DU GOUVERNEMENT.

Du 5 au 6 Prairial.

Adjudant de Place de service à l'État-major général..................... CORDIEZ.

Adjudant de Place de ronde de nuit... VILLERS.

Visite aux Casernes, Prisons, Hôpital, et distribution de fourrages.

Rive droite de la Seine : le Capitaine Adjudant de Place................. VIART.

Rive gauche : le Capitaine Adjudant de Place.................................. COTEAU.

Du 6 au 7 Prairial.

Adjudant de Place de service à l'État-major général..................... CARON.

Adjudant de Place de ronde de nuit... GRAILLARD.

Visite aux Casernes, Prisons, Hôpital, et distribution de fourrages.

Rive droite de la Seine : le Capitaine Adjudant de Place................. COTEAU.

Rive gauche : le Capitaine Adjudant de Place.................................. CORDIEZ.

Jugement.

Le Conseil de guerre spécial a condamné, le 2 courant, le nommé Louis-Ferdinand *Ducloux*, soldat au trente-deuxième régiment, prévenu de désertion à l'intérieur, à trois ans de travaux publics, et à 1,500 francs d'amende. Son jugement lui a été lu, hier, à onze heures du matin, sur la place Vendôme, en présence du disponible dudit régiment, de toutes les Gardes montantes de la garnison, et de soixante hommes de cavalerie commandés à cet effet.

L'Adjudant-commandant, Sous-chef de l'État-major général et du Gouvernement de Paris,

DOUCET.

Erratum.

C'est par erreur que dans la feuille d'Ordre du 2 courant, il a été inséré que M. *Lefort* était nommé *Capitaine-Adjudant* d'un des arrondissemens de Paris. Sa commission signée du Maréchal de l'Empire *Murat*, Général en chef, Gouverneur de Paris, ne le porte qu'au grade de *Lieutenant.*

[illegible]

ÉTAT-MAJOR
DU GOUVERNEMENT DE PARIS.

ORDRE du 6 Prairial an 12.

SERVICE DE L'ÉTAT-MAJOR DU GOUVERNEMENT.

Du 6 au 7 Prairial.

Adjudant de Place de service à l'État-major général...................... CARON.
Adjudant de Place de ronde de nuit................................... GRAILLARD.

Visite aux Casernes, Prisons, Hôpital, et distribution de fourrages.

Rive droite de la Seine : le Capitaine Adjudant de Place................. COTEAU.
Rive gauche : le Capitaine Adjudant de Place........................ CORDIEZ.

Du 7 au 8 Prairial.

Adjudant de Place de service à l'État-major général...................... VILLERS.
Adjudant de Place de ronde de nuit................................... SANSON.

Visite aux Casernes, Prisons, Hôpital, et distribution de fourrages.

Rive droite de la Seine : le Capitaine Adjudant de Place................. CORDIEZ.
Rive gauche : le Capitaine Adjudant de Place........................ CARON.

Corvée.

Le quatrième régiment d'infanterie légère fournira, à commencer du 7 courant, jusqu'au 7 messidor prochain inclusivement, tous les hommes de corvée nécessaires aux travaux du dépôt central de l'Artillerie, sur la réquisition particulière du Général *Saint-Laurent*, Directeur dudit dépôt.

L'Adjudant-commandant, Sous-chef de l'État-major général et du Gouvernement de Paris,
DOUCET.

ÉTAT-MAJOR

DU GOUVERNEMENT DE PARIS.

ORDRE du 7 Prairial an 12.

SERVICE DE L'ÉTAT-MAJOR DU GOUVERNEMENT.

Du 7 au 8 Prairial.

Adjudant de Place de service à l'État-major général.................... VILLERS.
Adjudant de Place de ronde de nuit.................................... SANSON.

Visite aux Casernes, Prisons, Hôpital, et distribution de fourrages.

Rive droite de la Seine : le Capitaine Adjudant de Place................ CORDIEZ.
Rive gauche : le Capitaine Adjudant de Place......................... CARON.

Du 8 au 9 Prairial.

Adjudant de Place de service à l'État-major général.................... GRAILLARD.
Adjudant de Place de ronde de nuit.................................... VIART.

Visite aux Casernes, Prisons, Hôpital, et distribution de fourrages.

Rive droite de la Seine : le Capitaine Adjudant de Place................ CARON.
Rive gauche : le Capitaine Adjudant de Place......................... VILLERS.

Punition.

L'Adjudant-Lieutenant *Fersuch* gardera les arrêts pendant huit jours, pour s'être absenté de son poste étant de garde à la police militaire du Gouvernement de Paris.

L'Adjudant-commandant, Sous-chef de l'État-major général et du Gouvernement de Paris,

DOUCET.

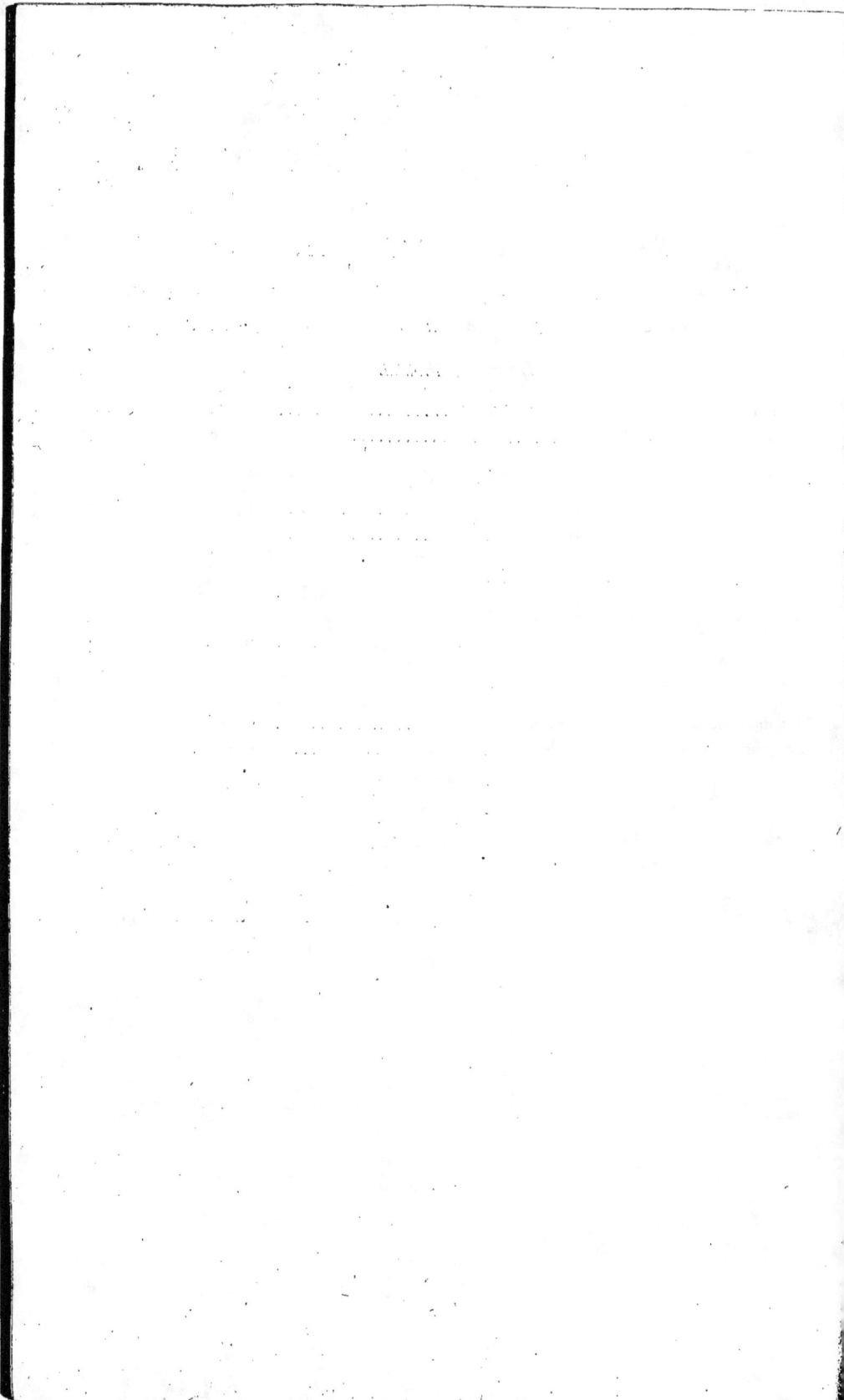

ÉTAT-MAJOR
DU GOUVERNEMENT DE PARIS.

ORDRE du 8 Prairial an 12.

SERVICE DE L'ÉTAT-MAJOR DU GOUVERNEMENT.

Du 8 au 9 Prairial.

Adjudant de Place de service à l'État-major général........................ GRAILLARD.
Adjudant de Place de ronde de nuit.................................... VIART.

Visite aux Casernes, Prisons, Hôpital, et distribution de fourrages.

Rive droite de la Seine : le Capitaine Adjudant de Place.................. CARON.
Rive gauche : le Capitaine Adjudant de Place.......................... VILLERS.

Du 9 au 10 Prairial.

Adjudant de Place de service à l'État-major général...................... SANSON.
Adjudant de Place de ronde de nuit.................................... COTEAU.

Visite aux Casernes, Prisons, Hôpital, et distribution de fourrages.

Rive droite de la Seine : le Capitaine Adjudant de Place.................. VILLERS.
Rive gauche : le Capitaine Adjudant de Place.......................... GRAILLARD.

Rien de nouveau.

L'Adjudant-commandant, Sous-chef de l'État-major général et du Gouvernement de Paris,

DOUCET.

ÉTAT-MAJOR
DU GOUVERNEMENT DE PARIS.

ORDRE du 9 Prairial an 12.

SERVICE DE L'ÉTAT-MAJOR DU GOUVERNEMENT.

Du 9 au 10 Prairial.

Adjudant de Place de service à l'État-major général.................... SANSON.
Adjudant de Place de ronde de nuit...................................... COTEAU.

Visite aux Casernes, Prisons, Hôpital, et distribution de fourrages.

Rive droite de la Seine : le Capitaine Adjudant de Place................. VILLERS.
Rive gauche : le Capitaine Adjudant de Place............................ GRAILLARD.

Du 10 au 11 Prairial.

Adjudant de Place de service à l'État-major général...................... COTEAU.
Adjudant de Place de ronde de nuit....................................... CORDIEZ.

Visite aux Casernes, Prisons, Hôpital, et distribution de fourrages.

Rive droite de la Seine : le Capitaine Adjudant de Place................. GRAILLARD.
Rive gauche : le Lieutenant Adjudant de Place........................... SANSON.

Rien de nouveau.

L'Adjudant-commandant, Sous-chef de l'État-major général et du Gouvernement de Paris,

DOUCET.

ÉTAT-MAJOR
DU GOUVERNEMENT DE PARIS.

ORDRE du 10 Prairial an 12.

SERVICE DE L'ÉTAT-MAJOR DU GOUVERNEMENT.

Du 10 au 11 Prairial.

Adjudant de Place de service à l'État-major général.................... COTEAU.
Adjudant de Place de ronde de nuit.................................. CORDIEZ.

Visite aux Casernes, Prisons, Hôpital, et distribution de fourrages.

Rive droite de la Seine : le Capitaine Adjudant de Place.................. GRAILLARD.
Rive gauche : le Lieutenant Adjudant de Place......................... SANSON.

Du 11 au 12 Prairial.

Adjudant de Place de service à l'État-major général.................... CORDIEZ.
Adjudant de Place de ronde de nuit.................................. CARON.

Visite aux Casernes, Prisons, Hôpital, et distribution de fourrages.

Rive droite de la Seine : le Lieutenant Adjudant de Place................ SANSON.
Rive gauche : le Capitaine Adjudant de Place.......................... COTEAU.

Rien de nouveau.

L'Adjudant-commandant, Sous-chef de l'État-major général et du Gouvernement de Paris,

DOUCET.

ÉTAT-MAJOR

DU GOUVERNEMENT DE PARIS.

ORDRE du 11 Prairial an 12.

SERVICE DE L'ÉTAT-MAJOR DU GOUVERNEMENT.

Du 11 au 12 Prairial.

Adjudant de Place de service à l'État-major général.................... CORDIEZ.
Adjudant de Place de ronde de nuit.................................... CARON.

Visite aux Casernes, Prisons, Hôpital, et distribution de fourrages.

Rive droite de la Seine : le Lieutenant Adjudant de Place................ SANSON.
Rive gauche : le Capitaine Adjudant de Place........................ COTEAU.

Du 12 au 13 Prairial.

Adjudant de Place de service à l'État-major général.................... CARON.
Adjudant de Place de ronde de nuit.................................... VILLERS.

Visite aux Casernes, Prisons, Hôpital, et distribution de fourrages.

Rive droite de la Seine : le Capitaine Adjudant de Place................. VIART.
Rive gauche : le Capitaine Adjudant de Place........................ CORDIEZ.

Rien de nouveau.

L'Adjudant-commandant, Sous-chef de l'État-major général et du Gouvernement de Paris.

DOUCET.

ÉTAT-MAJOR
DU GOUVERNEMENT DE PARIS.

ORDRE du 12 Prairial an 12.

SERVICE DE L'ÉTAT-MAJOR DU GOUVERNEMENT.

Du 12 au 13 Prairial.

Adjudant de Place de service à l'État-major général.................... CARON.
Adjudant de Place de ronde de nuit.................................... VILLERS.

Visite aux Casernes, Prisons, Hôpital, et distribution de fourrages.

Rive droite de la Seine : le Capitaine Adjudant de Place................. VIART.
Rive gauche : le Capitaine Adjudant de Place........................... CORDIEZ.

Du 13 au 14 Prairial.

Adjudant de Place de service à l'État-major général.................... VILLERS.
Adjudant de Place de ronde de nuit.................................... GRAILLARD.

Visite aux Casernes, Prisons, Hôpital, et distribution de fourrages.

Rive droite de la Seine : le Capitaine Adjudant de Place................. COTEAU.
Rive gauche : le Capitaine Adjudant de Place........................... CARON.

Nomination.

Le Maréchal de l'Empire commandant en chef la 1.re Division militaire, et Gouverneur de Paris, a nommé à la place d'Adjudant Lieutenant près le 11.e arrondissement de cette ville, M. *Giraud*, Capitaine réformé du 2.e Régiment de Chasseur à cheval.

Les Autorités civiles et militaires sont invitées à reconnaître cet Officier en ladite qualité.

L'Adjudant-commandant, Sous-chef de l'État-major général et du Gouvernement de Paris,

DOUCET.

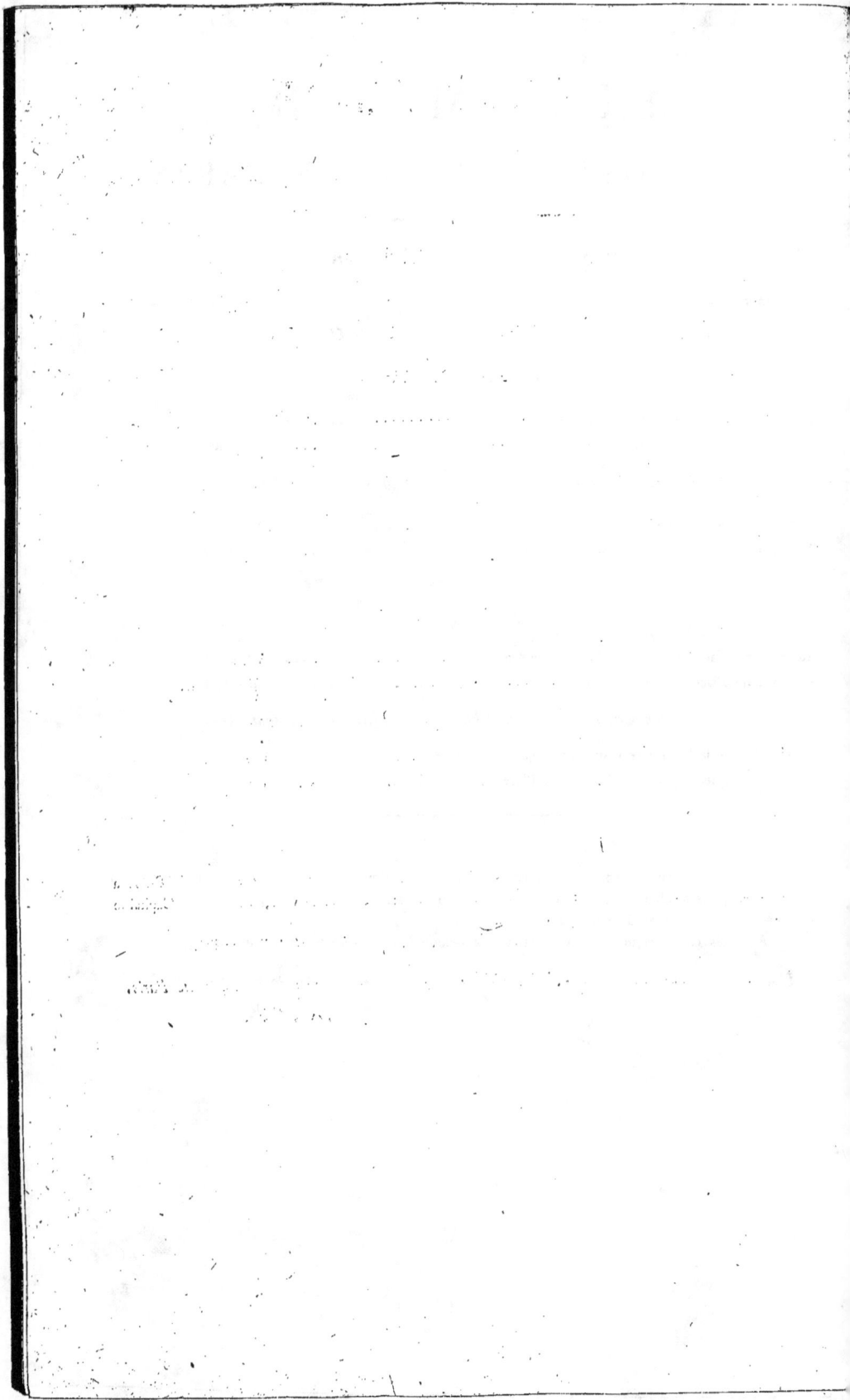

ÉTAT-MAJOR
DU GOUVERNEMENT DE PARIS.

ORDRE du 13 Prairial an 12.

SERVICE DE L'ÉTAT-MAJOR DU GOUVERNEMENT.

Du 13 au 14 Prairial.

Adjudant de Place de service à l'État-major général........................ VILLERS.
Adjudant de Place de ronde de nuit.................................. GRAILLARD.

Visite aux Casernes, Prisons, Hôpital, et distribution de fourrages.

Rive droite de la Seine : le Capitaine Adjudant de Place................. COTEAU.
Rive gauche : le Capitaine Adjudant de Place........................... CARON.

Du 14 au 15 Prairial.

Adjudant de Place de service à l'État-major général........................ GRAILLARD.
Adjudant de Place de ronde de nuit.................................. SANSON.

Visite aux Casernes, Prisons, Hôpital, et distribution de fourrages.

Rive droite de la Seine : le Capitaine Adjudant de Place................. CORDIEZ.
Rive gauche : le Capitaine Adjudant de Place........................... VILLERS.

Jugemens.

Le Conseil de guerre spécial a condamné, les 9 et 10 courant, à la peine de trois ans de travaux publics et à 1500 francs d'amende, les nommés Étienne *Gognot*, Pierre *Simard* et Claude *Gardey*, soldats au 18.ᵉ Régiment d'Infanterie de ligne, convaincus de désertion à l'intérieur. Leurs jugemens leur ont été lus hier 12 prairial, à onze heures du matin, en présence du disponible de ce Régiment, de toutes les Gardes montantes de la garnison, et d'un détachement de Cavalerie commandé à cet effet.

L'Adjudant-commandant, Sous-chef de l'État-major général et du Gouvernement de Paris.

DOUCET.

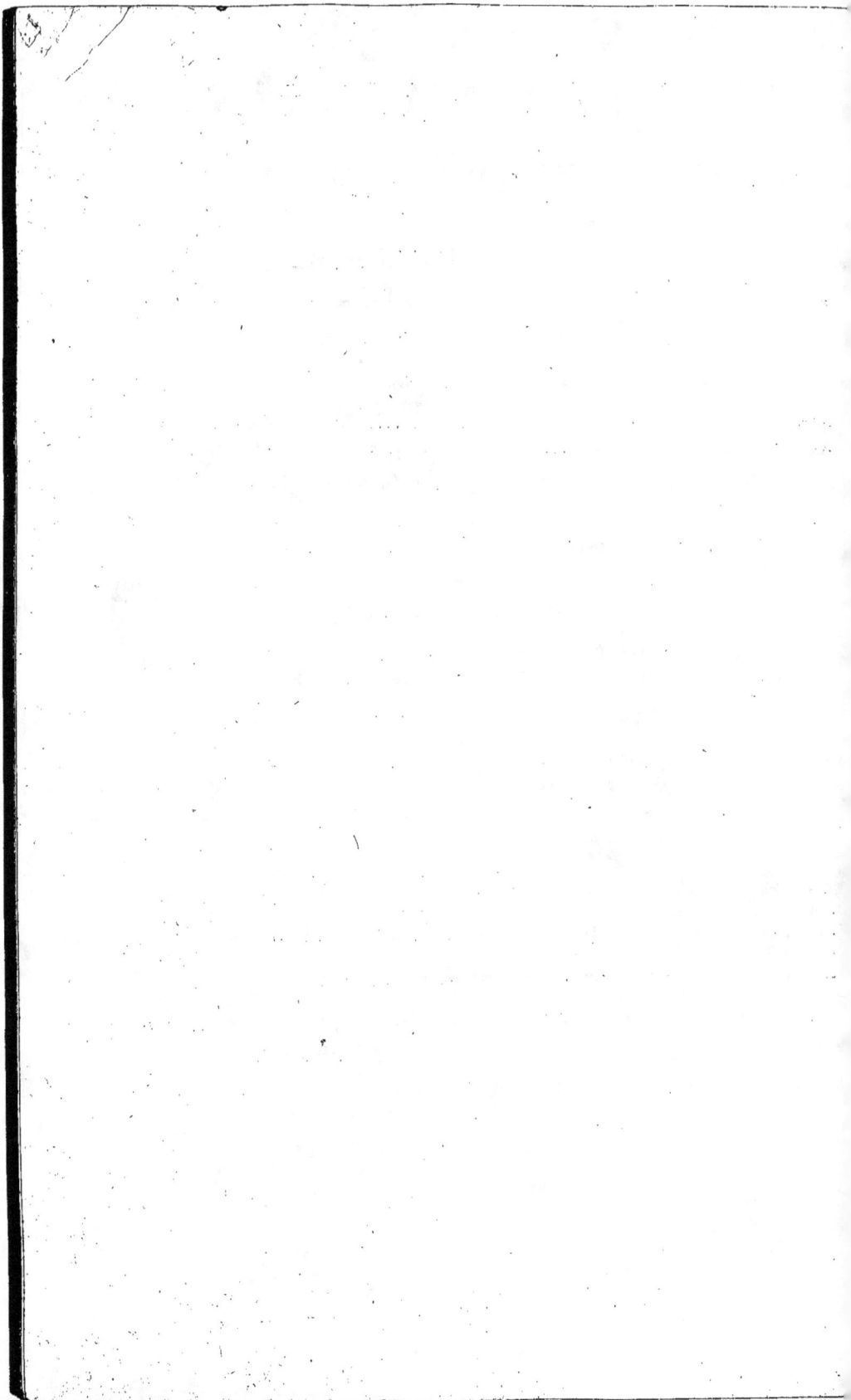

ÉTAT-MAJOR
DU GOUVERNEMENT DE PARIS.

ORDRE du 14 Prairial an 12.

SERVICE DE L'ÉTAT-MAJOR DU GOUVERNEMENT.

Du 14 au 15 Prairial.

Adjudant de Place de service à l'État-major général...................... GRAILLARD.
Adjudant de Place de ronde de nuit.................................. SANSON.

Visite aux Casernes, Prisons, Hôpital, et distribution de fourrages.

Rive droite de la Seine : le Capitaine Adjudant de Place................. CORDIEZ.
Rive gauche : le Capitaine Adjudant de Place.......................... VILLERS.

Du 15 au 16 Prairial.

Adjudant de Place de service à l'État-major général...................... SANSON.
Adjudant de Place de ronde de nuit.................................. VIART.

Visite aux Casernes, Prisons, Hôpital, et distribution de fourrages.

Rive droite de la Seine : le Capitaine Adjudant de Place................. CARON.
Rive gauche : le Capitaine Adjudant de Place.......................... GRAILLARD.

Rien de nouveau.

L'Adjudant-commandant, Sous-chef de l'État-major général et du Gouvernement de Paris,

DOUCET.

ÉTAT-MAJOR
DU GOUVERNEMENT DE PARIS.

ORDRE du 15 Prairial an 12.

SERVICE DE L'ÉTAT-MAJOR DU GOUVERNEMENT.

Du 15 au 16 Prairial.

Adjudant de Place de service à l'État-major général.................... SANSON.
Adjudant de Place de ronde de nuit.................................... VIART.

Visite aux Casernes, Prisons, Hôpital, et distribution de fourrages.

Rive droite de la Seine : le Capitaine Adjudant de Place................ CARON.
Rive gauche : le Capitaine Adjudant de Place.......................... GRAILLARD.

Du 16 au 17 Prairial.

Adjudant de Place de service à l'État-major général.................... COTEAU.
Adjudant de Place de ronde de nuit.................................... CORDIEZ.

Visite aux Casernes, Prisons, Hôpital, et distribution de fourrages.

Rive droite de la Seine : le Capitaine Adjudant de Place................ VILLERS.
Rive gauche : le Lieutenant Adjudant de Place.......................... SANSON.

Jugement du Conseil de guerre spécial.

Le nommé *Léger Savin*, soldat au 18.e Régiment d'infanterie de ligne, a été acquitté, le 13 du courant, par le Conseil de guerre spécial, du crime de désertion dont il avait été prévenu.

L'Adjudant-commandant, Sous-chef de l'État-major général et du Gouvernement de Paris,

DOUCET.

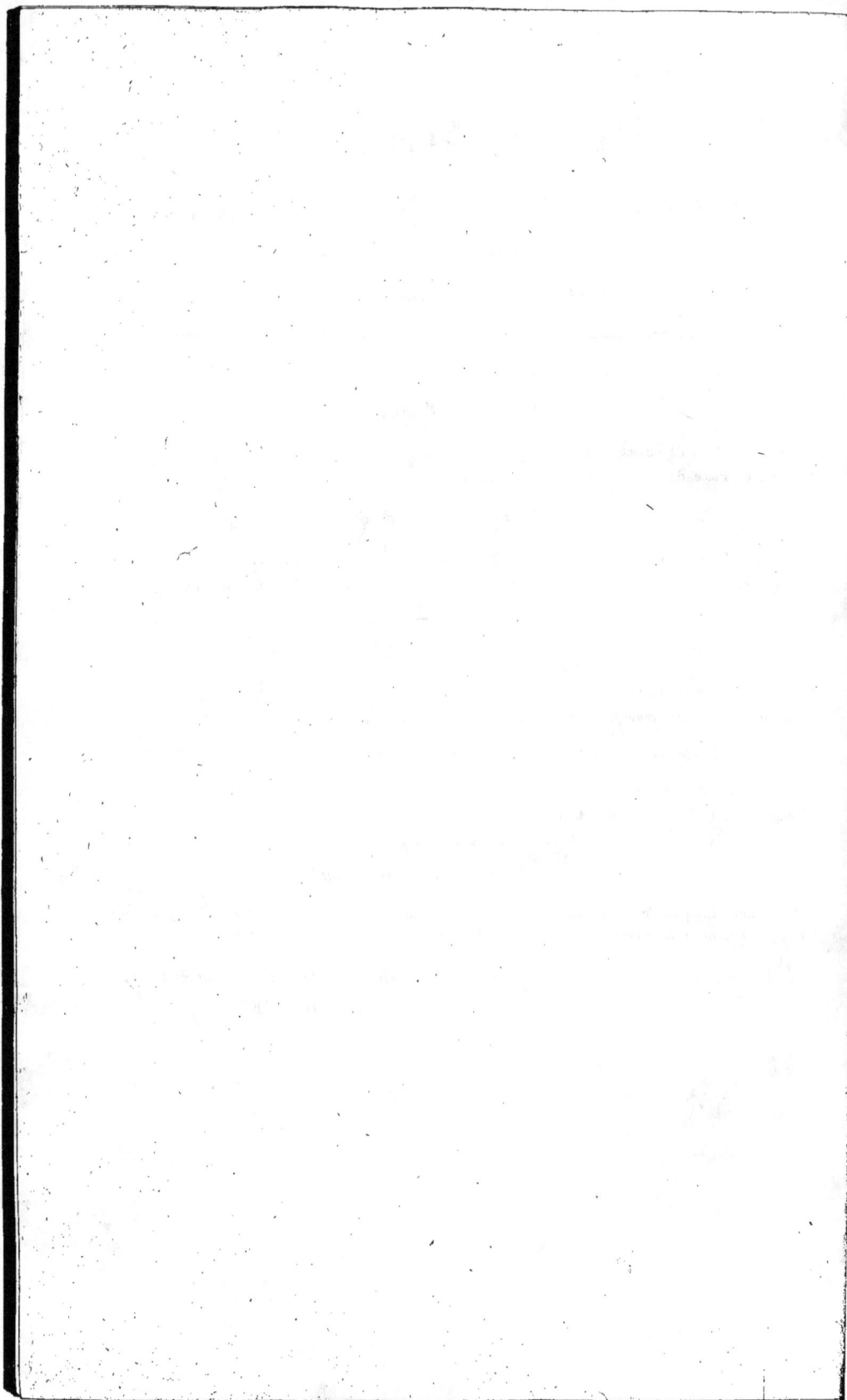

ÉTAT-MAJOR
DU GOUVERNEMENT DE PARIS.

ORDRE du 16 Prairial an 12.

SERVICE DE L'ÉTAT-MAJOR DU GOUVERNEMENT.

Du 16 au 17 Prairial.

Adjudant de Place de service à l'État-major général.................... COTEAU.
Adjudant de Place de ronde de nuit.................................... CORDIEZ.

Visite aux Casernes, Prisons, Hôpital, et distribution de fourrages.

Rive droite de la Seine : le Capitaine Adjudant de Place................. VILLERS.
Rive gauche : le Lieutenant Adjudant de Place........................... SANSON.

Du 17 au 18 Prairial.

Adjudant de Place de service à l'État-major général.................... CORDIEZ.
Adjudant de Place de ronde de nuit.................................... CARON.

Visite aux Casernes, Prisons, Hôpital, et distribution de fourrages.

Rive droite de la Seine : le Capitaine Adjudant de Place................. GRAILLARD.
Rive gauche : le Capitaine Adjudant de Place............................. COTEAU.

Jugemens.

Le Conseil de guerre spécial a condamné, les 12 et 13 courant, les nommés Edme *Signoret*, tambour au 18.e régiment d'infanterie de ligne ; et François *Autelain*, soldat audit régiment, à trois ans de travaux publics, et à 1,500 francs d'amende. Leurs jugemens leur ont été lus, hier, à onze heures du matin, en présence du disponible dudit régiment, de toutes les gardes montantes de la garnison, et de soixante-quinze hommes de cavalerie commandés à cet effet.

L'Adjudant-commandant, Sous-chef de l'État-major général et du Gouvernement de Paris,

DOUCET.

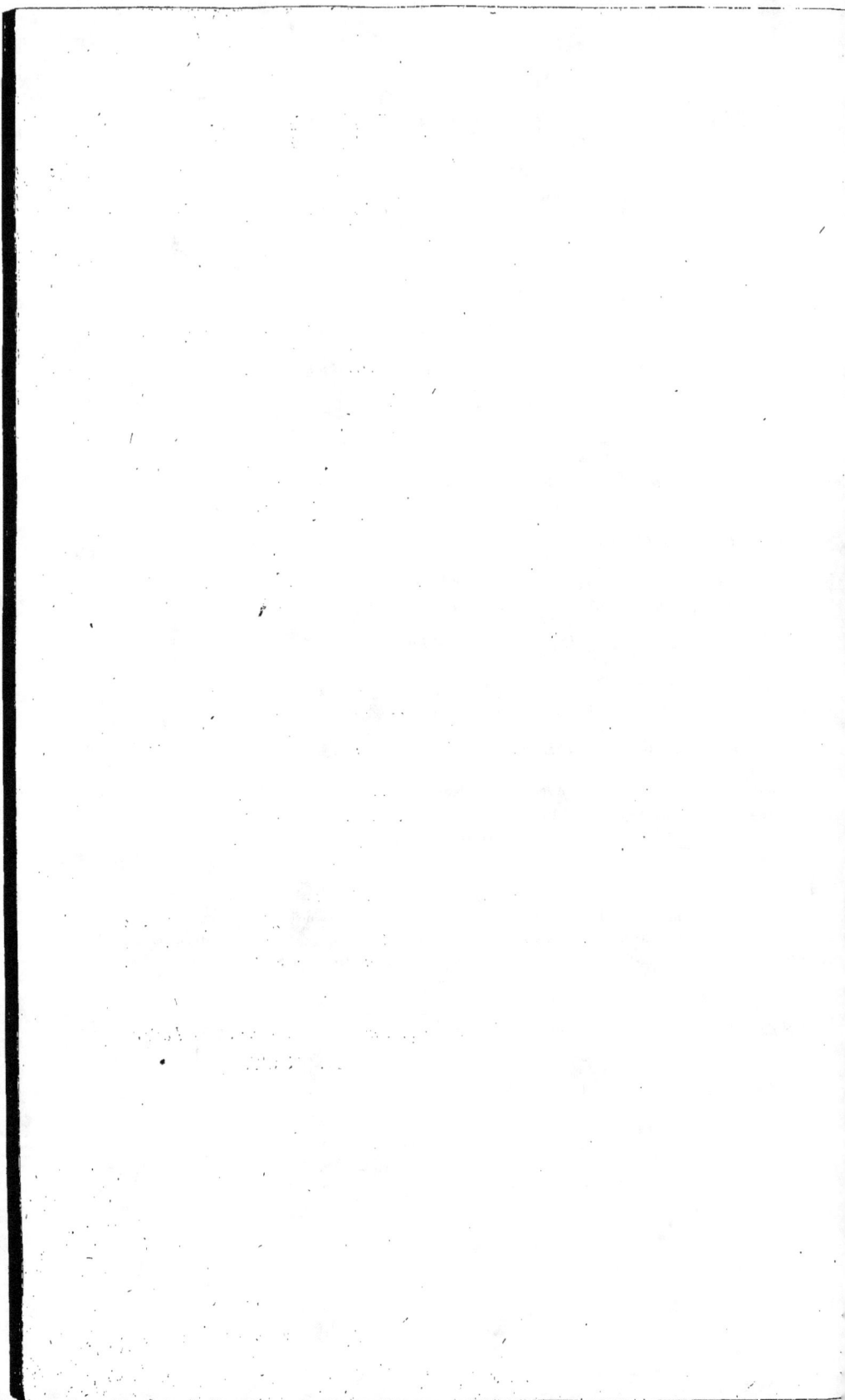

ÉTAT-MAJOR
DU GOUVERNEMENT DE PARIS.

ORDRE du 17 Prairial an 12.

SERVICE DE L'ÉTAT-MAJOR DU GOUVERNEMENT.

Du 17 au 18 Prairial.

Adjudant de Place de service à l'État-major général........................ CORDIEZ.
Adjudant de Place de ronde de nuit.................................. CARON.

Visite aux Casernes, Prisons, Hôpital, et distribution de fourrages.

Rive droite de la Seine : le Capitaine Adjudant de Place................. GRAILLARD.
Rive gauche : le Capitaine Adjudant de Place........................... COTEAU.

Du 18 au 19 Prairial.

Adjudant de Place de service à l'État-major général.................... CARON.
Adjudant de Place de ronde de nuit.................................. COTEAU.

Visite aux Casernes, Prisons, Hôpital, et distribution de fourrages.

Rive droite de la Seine : le Lieutenant Adjudant de Place................ SANSON.
Rive gauche : le Capitaine Adjudant de Place........................... CORDIEZ.

Rien de nouveau.

L'Adjudant-commandant, Sous-chef de l'État-major général et du Gouvernement de Paris,

DOUCET.

ÉTAT-MAJOR
DU GOUVERNEMENT DE PARIS.

ORDRE du 18 Prairial an 12.

SERVICE DE L'ÉTAT-MAJOR DU GOUVERNEMENT.

Du 18 au 19 Prairial.

Adjudant de Place de service à l'État-major général.................... CARON.
Adjudant de Place de ronde de nuit.................................. COTEAU.

Visite aux Casernes, Prisons, Hôpital, et distribution de fourrages.

Rive droite de la Seine : le Lieutenant Adjudant de Place................ SANSON.
Rive gauche : le Capitaine Adjudant de Place.......................... CORDIEZ.

Du 19 au 20 Prairial.

Adjudant de Place de service à l'État-major général.................... VILLERS.
Adjudant de Place de ronde de nuit.................................. GRAILLARD.

Visite aux Casernes, Prisons, Hôpital, et distribution de fourrages.

Rive droite de la Seine : le Capitaine Adjudant de Place................. VIART.
Rive gauche : le Capitaine Adjudant de Place.......................... CARON.

Nominations.

Le Maréchal de l'Empire, Gouverneur de Paris et commandant en chef la première Division militaire, a nommé, en vertu de la loi du 20 vendémiaire an 12, M. *Terrier*, Lieutenant-Adjudant près le cinquième arrondissement de Paris, au grade de Capitaine-Adjudant près le huitième arrondissement de ladite ville; M. *Rouvière*, Chef d'escadron réformé du deuxième régiment de Chasseurs à cheval, au grade de Capitaine-Adjudant près le neuvième arrondissement de ladite ville ; et M. *Maingot*, Capitaine réformé, au grade de Lieutenant près le cinquième arrondissement de ladite ville.

L'Adjudant-commandant, Sous-chef de l'État-major général et du Gouvernement de Paris,

DOUCET.

ÉTAT-MAJOR
DU GOUVERNEMENT DE PARIS.

ORDRE du 19 Prairial an 12.

SERVICE DE L'ÉTAT-MAJOR DU GOUVERNEMENT.

Du 19 au 20 Prairial.

Adjudant de Place de service à l'État-major général........................ VILLERS.
Adjudant de Place de ronde de nuit.................................... GRAILLARD.

Visite aux Casernes, Prisons, Hôpital, et distribution de fourrages.

Rive droite de la Seine : le Capitaine Adjudant de Place.................. VIART.
Rive gauche : le Capitaine Adjudant de Place............................ CARON.

Du 20 au 21 Prairial.

Adjudant de Place de service à l'État-major général........................ GRAILLARD.
Adjudant de Place de ronde de nuit.................................... SANSON.

Visite aux Casernes, Prisons, Hôpital, et distribution de fourrages.

Rive droite de la Seine : le Capitaine Adjudant de Place.................. COTEAU.
Rive gauche : le Capitaine Adjudant de Place............................ VILLERS.

Rien de nouveau.

L'Adjudant-commandant, Sous-chef de l'État-major général et du Gouvernement de Paris,
DOUCET.

ÉTAT-MAJOR
DU GOUVERNEMENT DE PARIS.

ORDRE du 20 Prairial an 12.

SERVICE DE L'ÉTAT-MAJOR DU GOUVERNEMENT.

Du 20 au 21 Prairial.

Adjudant de Place de service à l'État-major général........................ GRAILLARD.
Adjudant de Place de ronde de nuit.. SANSON.

Visite aux Casernes, Prisons, Hôpital, et distribution de fourrages.

Rive droite de la Seine : le Capitaine Adjudant de Place................. COTEAU.
Rive gauche : le Capitaine Adjudant de Place.............................. VILLERS.

Du 21 au 22 Prairial.

Adjudant de Place de service à l'État-major général........................ SANSON.
Adjudant de Place de ronde de nuit.. VIART.

Visite aux Casernes, Prisons, Hôpital, et distribution de fourrages.

Rive droite de la Seine : le Capitaine Adjudant de Place................. CORDIEZ.
Rive gauche : le Capitaine Adjudant de Place.............................. GRAILLARD.

Rien de nouveau.

L'Adjudant-commandant, Sous-chef de l'État-major général et du Gouvernement de Paris,
DOUCET.

ÉTAT-MAJOR
DU GOUVERNEMENT DE PARIS.

ORDRE du 21 Prairial an 12.

SERVICE DE L'ÉTAT-MAJOR DU GOUVERNEMENT.

Du 21 au 22 Prairial.

Adjudant de Place de service à l'État-major général........................ SANSON.
Adjudant de Place de ronde de nuit.. VILLERS.

Visite aux Casernes, Prisons, Hôpital, et distribution de fourrages.

Rive droite de la Seine : le Capitaine Adjudant de Place.................. CORDIEZ.
Rive gauche : le Capitaine Adjudant de Place.............................. GRAILLARD.

Du 22 au 23 Prairial.

Adjudant de Place de service à l'État-major général........................ COTEAU.
Adjudant de Place de ronde de nuit.. VIART.

Visite aux Casernes, Prisons, Hôpital, et distribution de fourrages.

Rive droite de la Seine : le Capitaine Adjudant de Place................... CARON.
Rive gauche : le Lieutenant Adjudant de Place............................. SANSON.

Rien de nouveau.

L'Adjudant-commandant, Sous-chef de l'État-major général et du Gouvernement de Paris,

DOUCET.

ÉTAT-MAJOR
DU GOUVERNEMENT DE PARIS.

ORDRE du 22 Prairial an 12.

SERVICE DE L'ÉTAT-MAJOR DU GOUVERNEMENT.

Du 22 au 23 Prairial.

Adjudant de Place de service à l'État-major général.................... COTEAU.
Adjudant de Place de ronde de nuit.................................... VIART.

Visite aux Casernes, Prisons, Hôpital, et distribution de fourrages.

Rive droite de la Seine : le Capitaine Adjudant de Place................ CARON.
Rive gauche : le Lieutenant Adjudant de Place.......................... SANSON.

Du 23 au 24 Prairial.

Adjudant de Place de service à l'État-major général..................... CORDIEZ.
Adjudant de Place de ronde de nuit.................................... CARON.

Visite aux Casernes, Prisons, Hôpital, et distribution de fourrages.

Rive droite de la Seine : le Capitaine Adjudant de Place................ VILLERS.
Rive gauche : le Capitaine Adjudant de Place.......................... COTEAU.

Rien de nouveau.

L'Adjudant-commandant, Sous-chef de l'État-major général et du Gouvernement de Paris,

DOUCET.

ÉTAT-MAJOR
DU GOUVERNEMENT DE PARIS.

ORDRE du 23 Prairial an 12.

SERVICE DE L'ÉTAT-MAJOR DU GOUVERNEMENT.

Du 23 au 24 Prairial.

Adjudant de Place de service à l'État-major général.......................... CORDIEZ.
Adjudant de Place de ronde de nuit.................................... CARON.

Visite aux Casernes, Prisons, Hôpital, et distribution de fourrages.

Rive droite de la Seine : le Capitaine Adjudant de Place.................. VILLERS.
Rive gauche : le Capitaine Adjudant de Place.......................... COTEAU.

Du 24 au 25 Prairial.

Adjudant de Place de service à l'État-major général.......................... CARON.
Adjudant de Place de ronde de nuit.................................... COTEAU.

Visite aux Casernes, Prisons, Hôpital, et distribution de fourrages.

Rive droite de la Seine : le Capitaine Adjudant de Place.................. GRAILLARD.
Rive gauche : le Capitaine Adjudant de Place.......................... CORDIEZ.

Rien de nouveau.

L'Adjudant-commandant, Sous-chef de l'État-major général et du Gouvernement de Paris,

DOUCET.

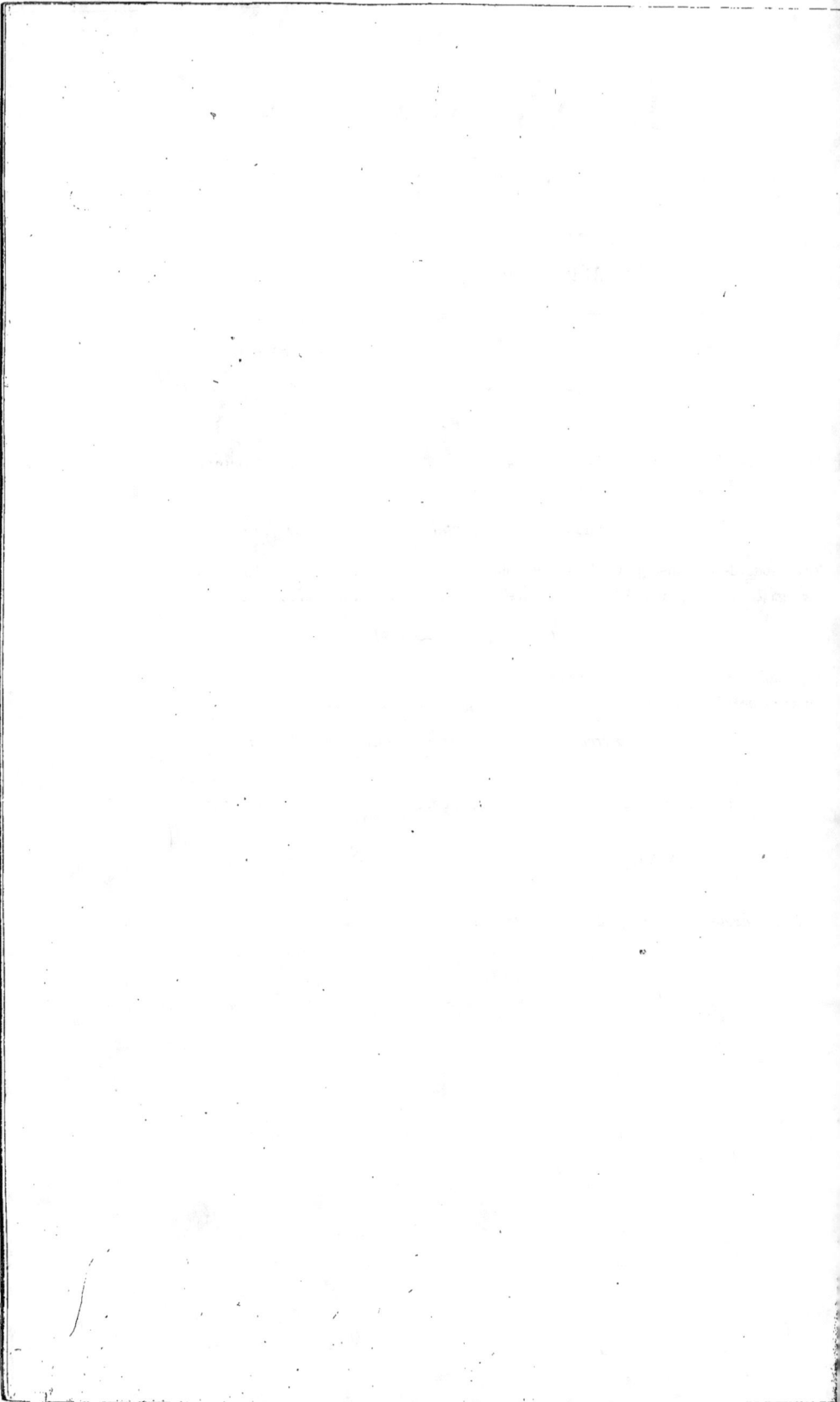

ÉTAT-MAJOR
DU GOUVERNEMENT DE PARIS.

ORDRE du 24 Prairial an 12.

SERVICE DE L'ÉTAT-MAJOR DU GOUVERNEMENT.

Du 24 au 25 Prairial.

Adjudant de Place de service à l'État-major général.................... CARON.
Adjudant de Place de ronde.. COTEAU.

Visite aux Casernes, Prisons, Hôpital, et distribution de fourrages.

Rive droite de la Seine : le Capitaine Adjudant de Place................ GRAILLARD.
Rive gauche : le Capitaine Adjudant de Place.......................... CORDIEZ.

Du 25 au 26 Prairial.

Adjudant de Place de service à l'État-major général.................... VILLERS.
Adjudant de Place de ronde de nuit.................................. CORDIEZ.

Visite aux Casernes, Prisons, Hôpital, et distribution de fourrages.

Rive droite de la Seine : le Lieutenant Adjudant de Place............... SANSON.
Rive gauche : le Capitaine Adjudant de Place.......................... CARON.

Rien de nouveau.

L'Adjudant-commandant, Sous-chef de l'État-major général et du Gouvernement de Paris,
DOUCET.

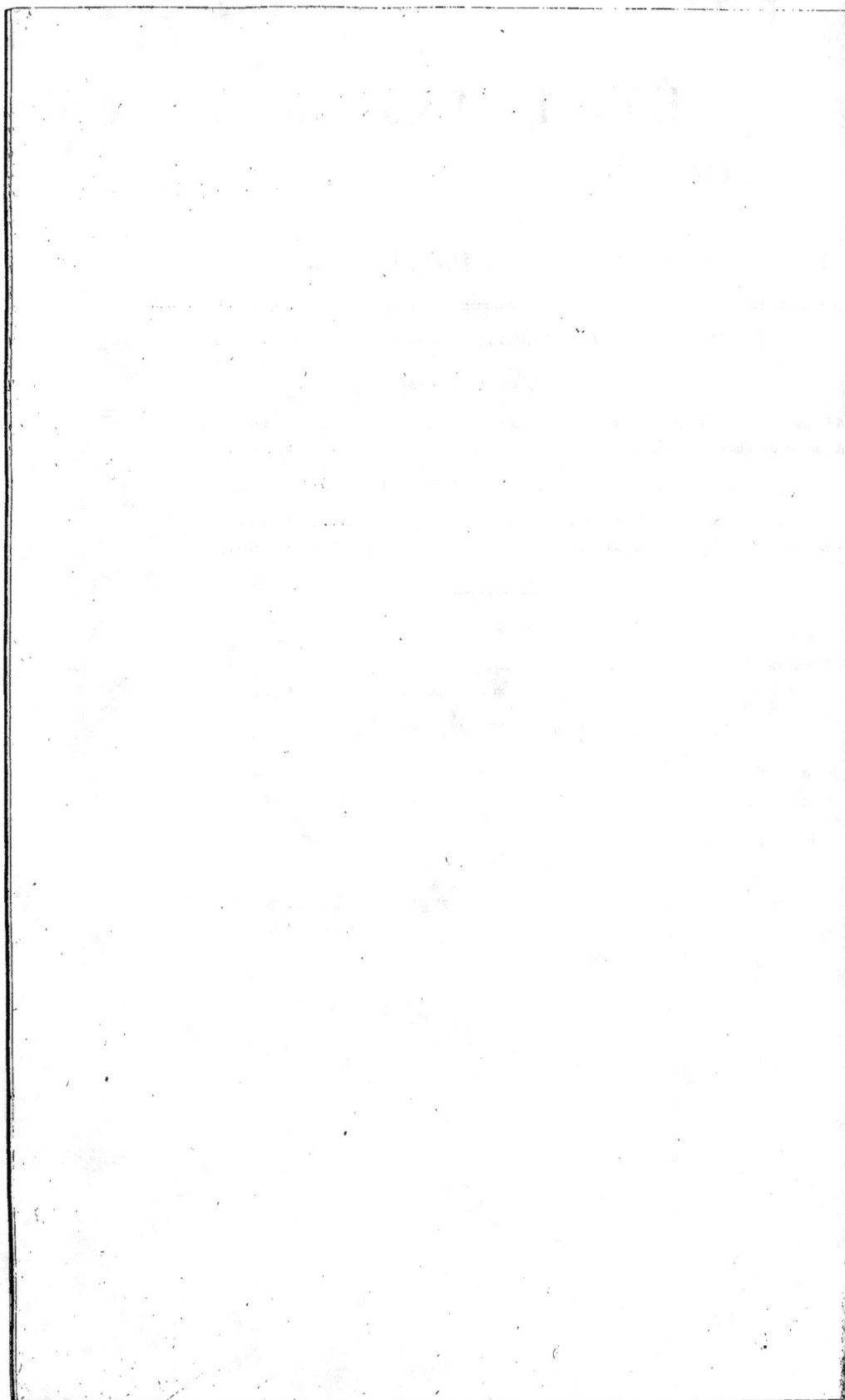

ÉTAT-MAJOR
DU GOUVERNEMENT DE PARIS.

ORDRE du 25 Prairial an 12.

SERVICE DE L'ÉTAT-MAJOR DU GOUVERNEMENT.

Du 25 au 26 Prairial.

Adjudant de Place de service à l'État-major général........................ VILLERS.
Adjudant de Place de ronde de nuit.................................... CORDIEZ.

Visite aux Casernes, Prisons, Hôpital, et distribution de fourrages.

Rive droite de la Seine : le Lieutenant Adjudant de Place.................. SANSON.
Rive gauche : le Capitaine Adjudant de Place............................. CARON.

Du 26 au 27 Prairial.

Adjudant de Place de service à l'État-major général........................ GRAILLARD.
Adjudant de Place de ronde de nuit.................................... SANSON.

Visite aux Casernes, Prisons, Hôpital, et distribution de fourrages.

Rive droite de la Seine : le Capitaine Adjudant de Place.................. COTEAU.
Rive gauche : le Capitaine Adjudant de Place............................. VILLERS.

Rien de nouveau.

L'Adjudant-commandant, Sous-chef de l'État-major général et du Gouvernement de Paris,
DOUCET.

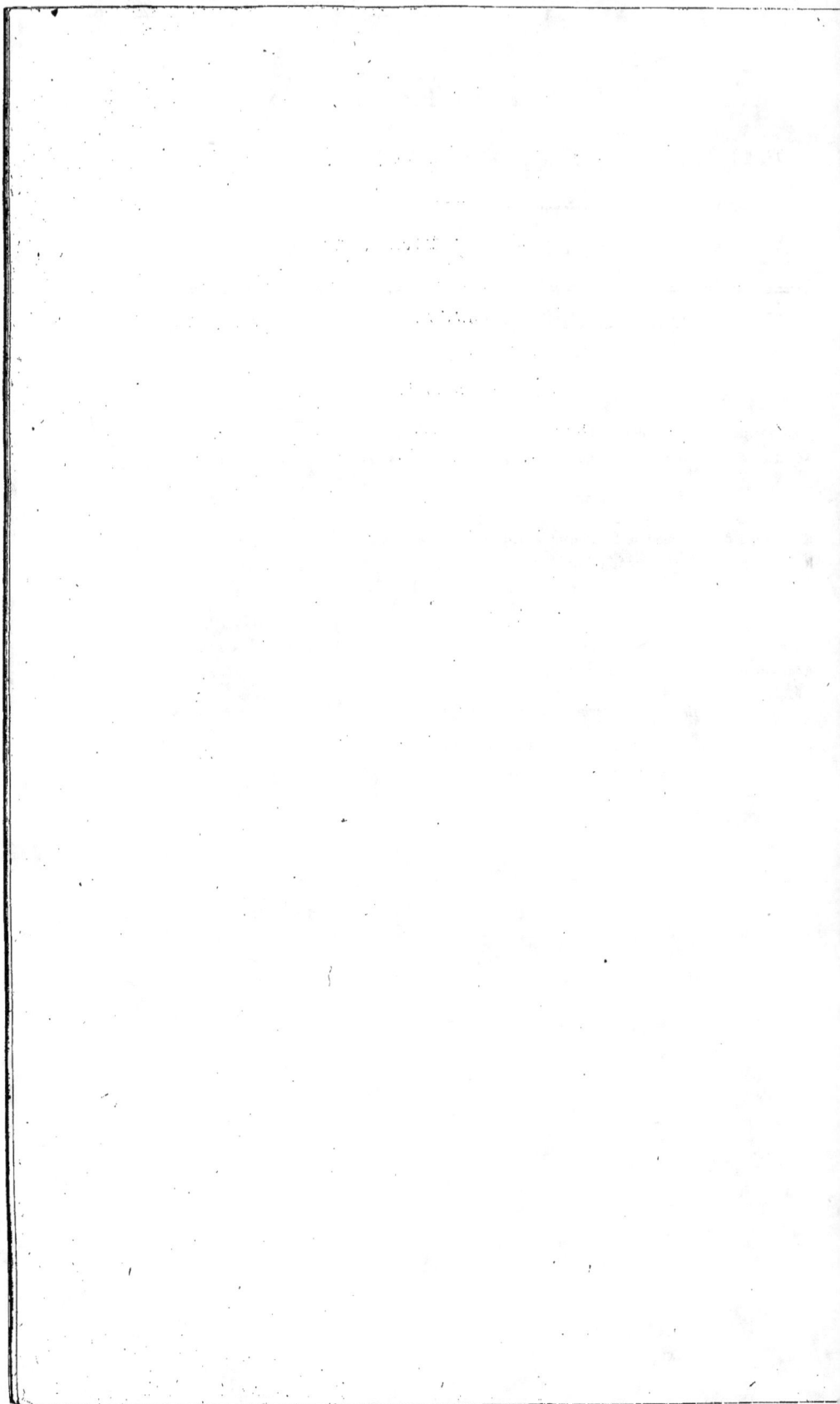

ÉTAT-MAJOR
DU GOUVERNEMENT DE PARIS.

ORDRE du 26 Prairial an 12.

SERVICE DE L'ÉTAT-MAJOR DU GOUVERNEMENT.

Du 26 au 27 Prairial.

Adjudant de Place de service à l'État-major général...................... GRAILLARD.
Adjudant de Place de ronde de nuit.................................... SANSON.

Visite aux Casernes, Prisons, Hôpital, et distribution de fourrages.

Rive droite de la Seine : le Capitaine Adjudant de Place.................. COTEAU.
Rive gauche : le Capitaine Adjudant de Place.......................... VILLERS.

Du 27 au 28 Prairial.

Adjudant de Place de service à l'État-major général...................... SANSON.
Adjudant de Place de ronde de nuit.................................... VILLERS.

Visite aux Casernes, Prisons, Hôpital, et distribution de fourrages.

Rive droite de la Seine : le Capitaine Adjudant de Place.................. CORDIEZ.
Rive gauche : le Capitaine Adjudant de Place.......................... GRAILLARD.

Rien de nouveau.

L'Adjudant-commandant, Sous-chef de l'État-major général et du Gouvernement de Paris,

DOUCET.

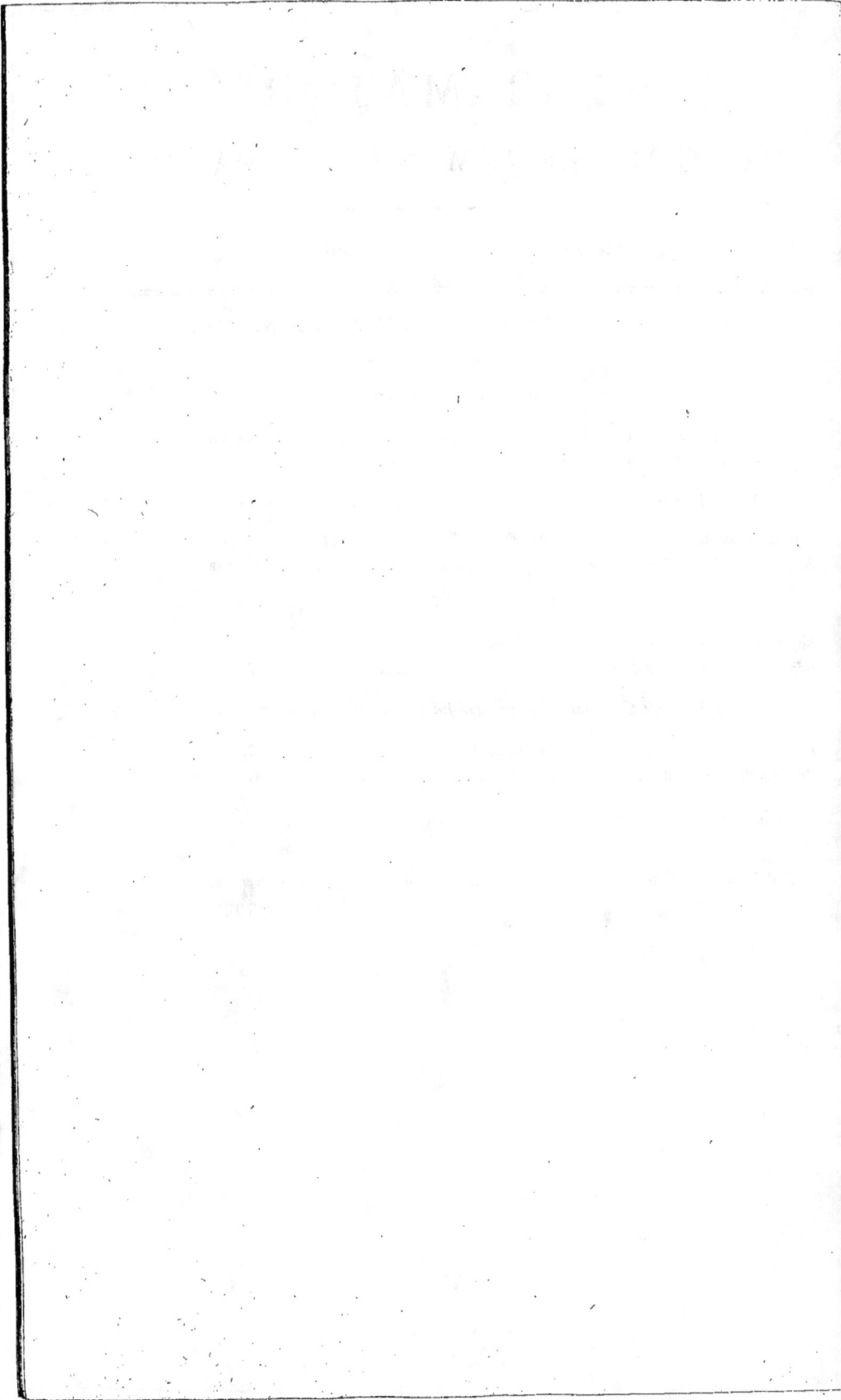

ÉTAT-MAJOR
DU GOUVERNEMENT DE PARIS.

ORDRE du 27 Prairial an 12.

SERVICE DE L'ÉTAT-MAJOR DU GOUVERNEMENT.

Du 27 au 28 Prairial.

Adjudant de Place de service à l'État-major général........................ SANSON.
Adjudant de Place de ronde de nuit...................................... VILLERS.

Visite aux Casernes, Prisons, Hôpital, et distribution de fourrages.

Rive droite de la Seine : le Capitaine Adjudant de Place................. CORDIEZ.
Rive gauche : le Capitaine Adjudant de Place............................ GRAILLARD.

Du 28 au 29 Prairial.

Adjudant de Place de service à l'État-major général..................... COTEAU.
Adjudant de Place de ronde de nuit...................................... GRAILLARD.

Visite aux Casernes, Prisons, Hôpital, et distribution de fourrages.

Rive droite de la Seine : le Capitaine Adjudant de Place................. CARON.
Rive gauche : le Lieutenant Adjudant de Place............................ SANSON.

Rien de nouveau.

L'Adjudant-commandant, Sous-chef de l'État-major général et du Gouvernement de Paris,
DOUCET.

ÉTAT-MAJOR
DU GOUVERNEMENT DE PARIS.

ORDRE du 28 Prairial an 12.

SERVICE DE L'ÉTAT-MAJOR DU GOUVERNEMENT.

Du 28 au 29 Prairial.

Adjudant de Place de service à l'État-major général.................... COTEAU.
Adjudant de Place de ronde de nuit.................................... GRAILLARD.

Visite aux Casernes, Prisons, Hôpital, et distribution de fourrages.

Rive droite de la Seine : le Capitaine Adjudant de Place................ CARON.
Rive gauche : le Lieutenant Adjudant de Place........................ SANSON.

Du 29 au 30 Prairial.

Adjudant de Place de service à l'État-major général.................... CORDIEZ.
Adjudant de Place de ronde de nuit.................................... VIART.

Visite aux Casernes, Prisons, Hôpital, et distribution de fourrages.

Rive droite de la Seine : le Capitaine Adjudant de Place................ VILLERS.
Rive gauche : le Capitaine Adjudant de Place.......................... COTEAU.

Rien de nouveau.

L'Adjudant-commandant, Sous-chef de l'État-major général et du Gouvernement de Paris,

DOUCET.

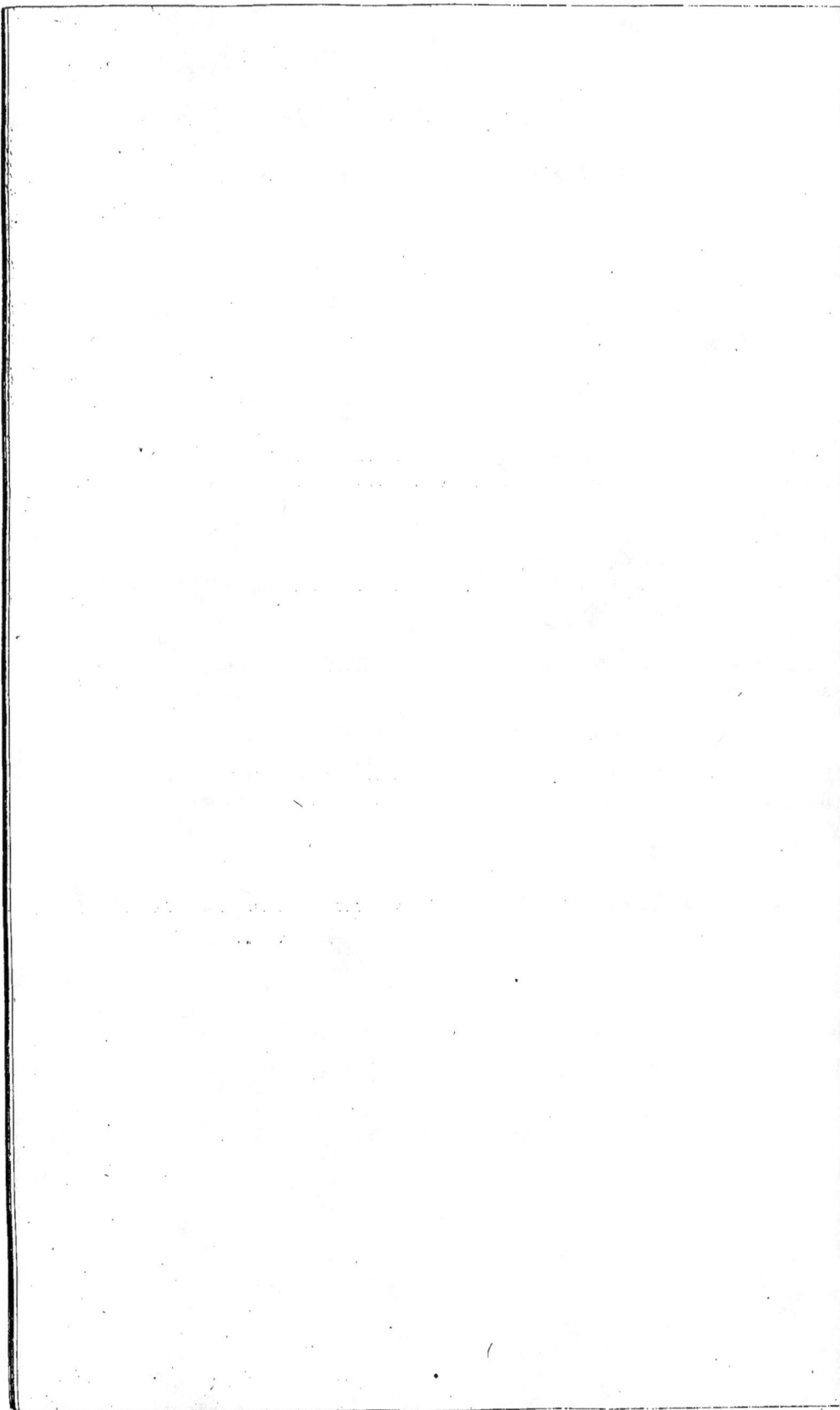

ÉTAT-MAJOR
DU GOUVERNEMENT DE PARIS.

ORDRE du 29 Prairial an 12.

SERVICE DE L'ÉTAT-MAJOR DU GOUVERNEMENT.

Du 29 au 30 Prairial.

Adjudant de Place de service à l'État-major général...................... CORDIEZ.
Adjudant de Place de ronde de nuit.................................... VIART.

Visite aux Casernes, Prisons, Hôpital, et distribution de fourrages.

Rive droite de la Seine : le Capitaine Adjudant de Place................ VILLERS.
Rive gauche : le Capitaine Adjudant de Place........................... COTEAU.

Du 30 Prairial au 1.er Messidor.

Adjudant de Place de service à l'État-major général...................... CARON.
Adjudant de Place de ronde de nuit.................................... COTEAU.

Visite aux Casernes, Prisons, Hôpital, et distribution de fourrages.

Rive droite de la Seine : le Capitaine Adjudant de Place................ GRAILLARD.
Rive gauche : le Capitaine Adjudant de Place........................... CORDIEZ.

Rien de nouveau.

L'Adjudant-commandant, Sous-chef de l'État-major général et du Gouvernement de Paris,

DOUCET.

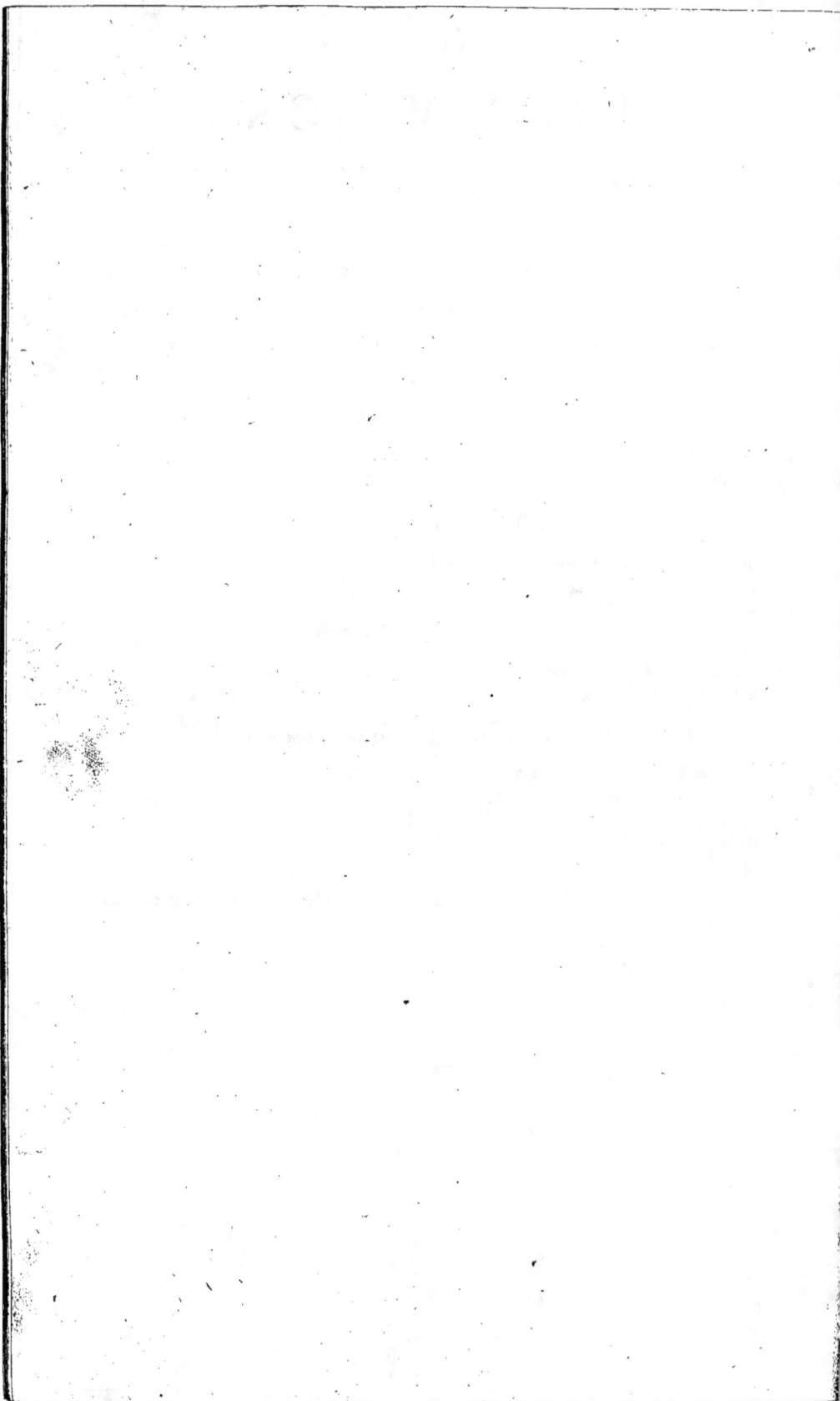

ÉTAT-MAJOR
DU GOUVERNEMENT DE PARIS.

ORDRE du 30 Prairial an 12.

SERVICE DE L'ÉTAT-MAJOR DU GOUVERNEMENT.

Du 30 Prairial au 1.er Messidor.

Adjudant de Place de service à l'État-major général.................... CARON.
Adjudant de Place de ronde de nuit.................................. COTEAU.

Visite aux Casernes, Prisons, Hôpital, et distribution de fourrages.

Rive droite de la Seine : le Capitaine Adjudant de Place................ GRAILLARD.
Rive gauche : le Capitaine Adjudant de Place.......................... CORDIEZ.

Du 1.er au 2 Messidor.

Adjudant de Place de service à l'État-major général.................... VILLERS.
Adjudant de Place de ronde de nuit.................................. CORDIEZ.

Visite aux Casernes, Prisons, Hôpital, et distribution de fourrages.

Rive droite de la Seine : le Lieutenant Adjudant de Place................ SANSON.
Rive gauche : le Capitaine Adjudant de Place.......................... CARON.

Rien de nouveau.

L'Adjudant-commandant, Sous-chef de l'État-major général et du Gouvernement de Paris,
DOUCET.

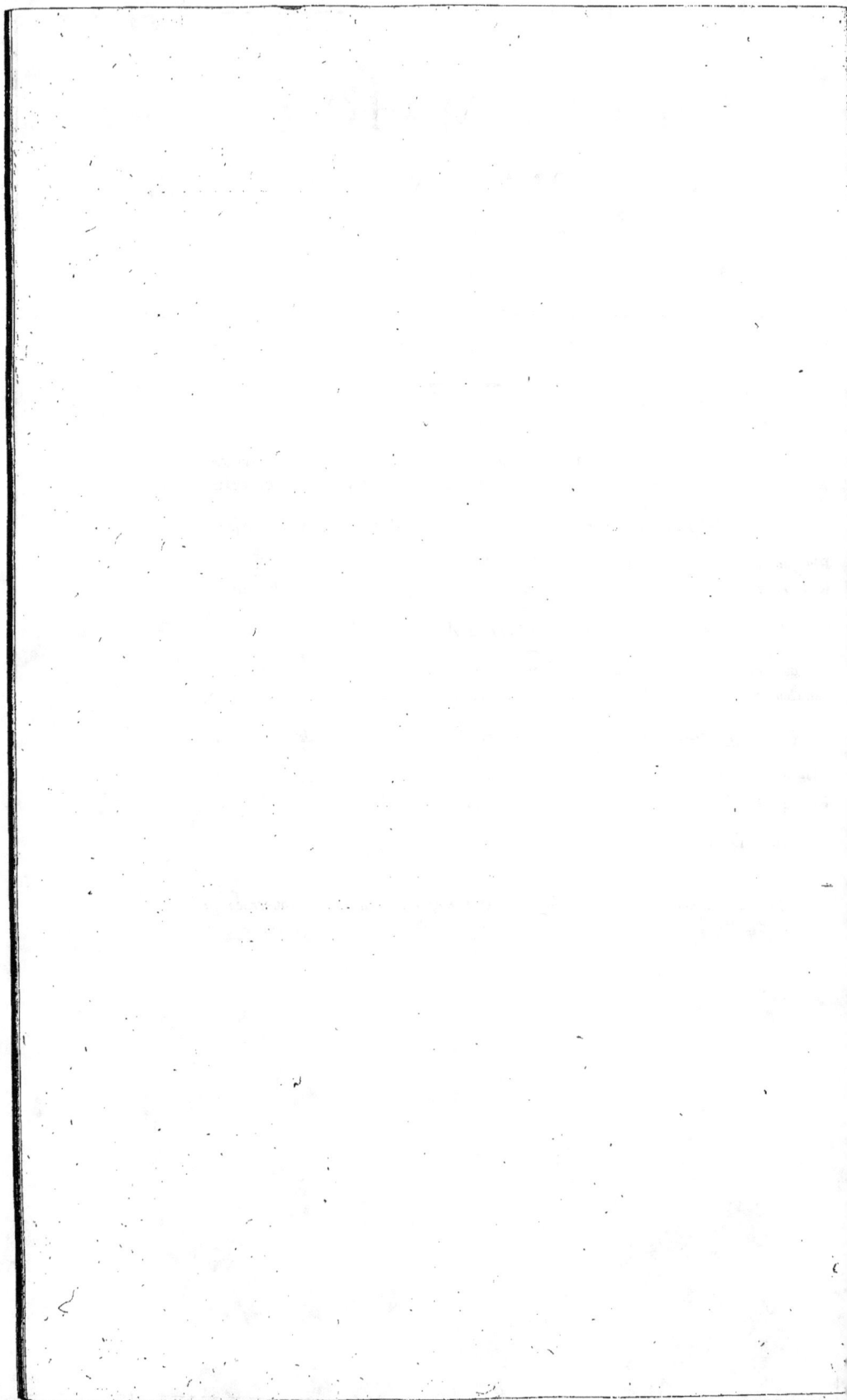

ÉTAT-MAJOR

DU GOUVERNEMENT DE PARIS.

ORDRE du 1.er Messidor an 12.

SERVICE DE L'ÉTAT-MAJOR DU GOUVERNEMENT.

Du 1.er au 2 Messidor.

Adjudant de Place de service à l'État-major général........................ VILLERS.
Adjudant de Place de ronde de nuit.................................... CORDIEZ.

Visite aux Casernes, Prisons, Hôpital, et distribution de fourrages.

Rive droite de la Seine : le Lieutenant Adjudant de Place................ SANSON.
Rive gauche : le Capitaine Adjudant de Place......................... CARON.

Du 2 au 3 Messidor.

Adjudant de Place de service à l'État-major général...................... GRAILLARD.
Adjudant de Place de ronde de nuit.................................... CARON.

Visite aux Casernes, Prisons, Hôpital, et distribution de fourrages.

Rive droite de la Seine : le Capitaine Adjudant de Place................ VIART.
Rive gauche : le Capitaine Adjudant de Place......................... VILLERS.

Rien de nouveau.

L'Adjudant-commandant, Sous-chef de l'État-major général et du Gouvernement de Paris,

DOUCET.

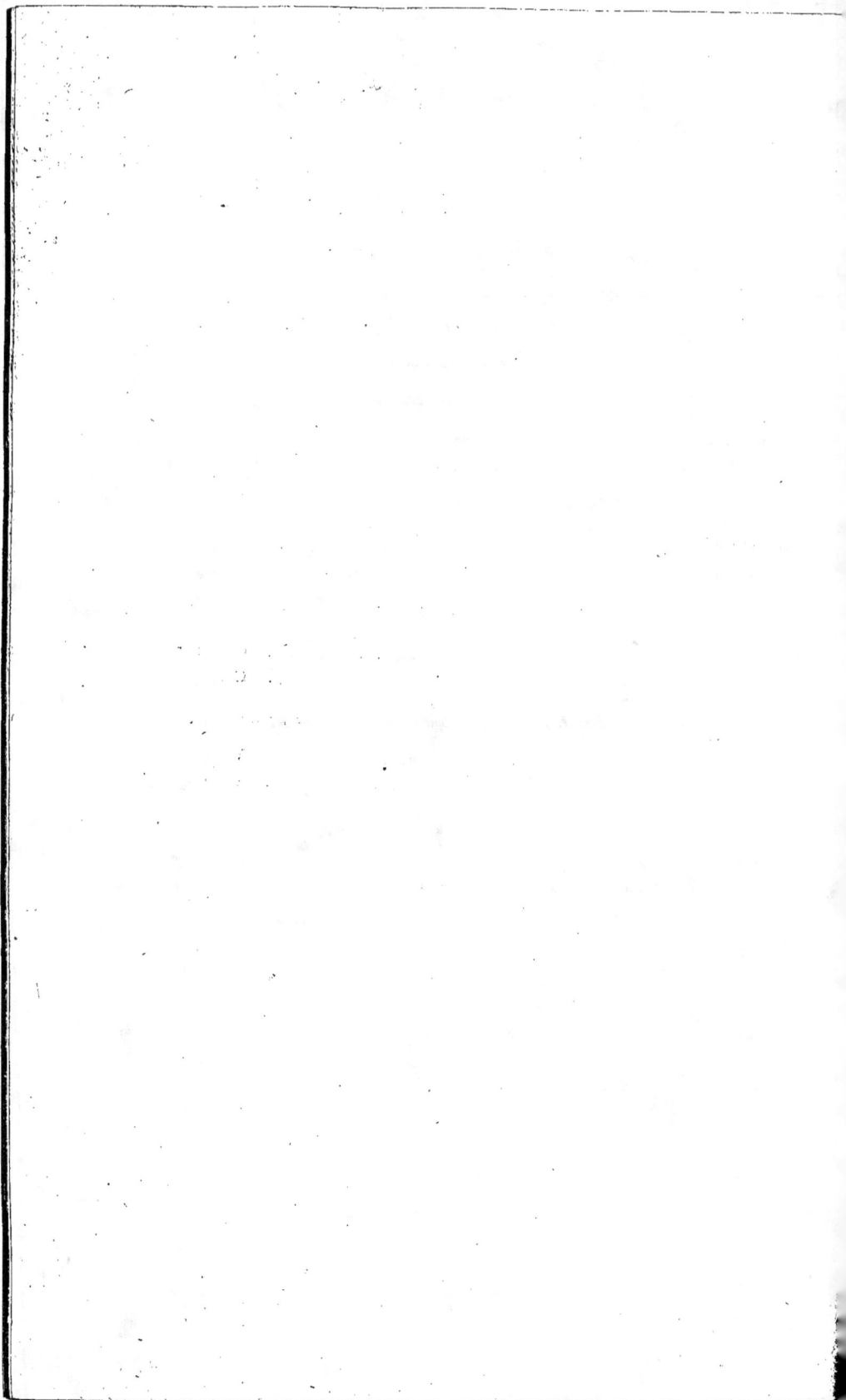

ÉTAT-MAJOR
DU GOUVERNEMENT DE PARIS.

ORDRE du 2 Messidor an 12.

SERVICE DE L'ÉTAT-MAJOR DU GOUVERNEMENT.

Du 2 au 3 Messidor.

Adjudant de Place de service à l'État-major général.................... GRAILLARD.
Adjudant de Place de ronde de nuit.................................... CARON.

Visite aux Casernes, Prisons, Hôpital, et distribution de fourrages.

Rive droite de la Seine : le Capitaine Adjudant de Place................ VIART.
Rive gauche : le Capitaine Adjudant de Place........................... VILLERS.

Du 3 au 4 Messidor.

Adjudant de Place de service à l'État-major général.................... SANSON.
Adjudant de Place de ronde de nuit.................................... VILLERS.

Visite aux Casernes, Prisons, Hôpital, et distribution de fourrages.

Rive droite de la Seine : le Capitaine Adjudant de Place................ COTEAU.
Rive gauche : le Capitaine Adjudant de Place........................... GRAILLARD.

Mutation.

M. le Commissaire des guerres *Dufresne* ayant été promu à l'emploi de Sous-inspecteur aux revues ; M. le Commissaire ordonnateur de la 1.re division a désigné M. le Commissaire des guerres *Lepelletier*, pour remplir provisoirement, et jusqu'à ce que M. le Maréchal Ministre de la guerre ait remplacé M. *Dufresne*, les fonctions dont ce Commissaire des guerres était chargé, et qui sont ci-après détaillées; savoir :

La Police des magasins d'habillemens,
Des vivres,
Des fourrages,
Des liquides,
Et des bois et lumières.

C'est en conséquence à M. *Lepelletier* que les corps de la garnison de Paris s'adresseront désormais pour tout ce qui est relatif à ces différens objets.

L'Adjudant-commandant, Sous-chef de l'État-major général et du Gouvernement de Paris,

DOUCET.

ÉTAT-MAJOR
DU GOUVERNEMENT DE PARIS.

ORDRE du 3 Messidor an 12.

SERVICE DE L'ÉTAT-MAJOR DU GOUVERNEMENT.

Du 3 au 4 Messidor.

Adjudant de Place de service à l'État-major général........................ SANSON.
Adjudant de Place de ronde de nuit................................. VILLERS.

Visite aux Casernes, Prisons, Hôpital, et distribution de fourrages.

Rive droite de la Seine : le Capitaine Adjudant de Place.................. COTEAU.
Rive gauche : le Capitaine Adjudant de Place.......................... GRAILLARD.

Du 4 au 5 Messidor.

Adjudant de Place de service à l'État-major général........................ COTEAU.
Adjudant de Place de ronde de nuit................................. GRAILLARD.

Visite aux Casernes, Prisons, Hôpital, et distribution de fourrages.

Rive droite de la Seine : le Capitaine Adjudant de Place................ CORDIEZ.
Rive gauche : le Lieutenant Adjudant de Place......................... SANSON.

Rien de nouveau.

L'Adjudant-commandant, Sous-chef de l'État-major général et du Gouvernement de Paris,
DOUCET.

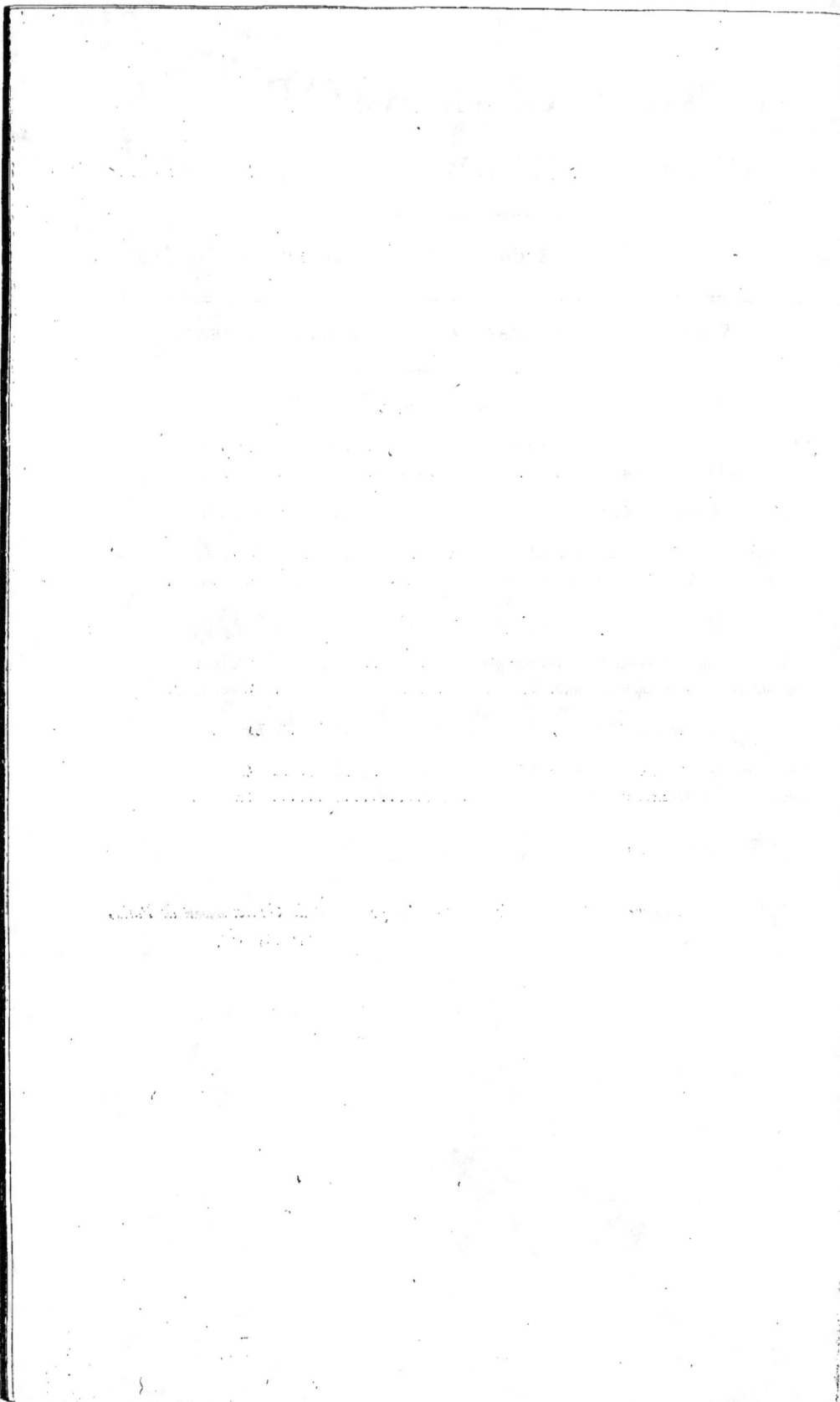

ÉTAT-MAJOR
DU GOUVERNEMENT DE PARIS.

ORDRE du 4 Messidor an 12.

SERVICE DE L'ÉTAT-MAJOR DU GOUVERNEMENT.

Du 4 au 5 Messidor.

Adjudant de Place de service à l'État-major général.................... COTEAU.
Adjudant de Place de ronde de nuit.................................... GRAILLARD.

Visite aux Casernes, Prisons, Hôpital, et distribution de fourrages.

Rive droite de la Seine : le Capitaine Adjudant de Place................ CORDIEZ.
Rive gauche : le Lieutenant Adjudant de Place......................... SANSON.

Du 5 au 6 Messidor.

Adjudant de Place de service à l'État-major général.................... CORDIEZ.
Adjudant de Place de ronde de nuit.................................... SANSON.

Visite aux Casernes, Prisons, Hôpital, et distribution de fourrages.

Rive droite de la Seine : le Capitaine Adjudant de Place................ CARON.
Rive gauche : le Capitaine Adjudant de Place............................ COTEAU.

Rien de nouveau.

L'Adjudant-commandant, Sous-chef de l'État-major général et du Gouvernement de Paris,

DOUCET.

ÉTAT-MAJOR
DU GOUVERNEMENT DE PARIS.

ORDRE du 5 Messidor an 12.

SERVICE DE L'ÉTAT-MAJOR DU GOUVERNEMENT.

Du 5 au 6 Messidor.

Adjudant de Place de service à l'État-major général.................... CORDIEZ.
Adjudant de Place de ronde de nuit.................................... SANSON.

Visite aux Casernes, Prisons, Hôpital, et distribution de fourrages.

Rive droite de la Seine : le Capitaine Adjudant de Place................ CARON.
Rive gauche : le Capitaine Adjudant de Place........................... COTEAU.

Du 6 au 7 Messidor.

Adjudant de Place de service à l'État-major général.................... CARON.
Adjudant de Place de ronde de nuit.................................... VIART.

Visite aux Casernes, Prisons, Hôpital, et distribution de fourrages.

Rive droite de la Seine : le Capitaine Adjudant de Place................ VILLERS.
Rive gauche : le Capitaine Adjudant de Place........................... CORDIEZ.

Rien de nouveau.

L'Adjudant-commandant, Sous-chef de l'État-major général et du Gouvernement de Paris,
DOUCET.

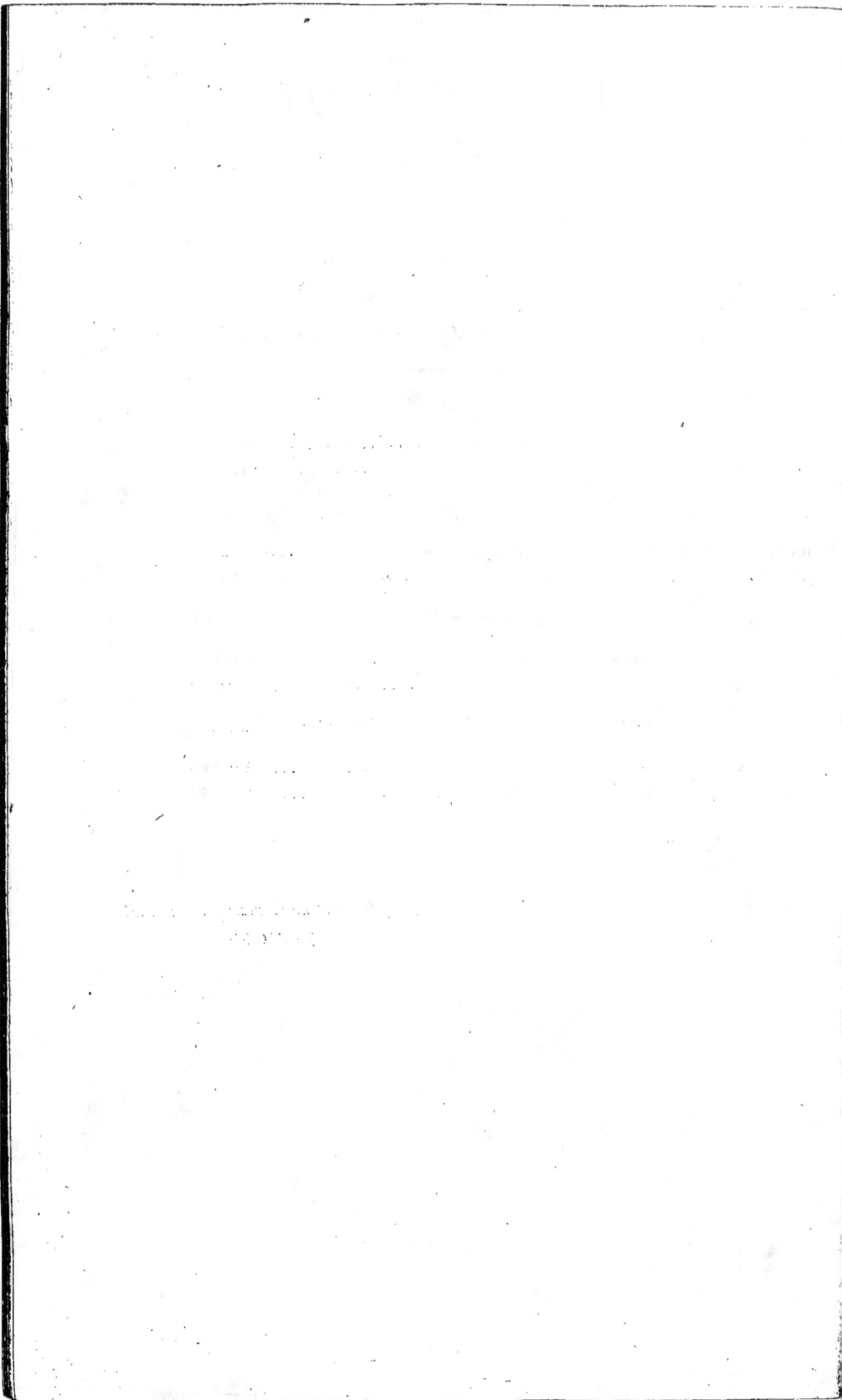

ÉTAT-MAJOR
DU GOUVERNEMENT DE PARIS.

ORDRE du 6 Messidor an 12.

SERVICE DE L'ÉTAT-MAJOR DU GOUVERNEMENT.

Du 6 au 7 Messidor.

Adjudant de Place de service à l'État-major général........................ CARON.
Adjudant de Place de ronde de nuit.. VIART.

Visite aux Casernes, Prisons, Hôpital, et distribution de fourrages.

Rive droite de la Seine : le Capitaine Adjudant de Place.................. VILLERS.
Rive gauche : le Capitaine Adjudant de Place.............................. CORDIEZ.

Du 7 au 8 Messidor.

Adjudant de Place de service à l'État-major général........................ VILLERS.
Adjudant de Place de ronde de nuit.. COTEAU.

Visite aux Casernes, Prisons, Hôpital, et distribution de fourrages.

Rive droite de la Seine : le Capitaine Adjudant de Place.................. GRAILLARD.
Rive gauche : le Capitaine Adjudant de Place.............................. CARON.

Corvées.

Le 18.e Régiment d'infanterie de ligne fournira, à commencer de demain 7 Messidor jusqu'au 6 Thermidor prochain inclusivement, tous les hommes de corvée nécessaires aux travaux du Dépôt central de l'artillerie, sur la réquisition particulière du Général *Saint-Laurent*, Directeur dudit Dépôt.

L'Adjudant-commandant, Sous-chef de l'État-major général et du Gouvernement de Paris,

DOUCET.

ÉTAT-MAJOR
DU GOUVERNEMENT DE PARIS.

ORDRE du 7 Messidor an 12.

SERVICE DE L'ÉTAT-MAJOR DU GOUVERNEMENT.

Du 7 au 8 Messidor.

Adjudant de Place de service à l'État-major général.................... VILLERS.
Adjudant de Place de ronde de nuit.. COTEAU.

Visite aux Casernes, Prisons, Hôpital, et distribution de fourrages.

Rive droite de la Seine : le Capitaine Adjudant de Place................ GRAILLARD.
Rive gauche : le Capitaine Adjudant de Place.......................... CARON.

Du 8 au 9 Messidor.

Adjudant de Place de service à l'État-major général.................... GRAILLARD.
Adjudant de Place de ronde de nuit.. CORDIEZ.

Visite aux Casernes, Prisons, Hôpital, et distribution de fourrages.

Rive droite de la Seine : le Lieutenant Adjudant de Place................ SANSON.
Rive gauche : le Capitaine Adjudant de Place.......................... VILLERS.

Rien de nouveau.

L'Adjudant-commandant, Sous-chef de l'État-major général et du Gouvernement de Paris,

DOUCET.

ÉTAT-MAJOR
DU GOUVERNEMENT DE PARIS.

ORDRE du 8 Messidor an 12.

SERVICE DE L'ÉTAT-MAJOR DU GOUVERNEMENT.

Du 8 au 9 Messidor.

Adjudant de Place de service à l'État-major général.................... GRAILLARD.
Adjudant de Place de ronde de nuit.................................. CORDIEZ.

Visite aux Casernes, Prisons, Hôpital, et distribution de fourrages.

Rive droite de la Seine : le Lieutenant Adjudant de Place................ SANSON.
Rive gauche : le Capitaine Adjudant de Place.......................... VILLERS.

Du 9 au 10 Messidor.

Adjudant de Place de service à l'État-major général.................... SANSON.
Adjudant de Place de ronde de nuit.................................. CARON.

Visite aux Casernes, Prisons, Hôpital, et distribution de fourrages.

Rive droite de la Seine : le Capitaine Adjudant de Place................ VIART.
Rive gauche : le Capitaine Adjudant de Place.......................... GRAILLARD.

Rien de nouveau.

L'Adjudant-commandant, Sous-chef de l'État-major général et du Gouvernement de Paris,

DOUCET.

ÉTAT-MAJOR
DU GOUVERNEMENT DE PARIS.

ORDRE du 9 Messidor an 12.

SERVICE DE L'ÉTAT-MAJOR DU GOUVERNEMENT.

Du 9 au 10 Messidor.

Adjudant de Place de service à l'État-major général..................... SANSON.
Adjudant de Place de ronde de nuit..................................... CARON.

Visite aux Casernes, Prisons, Hôpital, et distribution de fourrages.

Rive droite de la Seine : le Capitaine Adjudant de Place................. VIART.
Rive gauche : le Capitaine Adjudant de Place......................... GRAILLARD.

Du 10 au 11 Messidor.

Adjudant de Place de service à l'État-major général..................... COTEAU.
Adjudant de Place de ronde de nuit..................................... VILLERS.

Visite aux Casernes, Prisons, Hôpital, et distribution de fourrages.

Rive droite de la Seine : le Capitaine Adjudant de Place................. CORDIEZ.
Rive gauche : le Lieutenant Adjudant de Place.......................... SANSON.

Rien de nouveau.

L'Adjudant-commandant, Sous-chef de l'État-major général et du Gouvernement de Paris,

DOUCET.

ÉTAT-MAJOR

DU GOUVERNEMENT DE PARIS.

ORDRE du 10 Messidor an 12.

SERVICE DE L'ÉTAT-MAJOR DU GOUVERNEMENT.

Du 10 au 11 Messidor.

Adjudant de Place de service à l'État-major général........................ COTEAU.
Adjudant de Place de ronde de nuit.................................. VILLERS.

Visite aux Casernes, Prisons, Hôpital, et distribution de fourrages.

Rive droite de la Seine : le Capitaine Adjudant de Place.................. CORDIEZ.
Rive gauche : le Lieutenant Adjudant de Place.......................... SANSON.

Du 11 au 12 Messidor.

Adjudant de Place de service à l'Etat-major général..................... CORDIEZ.
Adjudant de Place de ronde de nuit.................................. GRAILLARD.

Visite aux Casernes, Prisons, Hôpital, et distribution de fourrages.

Rive droite de la Seine : le Capitaine Adjudant de Place.................. COTEAU.
Rive gauche : le Capitaine Adjudant de Place.......................... COTEAU.

Rien de nouveau.

L'Adjudant-commandant, Sous-chef de l'État-major général et du Gouvernement de Paris,

DOUCET.

[illegible]

[illegible]

[illegible]

[illegible]

[illegible]

[illegible]

ÉTAT-MAJOR
DU GOUVERNEMENT DE PARIS.

ORDRE du 11 Messidor an 12.

SERVICE DE L'ÉTAT-MAJOR DU GOUVERNEMENT.

Du 11 au 12 Messidor.

Adjudant de Place de service à l'Etat-major général........................ CORDIEZ.
Adjudant de Place de ronde de nuit.. GRAILLARD.

Visite aux Casernes, Prisons, Hôpital, et distribution de fourrages.

Rive droite de la Seine : le Capitaine Adjudant de Place................ COTEAU.
Rive gauche : le Capitaine Adjudant de Place........................... COTEAU.

Du 12 au 13 Messidor.

Adjudant de Place de service à l'État-major général....................... CARON.
Adjudant de Place de ronde de nuit.. SANSON.

Visite aux Casernes, Prisons, Hôpital, et distribution de fourrages.

Rive droite de la Seine : le Capitaine Adjudant de Place................ CARON.
Rive gauche : le Capitaine Adjudant de Place........................... CORDIEZ.

Jugement.

Le Conseil de geurre spécial a acquitté du crime de désertion et renvoyé à son corps, pour y continuer son service, le nommé *Louis-Hercule-David Cousin*, Cuirassier au 1.er Régiment.

L'Adjudant-commandant, Sous-chef de l'État-major général et du Gouvernement de Paris,

DOUCET.

ÉTAT-MAJOR
DU GOUVERNEMENT DE PARIS.

ORDRE du 12 Messidor an 12.

SERVICE DE L'ÉTAT-MAJOR DU GOUVERNEMENT.

Du 12 au 13 Messidor.

Adjudant de Place de service à l'État-major général........................ CARON.
Adjudant de Place de ronde de nuit.. SANSON.

Visite aux Casernes, Prisons, Hôpital, et distribution de fourrages.

Rive droite de la Seine : le Capitaine Adjudant de Place.................. CORDIEZ.
Rive gauche : le Capitaine Adjudant de Place.............................. CORDIEZ.

Du 13 au 14 Messidor.

Adjudant de Place de service à l'Etat-major général....................... VILLERS.
Adjudant de Place de ronde de nuit.. VIART.

Visite aux Casernes, Prisons, Hôpital, et distribution de fourrages.

Rive droite de la Seine : le Capitaine Adjudant de Place.................. CARON.
Rive gauche : le Capitaine Adjudant de Place.............................. CARON.

Rien de nouveau.

L'Adjudant-commandant, Sous-chef de l'État-major général et du Gouvernement de Paris.

DOUCET.

ÉTAT-MAJOR

DU GOUVERNEMENT DE PARIS.

ORDRE du 13 Messidor an 12.

SERVICE DE L'ÉTAT-MAJOR DU GOUVERNEMENT.

Du 13 au 14 Messidor.

Adjudant de Place de service à l'Etat-major général.......................... VILLERS.
Adjudant de Place de ronde de nuit... VIART.

Visite aux Casernes, Prisons, Hôpital, et distribution de fourrages.

Rive droite de la Seine : le Capitaine Adjudant de Place.................. CARON.
Rive gauche : le Capitaine Adjudant de Place............................. CARON.

Du 14 au 15 Messidor.

Adjudant de Place de service à l'État-major général.......................... GRAILLARD.
Adjudant de Place de ronde de nuit... COTEAU.

Visite aux Casernes, Prisons, Hôpital, et distribution de fourrages.

Rive droite de la Seine : le Capitaine Adjudant de Place.................. VILLERS.
Rive gauche : le Capitaine Adjudant de Place............................. VILLERS.

Rien de nouveau.

L'Adjudant-commandant, Sous-chef de l'État-major général et du Gouvernement de Paris.

DOUCET.

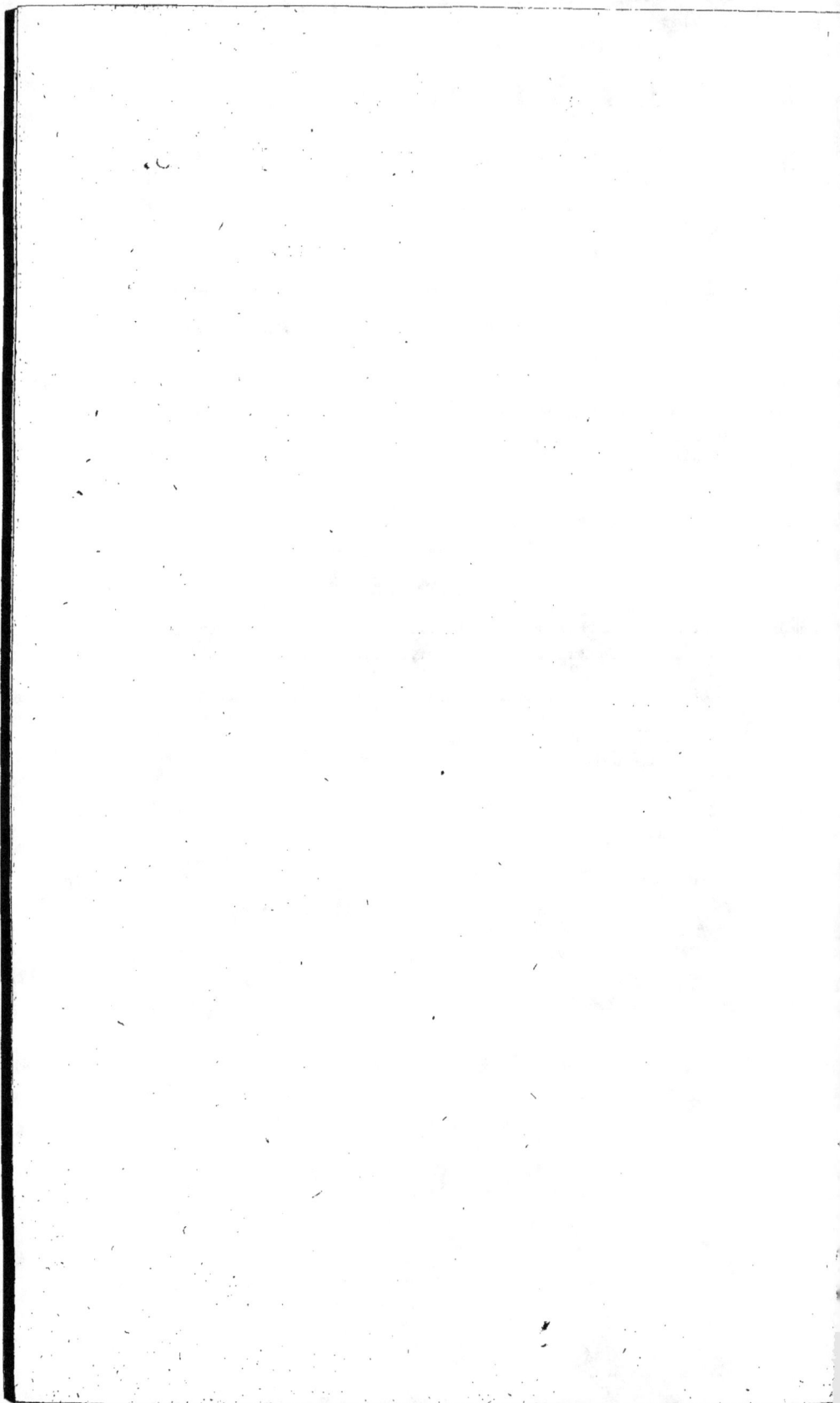

ÉTAT-MAJOR
DU GOUVERNEMENT DE PARIS.

ORDRE du 14 Messidor an 12.

SERVICE DE L'ÉTAT-MAJOR DU GOUVERNEMENT.

Du 14 au 15 Messidor.

Adjudant de Place de service à l'État-major général........................ GRAILLARD.
Adjudant de Place de ronde de nuit..................................... COTEAU.

Visite aux Casernes, Prisons, Hôpital, et distribution de fourrages.

Rive droite de la Seine : le Capitaine Adjudant de Place.................. VILLERS.
Rive gauche : le Capitaine Adjudant de Place............................ VILLERS.

Du 15 au 16 Messidor.

Adjudant de Place de service à l'Etat-major général........................ SANSON.
Adjudant de Place de ronde de nuit..................................... CORDIEZ.

Visite aux Casernes, Prisons, Hôpital, et distribution de fourrages.

Rive droite de la Seine : le Capitaine Adjudant de Place.................. GRAILLARD.
Rive gauche : le Capitaine Adjudant de Place............................ GRAILLARD.

Rien de nouveau.

L'Adjudant-commandant, Sous-chef de l'État-major général et du Gouvernement de Paris,

DOUCET.

ÉTAT-MAJOR
DU GOUVERNEMENT DE PARIS.

ORDRE du 15 Messidor an 12.

SERVICE DE L'ÉTAT-MAJOR DU GOUVERNEMENT.

Du 15 au 16 Messidor.

Adjudant de Place de service à l'Etat-major général...................... SANSON.
Adjudant de Place de ronde de nuit...................................... CORDIEZ.

Visite aux Casernes, Prisons, Hôpital, et distribution de fourrages.

Rive droite de la Seine : le Capitaine Adjudant de Place................ GRAILLARD.
Rive gauche : le Capitaine Adjudant de Place........................... GRAILLARD.

Du 16 au 17 Messidor.

Adjudant de Place de service à l'État-major général..................... COTEAU.
Adjudant de Place de ronde de nuit...................................... CARON.

Visite aux Casernes, Prisons, Hôpital, et distribution de fourrages.

Rive droite de la Seine : le Lieutenant Adjudant de Place................ SANSON.
Rive gauche : le Lieutenant Adjudant de Place........................... SANSON.

Rien de nouveau.

L'Adjudant-commandant, Sous-chef de l'État-major général et du Gouvernement de Paris,
DOUCET.

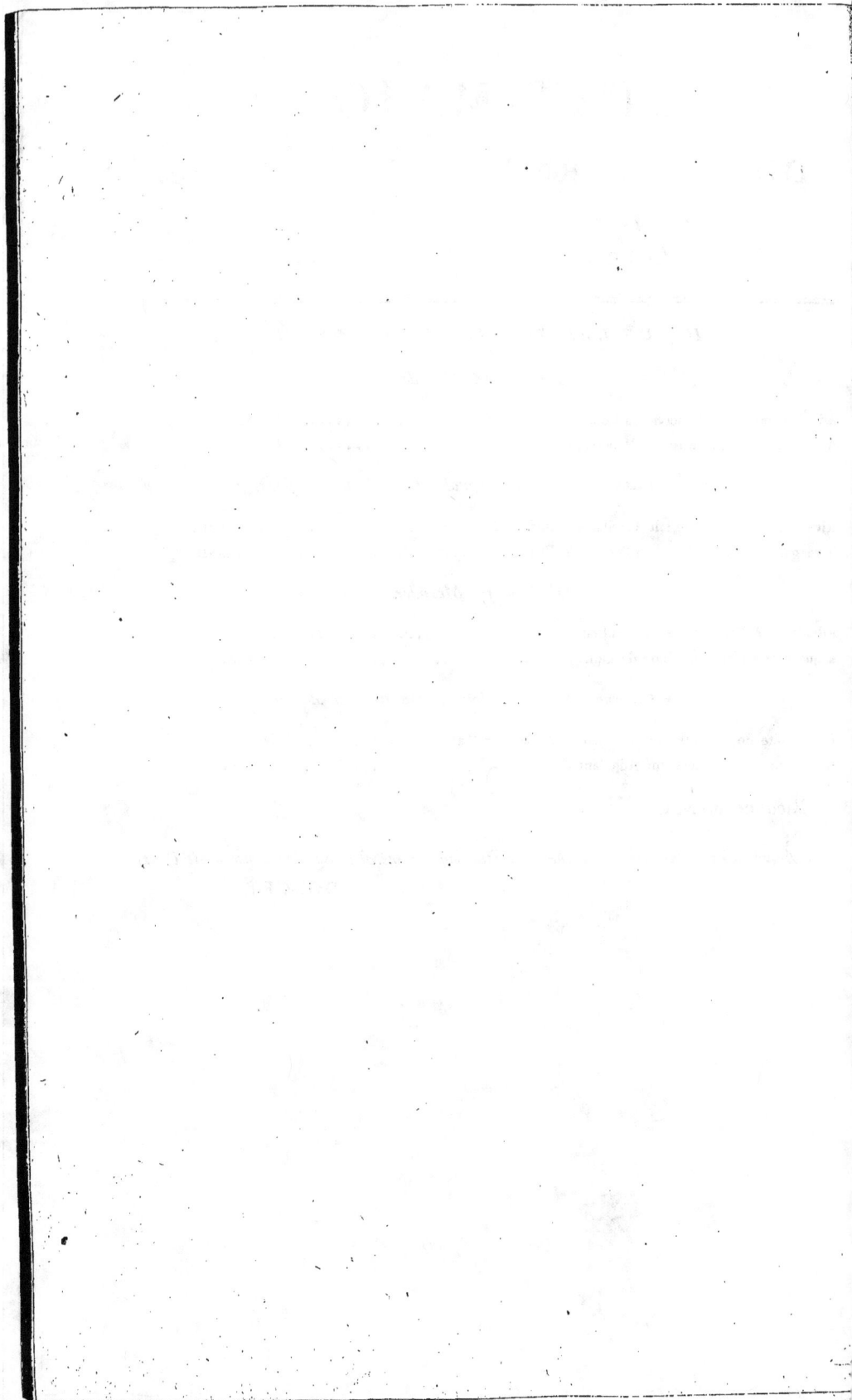

ÉTAT-MAJOR
DU GOUVERNEMENT DE PARIS.

ORDRE du 16 Messidor an 12.

SERVICE DE L'ÉTAT-MAJOR DU GOUVERNEMENT.

Du 16 au 17 Messidor.

Adjudant de Place de service à l'État-major général........................ COTEAU.
Adjudant de Place de ronde de nuit.. CARON.

Visite aux Casernes, Prisons, Hôpital, et distribution de fourrages.

Rive droite de la Seine : le Lieutenant Adjudant de Place.................. SANSON.
Rive gauche : le Lieutenant Adjudant de Place.............................. SANSON.

Du 17 au 18 Messidor.

Adjudant de Place de service à l'Etat-major général........................ CORDIEZ.
Adjudant de Place de ronde de nuit.. VILLERS.

Visite aux Casernes, Prisons, Hôpital, et distribution de fourrages.

Rive droite de la Seine : le Capitaine Adjudant de Place................... VIART.
Rive gauche : le Capitaine Adjudant de Place............................... COTEAU.

Le Chef de l'État-major a été informé par l'Adjudant de place de ronde, la nuit du 14 au 15 de ce mois, que la majorité des postes occupés par le deuxième régiment municipal n'étaient pas au complet ; que le nommé *Degain*, Sergent de ce régiment, de service au poste de l'Oratoire, était absent lors de la ronde ; et qu'enfin des soldats étaient absens de leurs postes sans permission de leurs Chefs.

Le Chef de l'État-major invite le Colonel de ce régiment à donner ses ordres pour que semblables infractions aux réglemens militaires ne soient point réitérées.

L'Adjudant-commandant, Sous-chef de l'État-major général et du Gouvernement de Paris,

DOUCET.

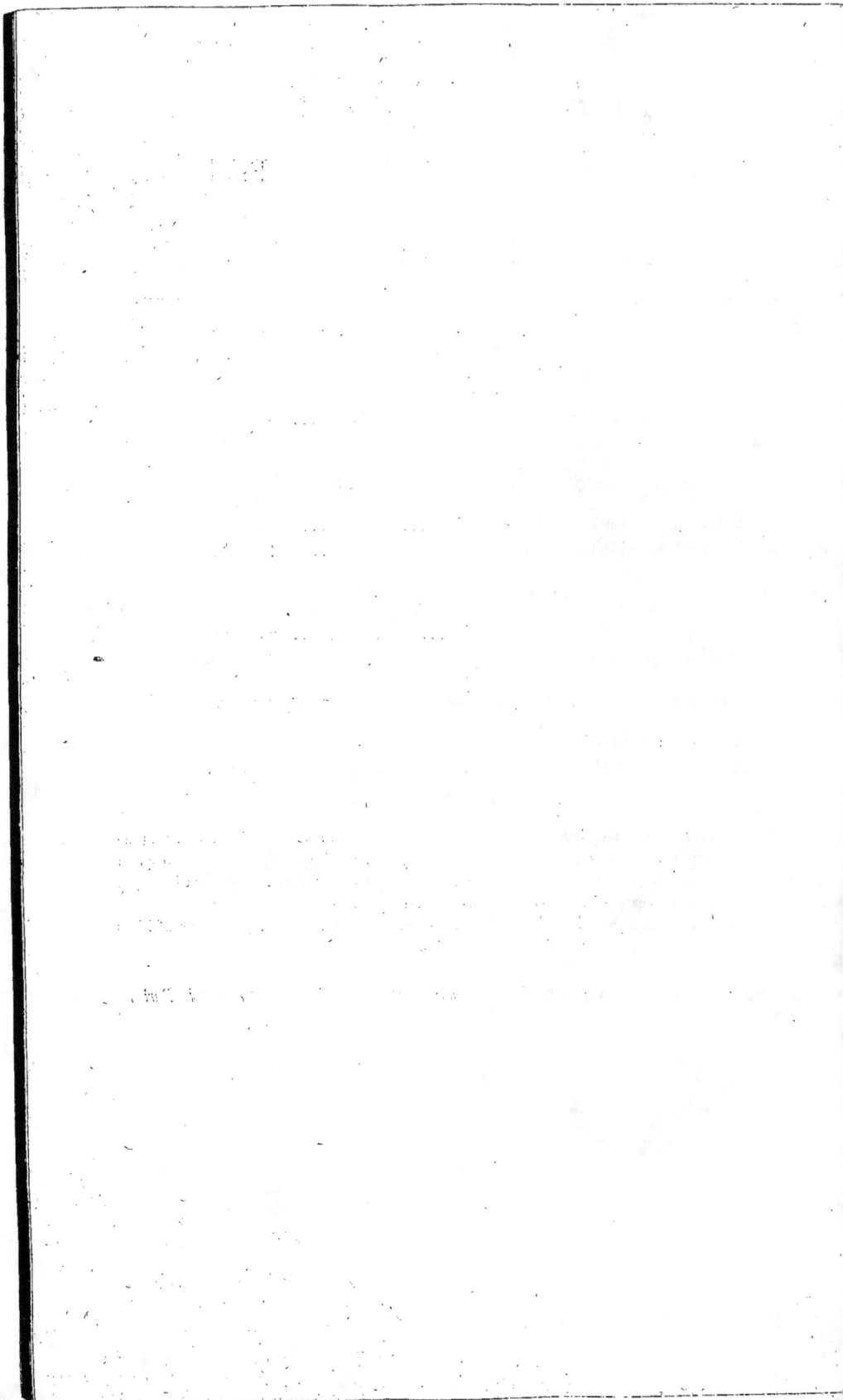

ÉTAT-MAJOR
DU GOUVERNEMENT DE PARIS.

ORDRE du 17 Messidor an 12.

SERVICE DE L'ÉTAT-MAJOR DU GOUVERNEMENT.

Du 17 au 18 Messidor.

Adjudant de Place de service à l'Etat-major général.................... CORDIEZ.
Adjudant de Place de ronde de nuit.................................. VILLERS.

Visite aux Casernes, Prisons, Hôpital, et distribution de fourrages.

Rive droite de la Seine : le Capitaine Adjudant de Place................ VIART.
Rive gauche : le Capitaine Adjudant de Place........................... COTEAU.

Du 18 au 19 Messidor.

Adjudant de Place de service à l'État-major général.................... CARON.
Adjudant de Place de ronde de nuit.................................. GRAILLARD.

Visite aux Casernes, Prisons, Hôpital, et distribution de fourrages,

Rive droite de la Seine : le Capitaine Adjudant de Place................ COTEAU.
Rive gauche : le Capitaine Adjudant de Place........................... CORDIEZ.

Transports des Malades aux Hôpitaux militaires.

M. le Maréchal de l'Empire Gouverneur de Paris, informé que les corps de la garnison, et particulièrement les 18.e régiment d'infanterie de ligne, 4.e et 10.e de Vétérans, envoient leurs malades beaucoup trop tard aux hôpitaux, ce qui a été cause que plusieurs sont morts dans les vingt-quatre heures de leur arrivée dans ces établissemens, et quelques-uns en moins de trois heures, invite les Chefs de corps à donner les ordres nécessaires pour qu'il soit apporté à l'avenir plus de célérité dans ces transports. Il ne doute point de leur empressement à prendre à cet égard toutes les mesures que l'humanité réclame.

L'Adjudant-commandant, Sous-chef de l'État-major général et du Gouvernement de Paris,

DOUCET.

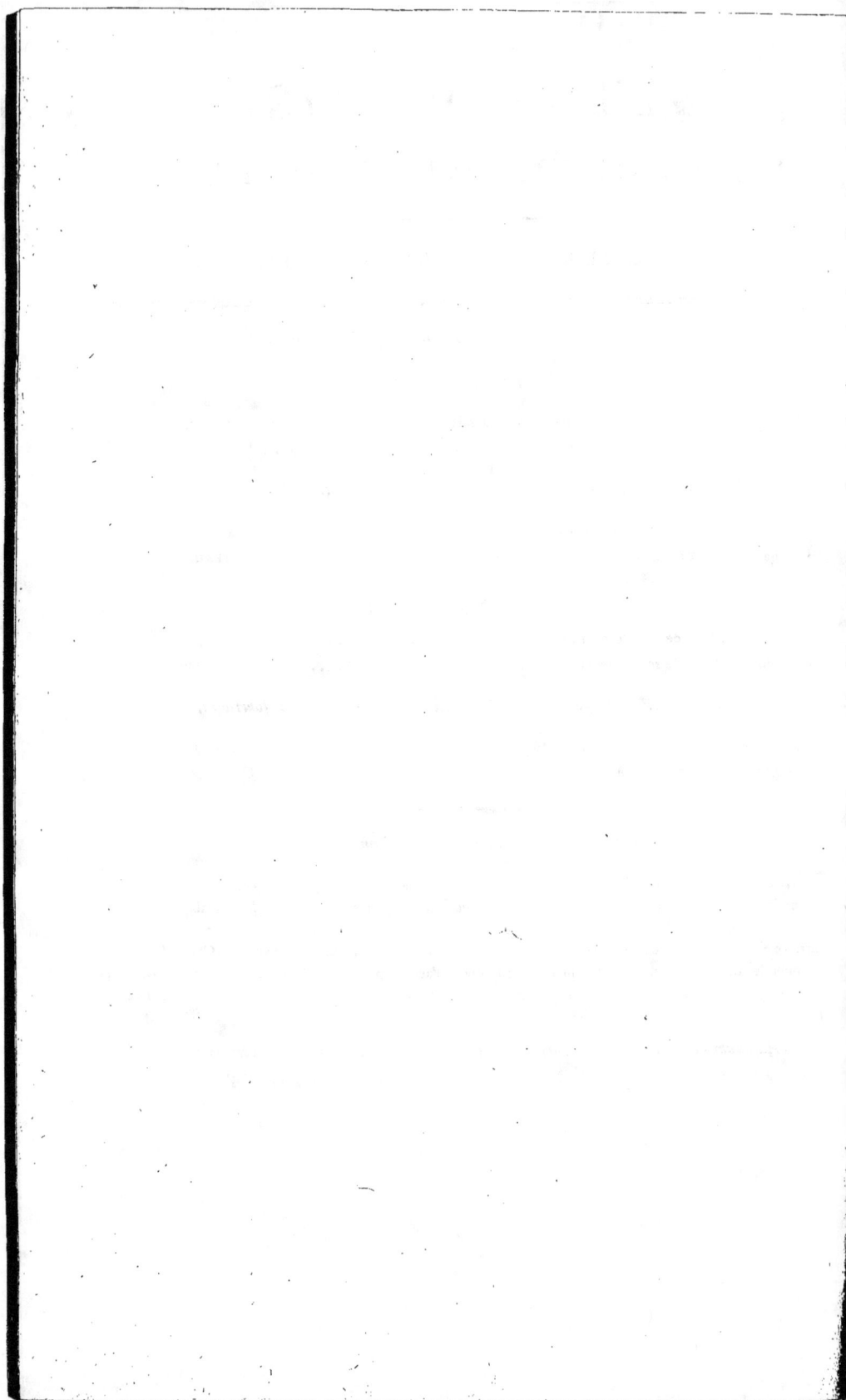

ÉTAT-MAJOR

DU GOUVERNEMENT DE PARIS.

ORDRE du 18 Messidor an 12.

SERVICE DE L'ÉTAT-MAJOR DU GOUVERNEMENT.

Du 18 au 19 Messidor.

Adjudant de Place de service à l'État-major général.................... CARON.
Adjudant de Place de ronde de nuit.................................... GRAILLARD.

Visite aux Casernes, Prisons, Hôpital, et distribution de fourrages.

Rive droite de la Seine : le Capitaine Adjudant de Place................. COTEAU.
Rive gauche : le Capitaine Adjudant de Place.......................... GRAILLARD.

Du 19 au 20 Messidor.

Adjudant de Place de service à l'Etat-major général.................... VILLERS.
Adjudant de Place de ronde de nuit.................................... SANSON.

Visite aux Casernes, Prisons, Hôpital, et distribution de fourrages.

Rive droite de la Seine : le Capitaine Adjudant de Place................. CORDIEZ.
Rive gauche : le Capitaine Adjudant de Place.......................... CARON.

Rien de nouveau.

Le Général de Brigade Chef de l'État-major général du Gouvernement et de la première Division militaire,

CÉSAR BERTHIER.

Pour copie conforme :

L'Adjudant-commandant, Sous-chef de l'État-major général et du Gouvernement de Paris,

DOUCET.

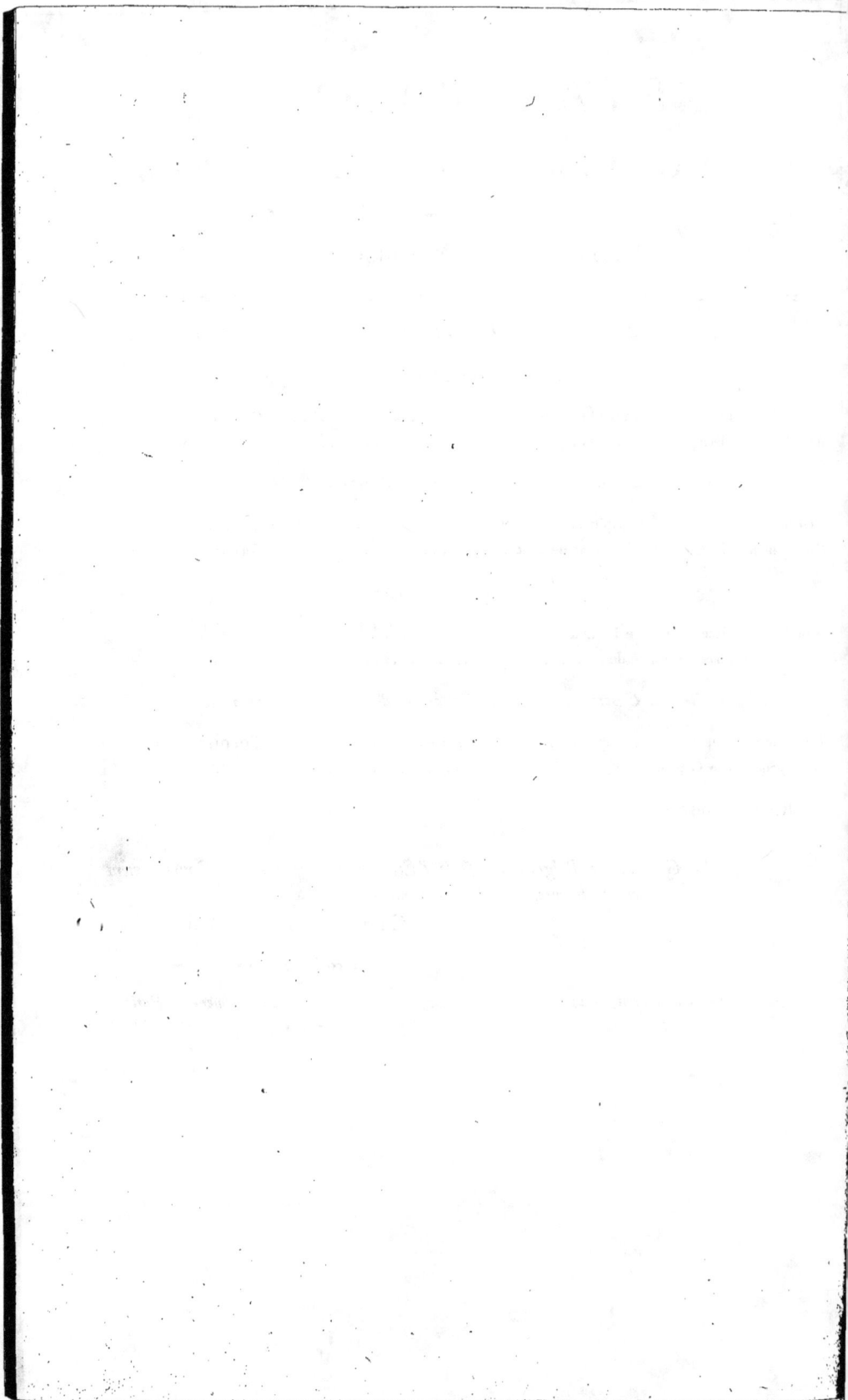

ÉTAT-MAJOR

DU GOUVERNEMENT DE PARIS.

ORDRE du 19 Messidor an 12.

SERVICE DE L'ÉTAT-MAJOR DU GOUVERNEMENT.

Du 19 au 20 Messidor.

Adjudant de Place de service à l'Etat-major général.................... VILLERS.
Adjudant de Place de ronde de nuit.................................... SANSON.

Visite aux Casernes, Prisons, Hôpital, et distribution de fourrages.

Rive droite de la Seine : le Capitaine Adjudant de Place................ CORDIEZ.
Rive gauche : le Capitaine Adjudant de Place........................... CARON.

Du 20 au 21 Messidor.

Adjudant de Place de service à l'État-major général.................... GRAILLARD.
Adjudant de Place de ronde de nuit..................................... VIART.

Visite aux Casernes, Prisons, Hôpital, et distribution de fourrages.

Rive droite de la Seine : le Capitaine Adjudant de Place................ CARON.
Rive gauche : le Capitaine Adjudant de Place........................... VILLERS.

Rien de nouveau.

Le Général de Brigade Chef de l'État-major général du Gouvernement et de la première Division militaire,

CÉSAR BERTHIER.

Pour copie conforme :

L'Adjudant-commandant, Sous-chef de l'État-major général du Gouvernement de Paris et de la première Division militaire,

DOUCET.

ÉTAT-MAJOR
DU GOUVERNEMENT DE PARIS.

ORDRE du 20 Messidor an 12.

SERVICE DE L'ÉTAT-MAJOR DU GOUVERNEMENT.

Du 20 au 21 Messidor.

Adjudant de Place de service à l'État-major général...................... GRAILLARD.
Adjudant de Place de ronde de nuit.............................. VIART.

Visite aux Casernes, Prisons, Hôpital, et distribution de fourrages.

Rive droite de la Seine : le Capitaine Adjudant de Place................. CARON.
Rive gauche : le Capitaine Adjudant de Place....................... VILLERS.

Du 21 au 22 Messidor.

Adjudant de Place de service à l'Etat-major général...................... SANSON.
Adjudant de Place de ronde de nuit.............................. COTEAU.

Visite aux Casernes, Prisons, Hôpital, et distribution de fourrages.

Rive droite de la Seine : le Capitaine Adjudant de Place................. VILLERS.
Rive gauche : le Capitaine Adjudant de Place....................... GRAILLARD.

Rien de nouveau.

Le Général de Brigade Chef de l'État-major général du Gouvernement et de la première Division militaire,

CÉSAR BERTHIER.

Pour copie conforme :

L'Adjudant-commandant, Sous-chef de l'État-major général du Gouvernement de Paris et de la première Division militaire,

DOUCET.

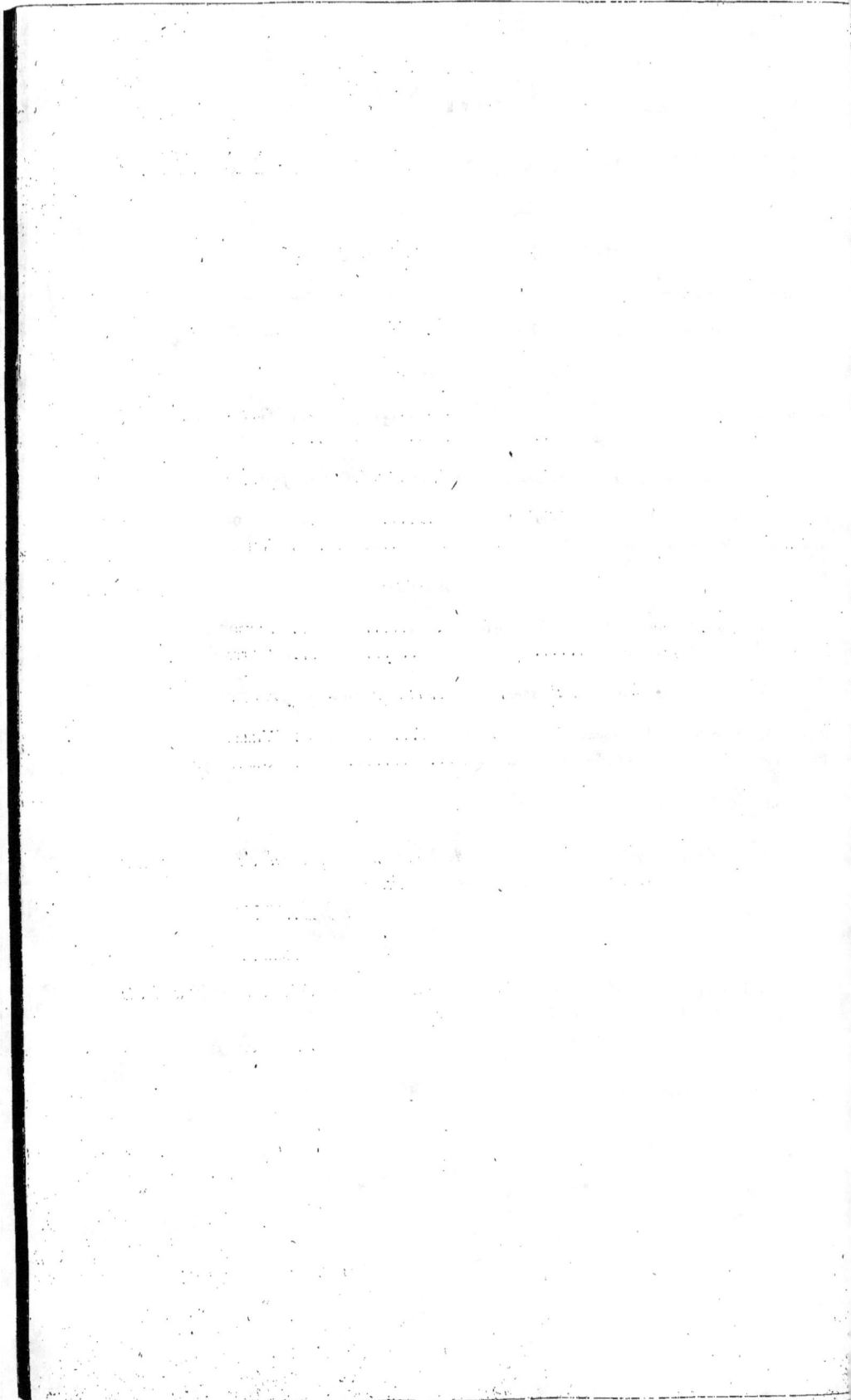

ÉTAT-MAJOR
DU GOUVERNEMENT DE PARIS.

ORDRE du 21 Messidor an 12.

SERVICE DE L'ÉTAT-MAJOR DU GOUVERNEMENT.

Du 21 au 22 Messidor.

Adjudant de Place de service à l'Etat-major général.................... SANSON,
Adjudant de Place de ronde de nuit.................................... COTEAU,

Visite aux Casernes, Prisons, Hôpital, et distribution de fourrages.

Rive droite de la Seine : le Capitaine Adjudant de Place.................. VILLERS.
Rive gauche : le Capitaine Adjudant de Place........................... GRAILLARD,

Du 22 au 23 Messidor.

Adjudant de Place de service à l'État-major général.................... COTEAU,
Adjudant de Place de ronde de nuit.................................... CORDIEZ,

Visite aux Casernes, Prisons, Hôpital, et distribution de fourrages.

Rive droite de la Seine : le Capitaine Adjudant de Place.................. GRAILLARD,
Rive gauche : le Lieutenant Adjudant de Place.......................... SANSON.

Rien de nouveau.

Le Général de Brigade Chef de l'État-major général du Gouvernement de Paris et de la première Division militaire,

CÉSAR BERTHIER.

Pour copie conforme :

L'Adjudant-commandant, Sous-chef de l'État-major général du Gouvernement de Paris et de la première Division militaire,

DOUCET.

ÉTAT-MAJOR

DU GOUVERNEMENT DE PARIS.

ORDRE du 22 Messidor an 12.

SERVICE DE L'ÉTAT-MAJOR DU GOUVERNEMENT.

Du 22 au 23 Messidor.

Adjudant de Place de service à l'État-major général........................ COTEAU.
Adjudant de Place de ronde de nuit.. CORDIEZ.

Visite aux Casernes, Prisons, Hôpital, et distribution de fourrages.

Rive droite de la Seine : le Capitaine Adjudant de Place.................. CORDIEZ.
Rive gauche : le Lieutenant Adjudant de Place............................. SANSON.

Du 23 au 24 Messidor.

Adjudant de Place de service à l'Etat-major général....................... CORDIEZ.
Adjudant de Place de ronde de nuit.. CARON.

Visite aux Casernes, Prisons, Hôpital, et distribution de fourrages.

Rive droite de la Seine : le Lieutenant Adjudant de Place.................. SANSON.
Rive gauche : le Capitaine Adjudant de Place.............................. COTEAU.

Nomination.

Sa Majesté l'Empereur des Français a élevé, par son arrêté en date du 4 du présent mois, au grade de Chef de Bataillon, M. *Laborde*, l'un des Capitaines Adjudans de cette place, et ordonné qu'il continuerait son service d'Officier de l'état-major du Gouvernement de Paris, dans ce grade.

Les Autorités Civiles et Militaires sont invitées à le reconnaître en ladite qualité.

Le Général de Brigade Chef de l'État-major général du Gouvernement de Paris et de la première Division militaire,

CÉSAR BERTHIER.

Pour copie conforme :

L'Adjudant-commandant, Sous-chef de l'État-major général du Gouvernement de Paris et de la première Division militaire,

DOUCET.

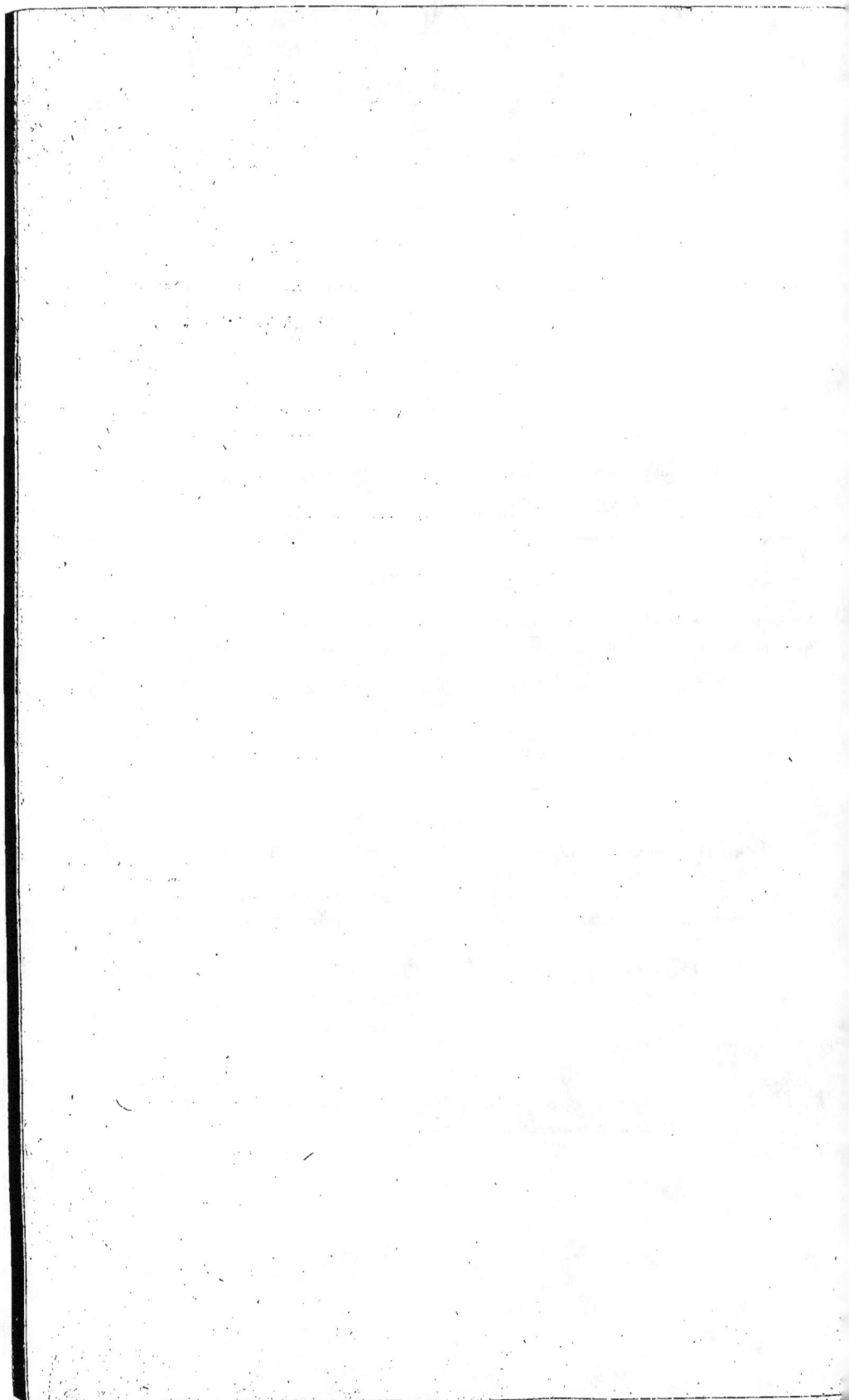

ÉTAT-MAJOR
DU GOUVERNEMENT DE PARIS.

ORDRE du 23 Messidor an 12.

SERVICE DE L'ÉTAT-MAJOR DU GOUVERNEMENT.

Du 23 au 24 Messidor.

Adjudant de Place de service à l'Etat-major général .... CORDIEZ.
Adjudant de Place de ronde de nuit .... CARON.

Visite aux Casernes, Prisons, Hôpital, et distribution de fourrages.

Rive droite de la Seine : le Lieutenant Adjudant de Place .... SANSON.
Rive gauche : le Capitaine Adjudant de Place .... COTEAU.

Du 24 au 25 Messidor.

Adjudant de Place de service à l'État-major général .... CARON.
Adjudant de Place de ronde de nuit .... VILLERS.

Visite aux Casernes, Prisons, Hôpital, et distribution de fourrages.

Rive droite de la Seine : le Capitaine Adjudant de Place .... VIART.
Rive gauche : le Capitaine Adjudant de Place .... CORDIEZ.

Rien de nouveau.

L'Adjudant-commandant, Sous-chef de l'État-major général du Gouvernement de Paris et de la première Division militaire,

DOUCET.

ÉTAT-MAJOR
DU GOUVERNEMENT DE PARIS.

ORDRE du 24 Messidor an 12.

SERVICE DE L'ÉTAT-MAJOR DU GOUVERNEMENT.

Du 24 au 25 Messidor.

Adjudant de Place de service à l'État-major général........................ CARON.
Adjudant de Place de ronde de nuit.. VILLERS.

Visite aux Casernes, Prisons, Hôpital, et distribution de fourrages.

Rive droite de la Seine : le Capitaine Adjudant de Place.................. VIART.
Rive gauche : le Capitaine Adjudant de Place.............................. CORDIEZ.

Du 25 au 26 Messidor.

Adjudant de Place de service à l'Etat-major général....................... VILLERS.
Adjudant de Place de ronde de nuit.. GRAILLARD.

Visite aux Casernes, Prisons, Hôpital, et distribution de fourrages.

Rive droite de la Seine : le Capitaine Adjudant de Place.................. COTEAU.
Rive gauche : le Capitaine Adjudant de Place.............................. CARON.

Rien de nouveau.

Le Général de Brigade Chef de l'État-major général du Gouvernement de Paris et de la première Division militaire,

CÉSAR BERTHIER.

Pour copie conforme :

L'Adjudant-commandant, Sous-chef de l'État-major général du Gouvernement de Paris et de la première Division militaire,

DOUCET.

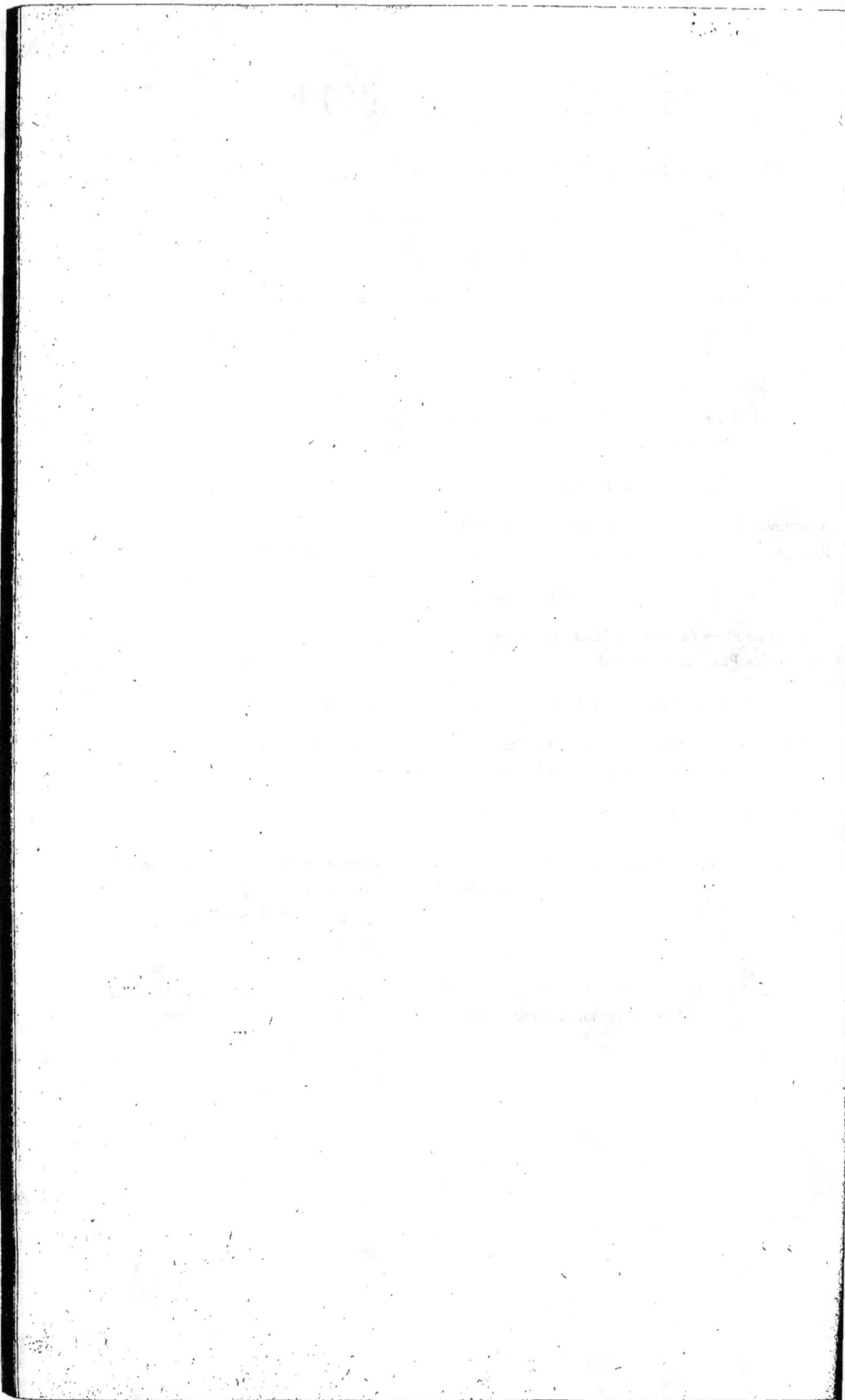

ÉTAT-MAJOR
DU GOUVERNEMENT DE PARIS.

ORDRE du 25 Messidor an 12.

SERVICE DE L'ÉTAT-MAJOR DU GOUVERNEMENT.

Du 25 au 26 Messidor.

Adjudant de Place de service à l'Etat-major général........................ VILLERS.
Adjudant de Place de ronde de nuit.. GRAILLARD.

Visite aux Casernes, Prisons, Hôpital, et distribution de fourrages.

Rive droite de la Seine : le Capitaine Adjudant de Place................ COTEAU.
Rive gauche : le Capitaine Adjudant de Place............................ CARON.

Du 26 au 27 Messidor.

Adjudant de Place de service à l'État-major général........................ GRAILLARD.
Adjudant de Place de ronde de nuit.. SANSON.

Visite aux Casernes, Prisons, Hôpital, et distribution de fourrages.

Rive droite de la Seine : le Capitaine Adjudant de Place................ CORDIEZ.
Rive gauche : le Capitaine Adjudant de Place............................ VILLERS.

Rien de nouveau.

Le Général de Brigade Chef de l'État-major général du Gouvernement de Paris et de la première Division militaire,

CÉSAR BERTHIER.

Pour copie conforme :

L'Adjudant-commandant, Sous-chef de l'État-major général du Gouvernement de Paris et de la première Division militaire,

DOUCET.

ÉTAT-MAJOR
DU GOUVERNEMENT DE PARIS.

ORDRE du 26 Messidor an 12.

SERVICE DE L'ÉTAT-MAJOR DU GOUVERNEMENT.

Du 26 au 27 Messidor.

Adjudant de Place de service à l'État-major général.......................... GRAILLARD.
Adjudant de Place de ronde de nuit.. SANSON.

Visite aux Casernes, Prisons, Hôpital, et distribution de fourrages.

Rive droite de la Seine : le Capitaine Adjudant de Place.................. CORDIEZ.
Rive gauche : le Capitaine Adjudant de Place.............................. VILLERS.

Du 27 au 28 Messidor.

Adjudant de Place de service à l'Etat-major général.......................... SANSON.
Adjudant de Place de ronde de nuit.. VIART.

Visite aux Casernes, Prisons, Hôpital, et distribution de fourrages.

Rive droite de la Seine : le Capitaine Adjudant de Place.................. CARON.
Rive gauche : le Capitaine Adjudant de Place.............................. GRAILLARD.

Rien de nouveau.

Le Général de Brigade Chef de l'État-major général du Gouvernement de Paris et de la première Division militaire,

CÉSAR BERTHIER.

Pour copie conforme :

L'Adjudant-commandant, Sous-chef de l'État-major général du Gouvernement de Paris et de la première Division militaire,

DOUCET.

ÉTAT-MAJOR

DU GOUVERNEMENT DE PARIS.

ORDRE du 27 Messidor an 12.

SERVICE DE L'ÉTAT-MAJOR DU GOUVERNEMENT.

Du 27 au 28 Messidor.

Adjudant de Place de service à l'Etat-major général.................... SANSON.
Adjudant de Place de ronde de nuit.................................... VIART.

Visite aux Casernes, Prisons, Hôpital, et distribution de fourrages.

Rive droite de la Seine : le Capitaine Adjudant de Place................ CARON.
Rive gauche : le Capitaine Adjudant de Place.......................... GRAILLARD.

Du 28 au 29 Messidor.

Adjudant de Place de service à l'État-major général.................... COTEAU.
Adjudant de Place de ronde de nuit.................................... CORDIEZ.

Visite aux Casernes, Prisons, Hôpital, et distribution de fourrages.

Rive droite de la Seine : le Capitaine Adjudant de Place................ VILLERS.
Rive gauche : le Lieutenant Adjudant de Place.......................... SANSON.

Rien de nouveau.

Le Général de Brigade Chef de l'État-major général du Gouvernement de Paris et de la première Division militaire,

CÉSAR BERTHIER.

Pour copie conforme :

L'Adjudant-commandant, Sous-chef de l'État-major général du Gouvernement de Paris et de la première Division militaire,

DOUCET.

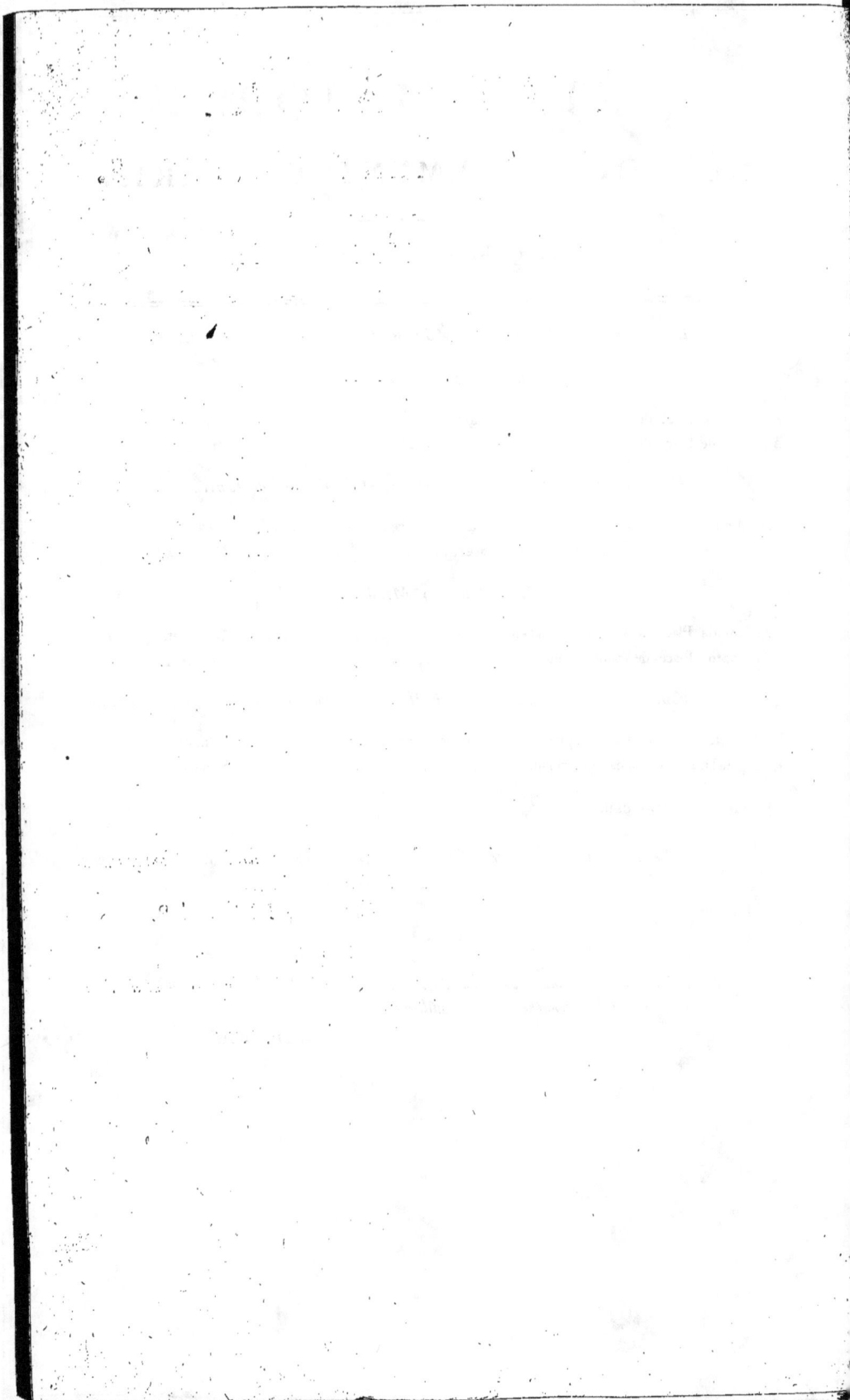

ÉTAT-MAJOR

DU GOUVERNEMENT DE PARIS.

ORDRE du 28 Messidor an 12.

SERVICE DE L'ÉTAT-MAJOR DU GOUVERNEMENT.

Du 28 au 29 Messidor.

djudant de Place de service à l'État-major général...................... COTEAU.
djudant de Place de ronde de nuit................................ CORDIEZ.

Visite aux Casernes, Prisons, Hôpital, et distribution de fourrages.

ive droite de la Seine : le Capitaine Adjudant de Place................. VILLERS.
ive gauche : le Lieutenant Adjudant de Place......................... SANSON.

Du 29 au 30 Messidor.

djudant de Place de service à l'Etat-major général...................... CORDIEZ.
djudant de Place de ronde de nuit................................ CARON.

Visite aux Casernes, Prisons, Hôpital, et distribution de fourrages.

ive droite de la Seine : le Capitaine Adjudant de Place................. GRAILLARD.
ive gauche : le Capitaine Adjudant de Place.......................... COTEAU.

Rien de nouveau.

L'Adjudant-commandant, Sous-chef de l'État-major général du Gouvernement de Paris et de la première Division militaire,

DOUCET.

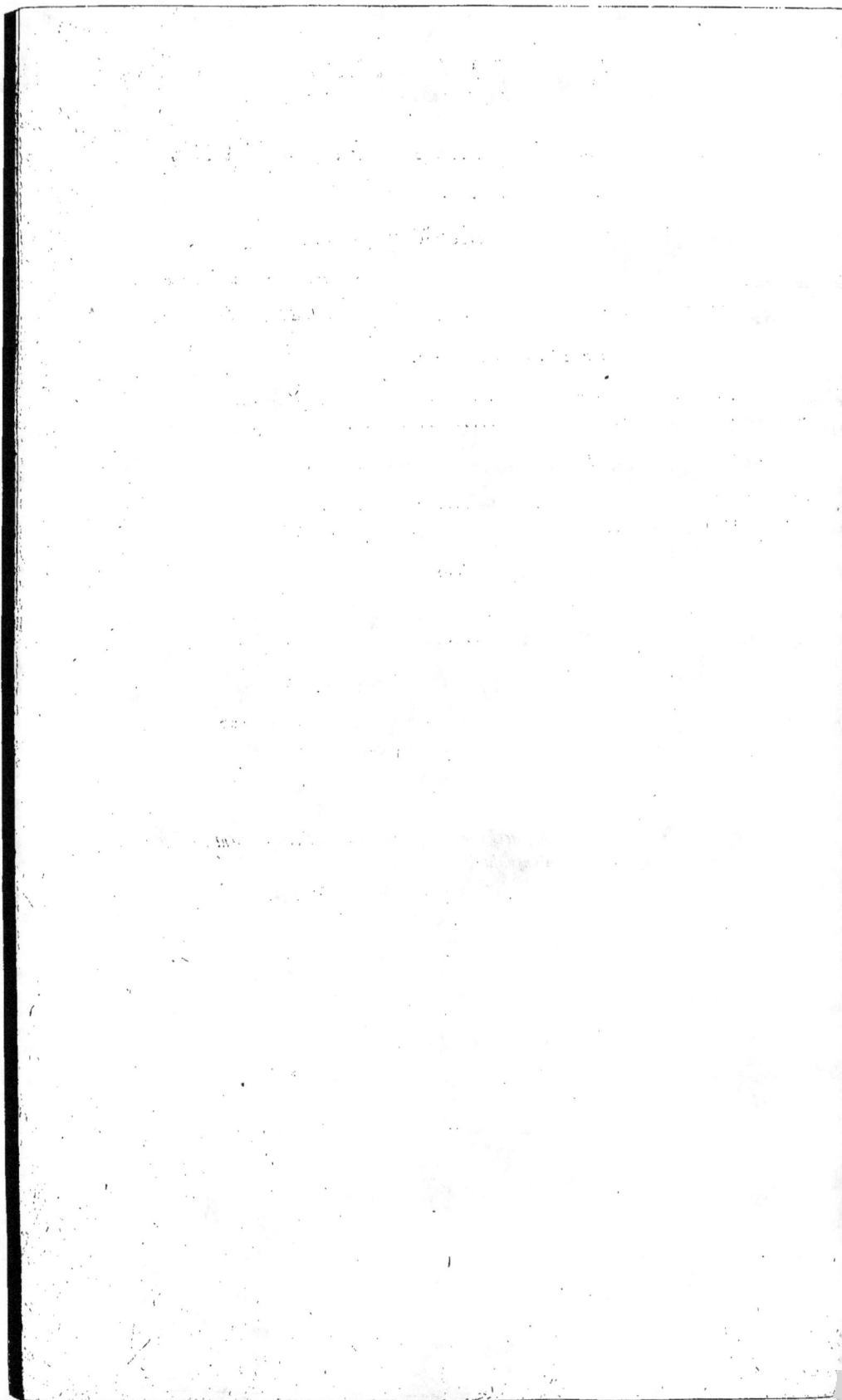

ÉTAT-MAJOR
DU GOUVERNEMENT DE PARIS.

ORDRE du 29 Messidor an 12.

SERVICE DE L'ÉTAT-MAJOR DU GOUVERNEMENT.

Du 29 au 30 Messidor.

Adjudant de Place de service à l'Etat-major général.................... CORDIEZ.
Adjudant de Place de ronde de nuit.................................... CARON.

Visite aux Casernes, Prisons, Hôpital, et distribution de fourrages.

Rive droite de la Seine : le Capitaine Adjudant de Place.................. VILLERS.
Rive gauche : le Lieutenant Adjudant de Place.......................... SANSON.

Du 30 Messidor au 1.er Thermidor.

Adjudant de Place de service à l'État-major général.................... CARON.
Adjudant de Place de ronde de nuit.................................... COTEAU.

Visite aux Casernes, Prisons, Hôpital, et distribution de fourrages.

Rive droite de la Seine : le Lieutenant Adjudant de Place.................. SANSON.
Rive gauche : le Capitaine Adjudant de Place............................ CORDIEZ.

Rien de nouveau.

Le Général de Brigade Chef de l'État-major général du Gouvernement de Paris et de la première Division militaire,

CÉSAR BERTHIER.

Pour copie conforme :

L'Adjudant-commandant, Sous-chef de l'État-major général du Gouvernement de Paris et de la première Division militaire,

DOUCET.

[illegible]

[illegible]

[illegible]

ÉTAT-MAJOR
DU GOUVERNEMENT DE PARIS.

ORDRE du 30 Messidor an 12.

SERVICE DE L'ÉTAT-MAJOR DU GOUVERNEMENT.

Du 30 Messidor au 1.er Thermidor.

Adjudant de Place de service à l'État-major général........................ CARON.
Adjudant de Place de ronde de nuit.. COTEAU.

Visite aux Casernes, Prisons, Hôpital, et distribution de fourrages.

Rive droite de la Seine : le Lieutenant Adjudant de Place................. SANSON.
Rive gauche : le Capitaine Adjudant de Place.............................. CORDIEZ.

Du 1.er au 2 Thermidor.

Adjudant de Place de service à l'Etat-major général....................... VILLERS.
Adjudant de Place de ronde de nuit.. CORDIEZ.

Visite aux Casernes, Prisons, Hôpital, et distribution de fourrages.

Rive droite de la Seine : le Capitaine Adjudant de Place.................. VIART.
Rive gauche : le Capitaine Adjudant de Place.............................. CARON.

Rien de nouveau.

Le Général de Brigade Chef de l'État-major général du Gouvernement de Paris et de la première Division militaire,

CÉSAR BERTHIER.

Pour copie conforme :

L'Adjudant-commandant, Sous-chef de l'État-major général du Gouvernement de Paris et de la première Division militaire,

DOUCET.

ÉTAT-MAJOR
DU GOUVERNEMENT DE PARIS.

ORDRE du 1.er Thermidor an 12.

SERVICE DE L'ÉTAT-MAJOR DU GOUVERNEMENT.

Du 1.er au 2 Thermidor.

Adjudant de Place de service à l'Etat-major général........................ VILLERS.
Adjudant de Place de ronde de nuit.................................... CORDIEZ.

Visite aux Casernes, Prisons, Hôpital, et distribution de fourrages.

Rive droite de la Seine : le Capitaine Adjudant de Place.................. VIART.
Rive gauche : le Capitaine Adjudant de Place.......................... CARON.

Du 2 au 3 Thermidor.

Adjudant de Place de service à l'État-major général...................... GRAILLARD.
Adjudant de Place de ronde de nuit.................................... CARON.

Visite aux Casernes, Prisons, Hôpital, et distribution de fourrages.

Rive droite de la Seine : le Capitaine Adjudant de Place.................. COTEAU.
Rive gauche : le Capitaine Adjudant de Place.......................... VILLERS.

Monsieur le Maréchal de l'Empire Gouverneur de Paris a ordonné que M. *Launée*, Adjudant-Lieutenant près le troisième arrondissement de Paris, cesserait ses fonctions à compter de ce jour.

Le Général de Brigade Chef de l'État-major général du Gouvernement de Paris et de la première Division militaire,

CÉSAR BERTHIER.

Pour copie conforme :

L'Adjudant-commandant, Sous-chef de l'État-major général du Gouvernement de Paris et de la première Division militaire,

DOUCET.

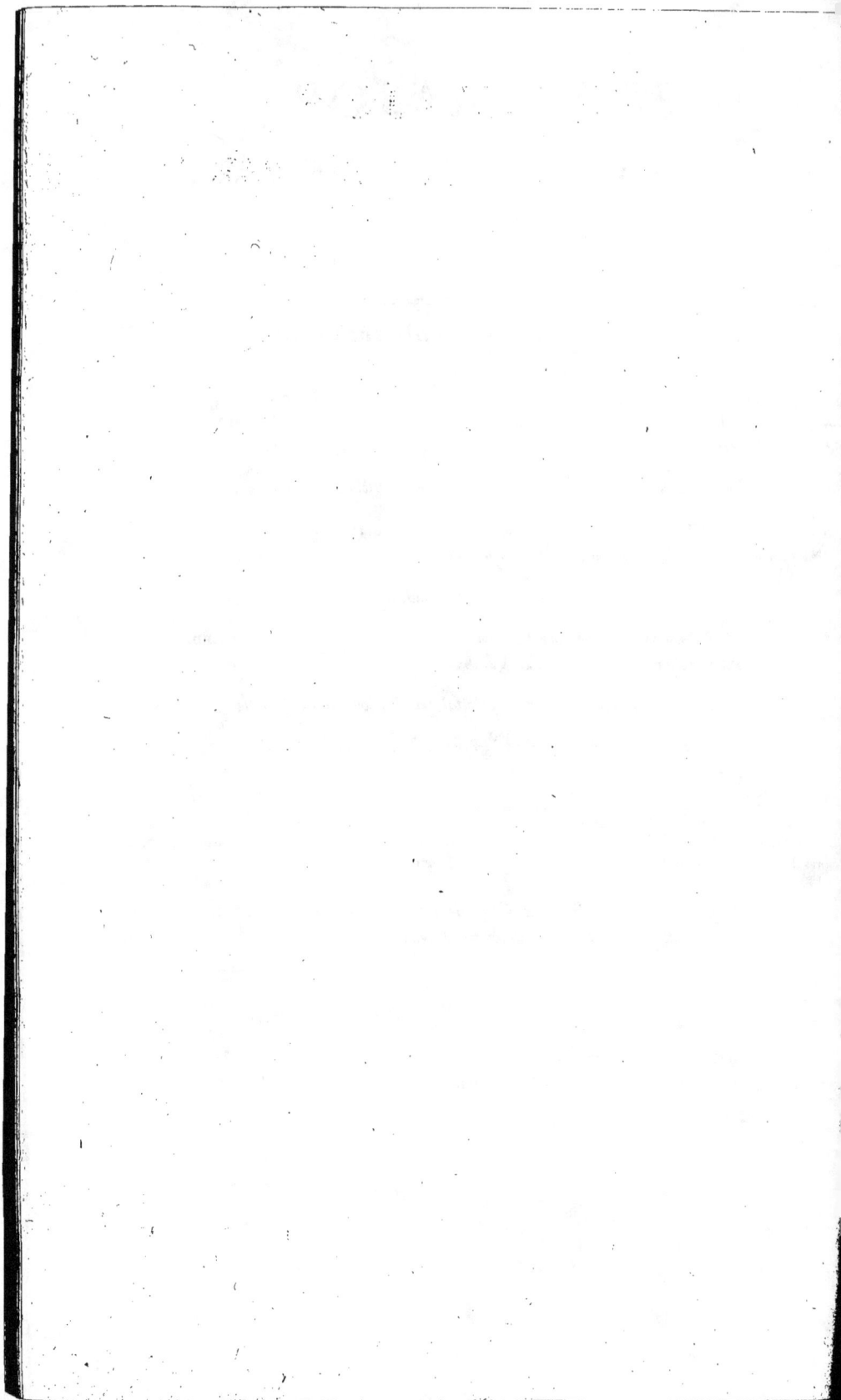

ÉTAT-MAJOR

DU GOUVERNEMENT DE PARIS.

ORDRE du 2 Thermidor an 12.

SERVICE DE L'ÉTAT-MAJOR DU GOUVERNEMENT.

Du 2 au 3 Thermidor.

Adjudant de Place de service à l'État-major général...................... GRAILLARD.

Adjudant de Place de ronde de nuit.................................. CARON.

Visite aux Casernes, Prisons, Hôpital, et distribution de fourrages.

Rive droite de la Seine : le Capitaine Adjudant de Place................. COTEAU.

Rive gauche : le Capitaine Adjudant de Place.......................... VILLERS.

Du 3 au 4 Thermidor.

Adjudant de Place de service à l'Etat-major général...................... SANSON.

Adjudant de Place de ronde de nuit.................................. VILLERS.

Visite aux Casernes, Prisons, Hôpital, et distribution de fourrages.

Rive droite de la Seine : le Capitaine Adjudant de Place................. CORDIEZ.

Rive gauche : le Capitaine Adjudant de Place.......................... GRAILLARD.

Nomination.

Monsieur le Maréchal de l'Empire Gouverneur de Paris a nommé M. Armand *Jussemann*, Capitaine réformé des Chasseurs à cheval de la légion des Francs, à l'emploi de Lieutenant-Adjudant près le troisième arrondissement de Paris.

Le Général de Brigade Chef de l'État-major général du Gouvernement de Paris et de la première Division militaire,

CÉSAR BERTHIER.

Pour copie conforme :

L'Adjudant-commandant, Sous-chef de l'État-major général du Gouvernement de Paris et de la première Division militaire,

DOUCET.

ÉTAT-MAJOR
DU GOUVERNEMENT DE PARIS.

ORDRE du 3 Thermidor an 12.

SERVICE DE L'ÉTAT-MAJOR DU GOUVERNEMENT.

Du 3 au 4 Thermidor.

Adjudant de Place de service à l'Etat-major général........................ SANSON.
Adjudant de Place de ronde de nuit.................................... VILLERS.

Visite aux Casernes, Prisons, Hôpital, et distribution de fourrages.

Rive droite de la Seine : le Capitaine Adjudant de Place................ CORDIEZ.
Rive gauche : le Capitaine Adjudant de Place.......................... GRAILLARD.

Du 4 au 5 Thermidor.

Adjudant de Place de service à l'État-major général....................... COTEAU.
Adjudant de Place de ronde de nuit.................................... VIART.

Visite aux Casernes, Prisons, Hôpital, et distribution de fourrages.

Rive droite de la Seine : le Capitaine Adjudant de Place................. CARON.
Rive gauche : le Lieutenant Adjudant de Place......................... SANSON.

Rien de nouveau.

Le Général de Brigade Chef de l'État-major général du Gouvernement de Paris et de la première Division militaire,

CÉSAR BERTHIER.

Pour copie conforme :

L'Adjudant-commandant, Sous-chef de l'État-major général du Gouvernement de Paris et de la première Division militaire,

DOUCET.

ÉTAT-MAJOR
DU GOUVERNEMENT DE PARIS.

ORDRE du 4 Thermidor an 12.

SERVICE DE L'ÉTAT-MAJOR DU GOUVERNEMENT.

Du 4 au 5 Thermidor.

Adjudant de Place de service à l'État-major général........................ COTEAU.
Adjudant de Place de ronde de nuit.................................... VIART.

Visite aux Casernes, Prisons, Hôpital, et distribution de fourrages.

Rive droite de la Seine : le Capitaine Adjudant de Place................. CARON.
Rive gauche : le Lieutenant Adjudant de Place .... SANSON.

Du 5 au 6 Thermidor.

Adjudant de Place de service à l'Etat-major général....................... CORDIEZ.
Adjudant de Place de ronde de nuit..................................... CARON.

Visite aux Casernes, Prisons, Hôpital, et distribution de fourrages.

Rive droite de la Seine : le Capitaine Adjudant de Place................ VILLERS.
Rive gauche : le Capitaine Adjudant de Place.......................... COTEAU.

Rien de nouveau.

Le Général de Brigade Chef de l'État-major général du Gouvernement de Paris et de la première Division militaire,

CÉSAR BERTHIER.

Pour copie conforme :

L'Adjudant-commandant, Sous-chef de l'État-major général du Gouvernement de Paris et de la première Division militaire,

DOUCET.

ÉTAT-MAJOR
DU GOUVERNEMENT DE PARIS.

ORDRE du 5 Thermidor an 12.

SERVICE DE L'ÉTAT-MAJOR DU GOUVERNEMENT.

Du 5 au 6 Thermidor.

Adjudant de Place de service à l'Etat-major général...................... CORDIEZ.
Adjudant de Place de ronde de nuit...................................... CARON.

Visite aux Casernes, Prisons, Hôpital, et distribution de fourrages.

Rive droite de la Seine : l'Adjudant de Place........................... VILLERS.
Rive gauche : l'Adjudant de Place....................................... COTEAU.

Du 6 au 7 Thermidor.

Adjudant de Place de service à l'État-major général...................... CARON.
Adjudant de Place de ronde de nuit...................................... COTEAU.

Visite aux Casernes, Prisons, Hôpital, et distribution de fourrages.

Rive droite de la Seine : l'Adjudant de Place........................... GRAILLARD.
Rive gauche : l'Adjudant de Place....................................... CORDIEZ.

Nomination.

M. le Maréchal de l'Empire Gouverneur de Paris a nommé M. *Joseph Rajaut*, Capitaine d'artillerie réformé, à l'emploi de Lieutenant Adjudant près le 9.e arrondissement de cette ville.

Le Général de Brigade Chef de l'État-major général du Gouvernement de Paris et de la première Division militaire,

CÉSAR BERTHIER.

Pour copie conforme :

L'Adjudant-commandant, Sous-chef de l'État-major général du Gouvernement de Paris et de la première Division militaire,

DOUCET.

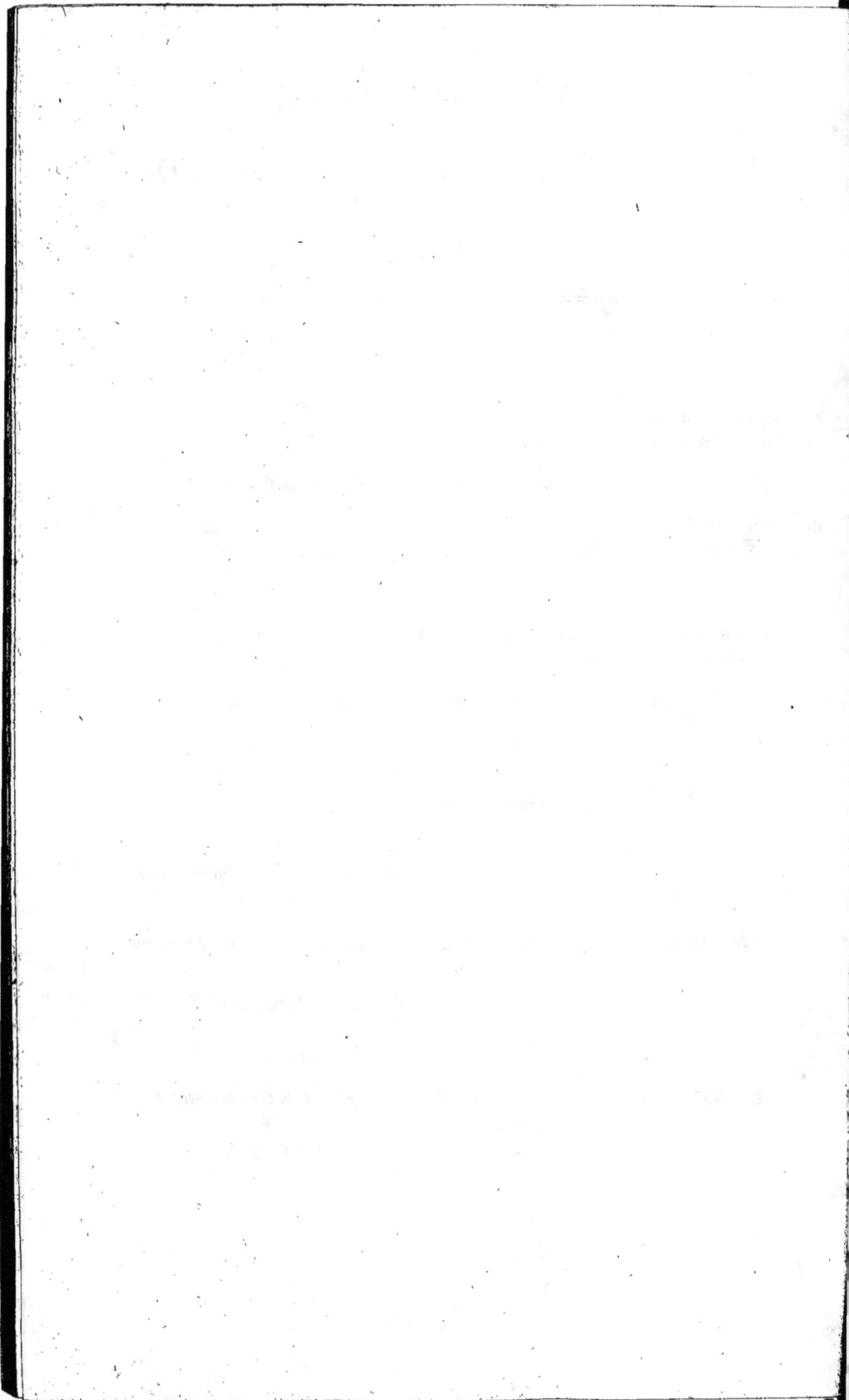

ÉTAT-MAJOR
DU GOUVERNEMENT DE PARIS.

ORDRE du 6 Thermidor an 12.

SERVICE DE L'ÉTAT-MAJOR DU GOUVERNEMENT.

Du 6 au 7 Thermidor.

Adjudant de Place de service à l'État-major général........................ CARON.
Adjudant de Place de ronde de nuit.. COTEAU.

Visite aux Casernes, Prisons, Hôpital, et distribution de fourrages.

Rive droite de la Seine : le Capitaine Adjudant de Place.................. GRAILLARD.
Rive gauche : le Capitaine Adjudant de Place.............................. CORDIEZ.

Du 7 au 8 Thermidor.

Adjudant de Place de service à l'Etat-major général....................... VILLERS.
Adjudant de Place de ronde de nuit.. CORDIEZ.

Visite aux Casernes, Prisons, Hôpital, et distribution de fourrages.

Rive droite de la Seine : le Lieutenant Adjudant de Place................. SANSON.
Rive gauche : le Capitaine Adjudant de Place.............................. CARON.

Rien de nouveau.

Le Général de Brigade Chef de l'État-major général du Gouvernement de Paris et de la première Division militaire,

CÉSAR BERTHIER.

Pour copie conforme :

L'Adjudant-commandant, Sous-chef de l'État-major général du Gouvernement de Paris et de la première Division militaire,

DOUCET.

ÉTAT-MAJOR
DU GOUVERNEMENT DE PARIS.

ORDRE du 7 Thermidor an 12.

SERVICE DE L'ÉTAT-MAJOR DU GOUVERNEMENT.

Du 7 au 8 Thermidor.

Adjudant de Place de service à l'Etat-major général.................... VILLERS.
Adjudant de Place de ronde de nuit.................................... CORDIEZ.

Visite aux Casernes, Prisons, Hôpital, et distribution de fourrages.

Rive droite de la Seine : le Lieutenant Adjudant de Place................ SANSON.
Rive gauche : le Capitaine Adjudant de Place............................ CARON.

Du 8 au 9 Thermidor.

Adjudant de Place de service à l'État-major général.................... GRAILLARD.
Adjudant de Place de ronde de nuit.................................... CARON.

Visite aux Casernes, Prisons, Hôpital, et distribution de fourrages.

Rive droite de la Seine : le Capitaine Adjudant de Place................. VIART.
Rive gauche : le Capitaine Adjudant de Place............................ VILLERS.

Corvées.

Le 4.e Régiment d'Infanterie légère fournira, à compter de ce jour, jusqu'au six Fructidor prochain inclusivement, tous les hommes de Corvées nécessaires aux travaux du Dépôt central de l'artillerie, sur la réquisition particulière du Général *S.t Laurent*, Directeur dudit Dépôt.

Le Général de Brigade Chef de l'État-major général du Gouvernement de Paris et de la première Division militaire,

CÉSAR BERTHIER.

Pour copie conforme :

L'Adjudant-commandant, Sous-chef de l'État-major général du Gouvernement de Paris et de la première Division militaire,

DOUCET.

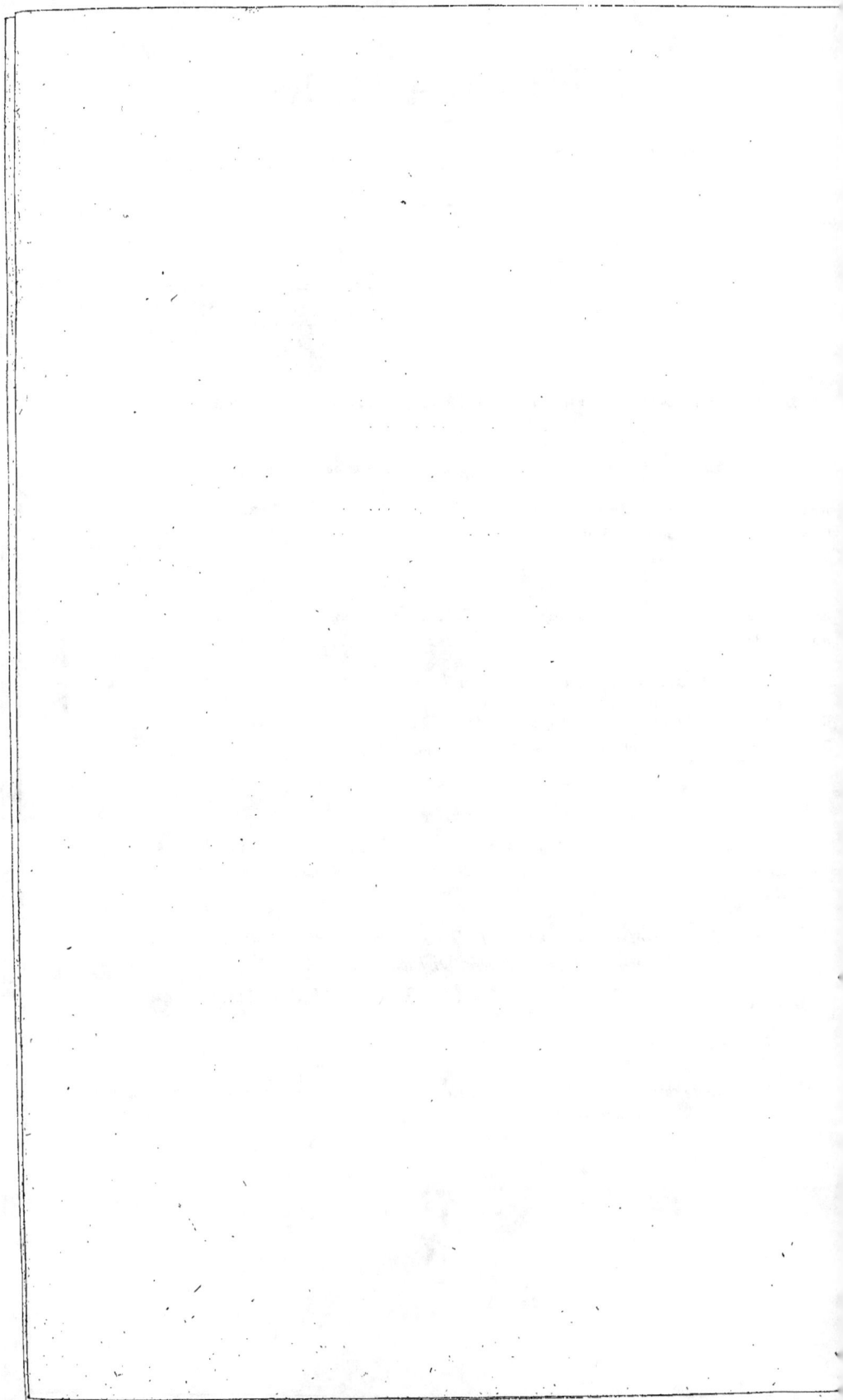

ÉTAT-MAJOR
DU GOUVERNEMENT DE PARIS.

ORDRE du 8 Thermidor an 12.

SERVICE DE L'ÉTAT-MAJOR DU GOUVERNEMENT.

Du 8 au 9 Thermidor.

Adjudant de Place de service à l'État-major général........................ GRAILLARD.
Adjudant de Place de ronde de nuit.................................... VILLERS.

Visite aux Casernes, Prisons, Hôpital, et distribution de fourrages.

Rive droite de la Seine : le Capitaine Adjudant de Place.................. VIART.
Rive gauche : le Capitaine Adjudant de Place............................ VILLERS.

Du 9 au 10 Thermidor.

Adjudant de Place de service à l'Etat-major général...................... SANSON.
Adjudant de Place de ronde de nuit..................................... GRAILLARD.

Visite aux Casernes, Prisons, Hôpital, et distribution de fourrages.

Rive droite de la Seine : le Capitaine Adjudant de Place................. COTEAU.
Rive gauche : le Capitaine Adjudant de Place........................... GRAILLARD.

Grandes Manœuvres.

A compter de vendredi prochain, 8 du courant, le 18.e Régiment d'Infanterie de ligne fournira, les jours de grandes manœuvres, deux Bataillons complétés à 700 hommes chacun, et le 4.e Régiment d'Infanterie légère, le même nombre de Bataillons, forts de 600 hommes chaque.

Conformément au Décret impérial en date du 22 Messidor dernier :

Dans tous les Corps employés dans la 1.re Division militaire, il sera donné la consigne à chaque Factionnaire de porter les armes aux Grands Officiers, Officiers et Membres de la Légion d'honneur, lorsqu'ils passeront décorés de l'étoile de cette Légion.

Les Chefs de corps tiendront la main à l'exécution de cette consigne.

Le Général de Brigade Chef de l'État-major général du Gouvernement de Paris et de la première Division militaire,

CÉSAR BERTHIER.

Pour copie conforme :

L'Adjudant-commandant, Sous-chef de l'État-major général du Gouvernement de Paris et de la première Division militaire,

DOUCET.

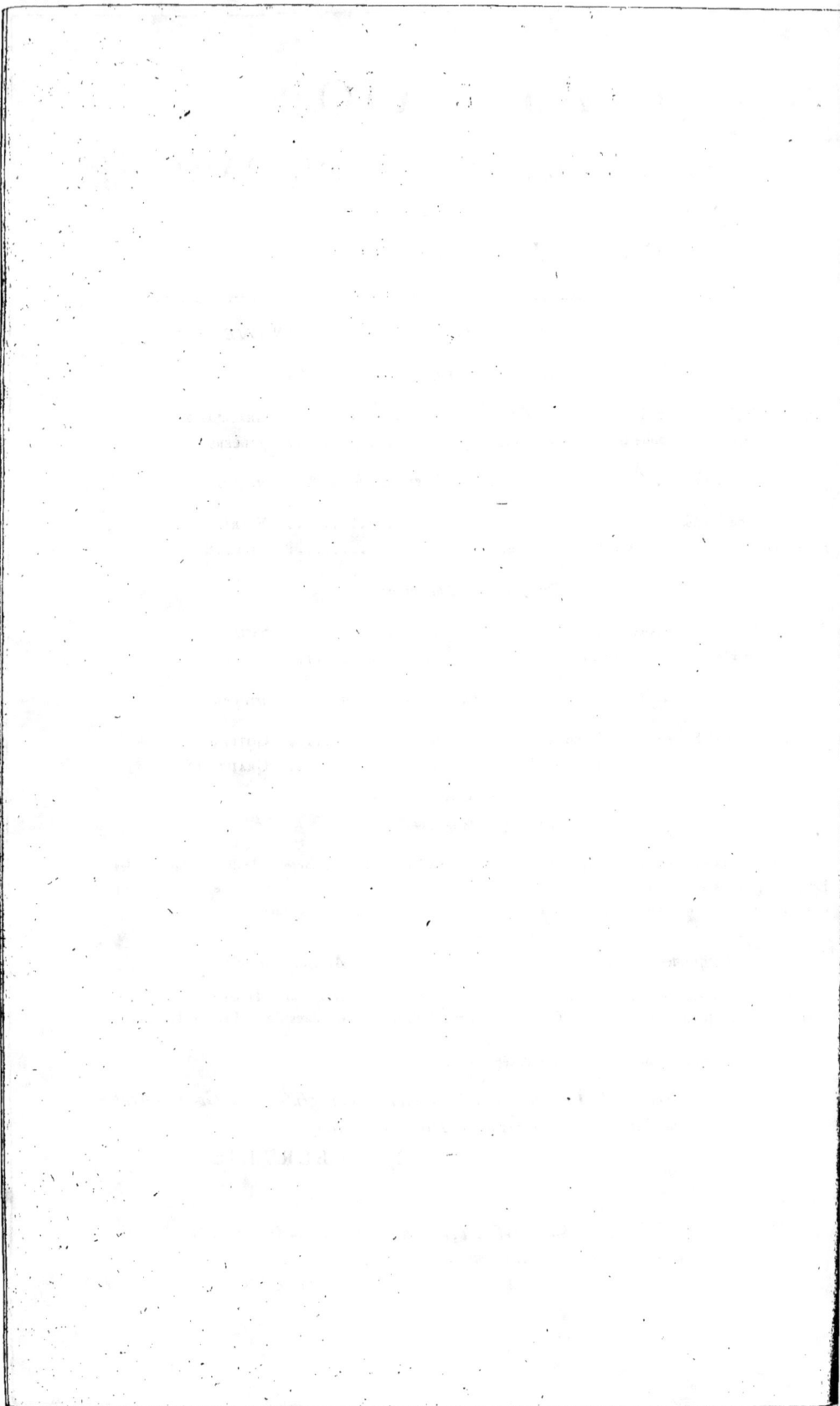

ÉTAT-MAJOR

DU GOUVERNEMENT DE PARIS.

ORDRE du 9 Thermidor an 12.

SERVICE DE L'ÉTAT-MAJOR DU GOUVERNEMENT.

Du 9 au 10 Thermidor.

Adjudant de Place de service à l'Etat-major général........................ SANSON.
Adjudant de Place de ronde de nuit.. GRAILLARD.

Visite aux Casernes, Prisons, Hôpital, et distribution de fourrages.

Rive droite de la Seine : le Capitaine Adjudant de Place................ COTEAU.
Rive gauche : le Capitaine Adjudant de Place.............................. GRAILLARD.

Du 10 au 11 Thermidor.

Adjudant de Place de service à l'État-major général........................ COTEAU.
Adjudant de Place de ronde de nuit.. VIART.

Visite aux Casernes, Prisons, Hôpital, et distribution de fourrages.

Rive droite de la Seine : le Capitaine Adjudant de Place................ CORDIEZ.
Rive gauche : le Lieutenant Adjudant de Place.............................. SANSON.

Rien de nouveau.

Le Général de Brigade Chef de l'État-major général du Gouvernement de Paris et de la première Division militaire,

CÉSAR BERTHIER.

Pour copie conforme :

L'Adjudant-commandant, Sous-chef de l'État-major général du Gouvernement de Paris et de la première Division militaire,

DOUCET.

ÉTAT-MAJOR

DU GOUVERNEMENT DE PARIS.

ORDRE du 10 Thermidor an 12.

SERVICE DE L'ÉTAT-MAJOR DU GOUVERNEMENT.

Du 10 au 11 Thermidor.

Adjudant de Place de service à l'État-major général...................... COTEAU.
Adjudant de Place de ronde de nuit.............................. VIART.

Visite aux Casernes, Prisons, Hôpital, et distribution de fourrages.

Rive droite de la Seine : le Capitaine Adjudant de Place................. CORDIEZ.
Rive gauche : le Lieutenant Adjudant de Place....................... SANSON.

Du 11 au 12 Thermidor.

Adjudant de Place de service à l'Etat-major général...................... CORDIEZ.
Adjudant de Place de ronde de nuit.............................. SANSON.

Visite aux Casernes, Prisons, Hôpital, et distribution de fourrages.

Rive droite de la Seine : le Capitaine Adjudant de Place................. CARON.
Rive gauche : le Capitaine Adjudant de Place.:...................... COTEAU.

Rien de nouveau.

Le Général de Brigade Chef de l'État-major général du Gouvernement de Paris et de la première Division militaire,

CÉSAR BERTHIER.

Pour copie conforme :

L'Adjudant-commandant, Sous-chef de l'État-major général du Gouvernement de Paris et de la première Division militaire,

DOUCET.

ÉTAT-MAJOR
DU GOUVERNEMENT DE PARIS.

ORDRE du 11 Thermidor an 12.

SERVICE DE L'ÉTAT-MAJOR DU GOUVERNEMENT.

Du 11 au 12 Thermidor.

Adjudant de Place de service à l'État-major général........................ CORDIEZ.
Adjudant de Place de ronde de nuit.. SANSON.

Visite aux Casernes, Prisons, Hôpital, et distribution de fourrages.

Rive droite de la Seine : le Capitaine Adjudant de Place.................. CARON.
Rive gauche : le Capitaine Adjudant de Place.............................. COTEAU.

Du 12 au 13 Thermidor.

Adjudant de Place de service à l'Etat-major général....................... CARON.
Adjudant de Place de ronde de nuit.. COTEAU.

Visite aux Casernes, Prisons, Hôpital, et distribution de fourrages.

Rive droite de la Seine : le Capitaine Adjudant de Place.................. VILLERS.
Rive gauche : le Capitaine Adjudant de Place.............................. CORDIEZ.

Rien de nouveau.

Le Général de Brigade Chef de l'État-major général du Gouvernement de Paris et de la première Division militaire,

CÉSAR BERTHIER.

Pour copie conforme :

L'Adjudant-commandant, Sous-chef de l'État-major général du Gouvernement de Paris et de la première Division militaire,

DOUCET.

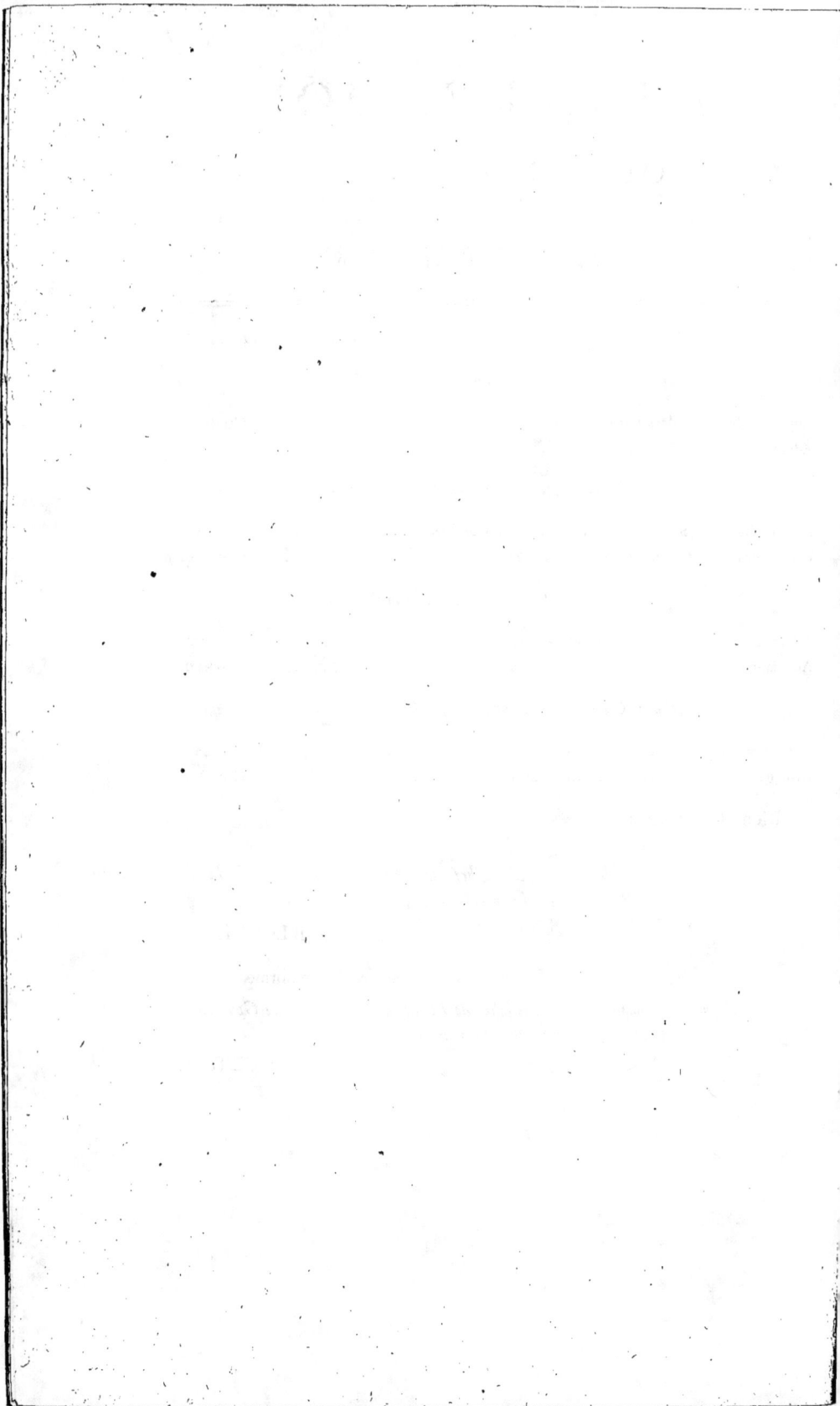

ÉTAT-MAJOR
DU GOUVERNEMENT DE PARIS.

ORDRE du 12 Thermidor an 12.

SERVICE DE L'ÉTAT-MAJOR DU GOUVERNEMENT.

Du 12 au 13 Thermidor.

Adjudant de Place de service à l'Etat-major général.................... CARON.
Adjudant de Place de ronde de nuit.................................. COTEAU.

Visite aux Casernes, Prisons, Hôpital, et distribution de fourrages.

Rive droite de la Seine : le Capitaine Adjudant de Place................ VILLERS.
Rive gauche : le Capitaine Adjudant de Place........................ CORDIEZ.

Du 13 au 14 Thermidor.

Adjudant de Place de service à l'État-major général.................... VILLERS.
Adjudant de Place de ronde de nuit.................................. CORDIEZ.

Visite aux Casernes, Prisons, Hôpital, et distribution de fourrages.

Rive droite de la Seine : le Capitaine Adjudant de Place................ GRAILLARD.
Rive gauche : le Capitaine Adjudant de Place........................ CARON.

Rien de nouveau.

Le Général de Brigade Chef de l'État-major général du Gouvernement de Paris et de la première Division militaire,

CÉSAR BERTHIER.

Pour copie conforme :

L'Adjudant-commandant, Sous-chef de l'État-major général du Gouvernement de Paris et de la première Division militaire,

DOUCET.

ÉTAT-MAJOR

DU GOUVERNEMENT DE PARIS.

ORDRE du 13 Thermidor an 12.

SERVICE DE L'ÉTAT-MAJOR DU GOUVERNEMENT.

Du 13 au 14 Thermidor.

Adjudant de Place de service à l'État-major général...................... VILLERS.
Adjudant de Place de ronde de nuit.................................. CORDIEZ.

Visite aux Casernes, Prisons, Hôpital, et distribution de fourrages.

Rive droite de la Seine : le Capitaine Adjudant de Place.................. GRAILLARD.
Rive gauche : le Capitaine Adjudant de Place........................... CARON.

Du 14 au 15 Thermidor.

Adjudant de Place de service à l'État-major général...................... GRAILLARD.
Adjudant de Place de ronde de nuit.................................. CARON.

Visite aux Casernes, Prisons, Hôpital, et distribution de fourrages.

Rive droite de la Seine : le Lieutenant Adjudant de Place................ SANSON.
Rive gauche : le Capitaine Adjudant de Place........................... VILLERS.

Rien de nouveau.

Le Général de Brigade Chef de l'État-major général du Gouvernement de Paris et de la première Division militaire,

CÉSAR BERTHIER.

Pour copie conforme :

L'Adjudant-commandant, Sous-chef de l'État-major général du Gouvernement de Paris et de la première Division militaire,

DOUCET.

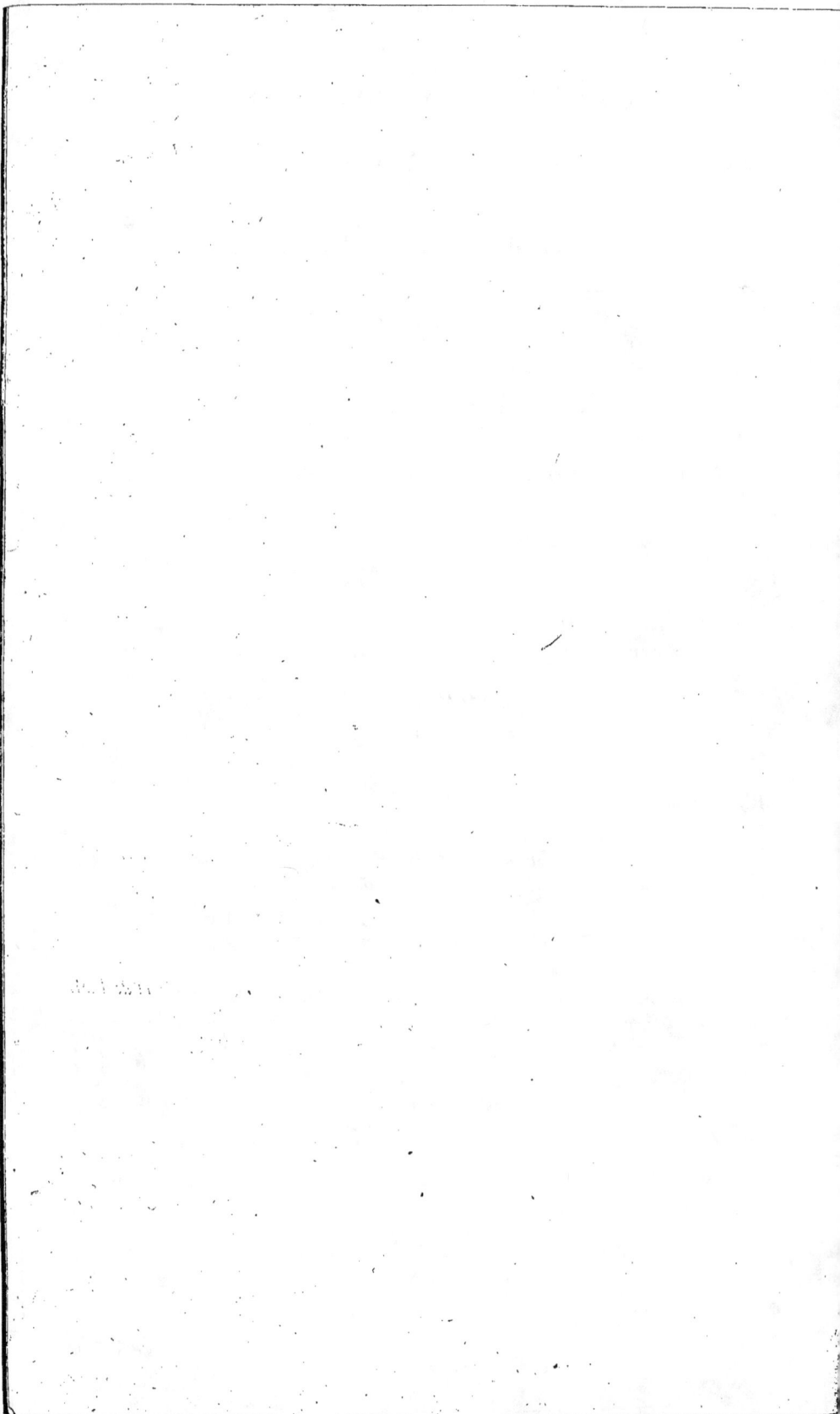

ÉTAT-MAJOR
DU GOUVERNEMENT DE PARIS.

ORDRE du 14 Thermidor an 12.

SERVICE DE L'ÉTAT-MAJOR DU GOUVERNEMENT.

Du 14 au 15 Thermidor.

Adjudant de Place de service à l'Etat-major général .... GRAILLARD.
Adjudant de Place de ronde de nuit .... CARON.

Visite aux Casernes, Prisons, Hôpital, et distribution de fourrages.

Rive droite de la Seine : le Lieutenant Adjudant de Place .... SANSON.
Rive gauche : le Capitaine Adjudant de Place .... VILLERS.

Du 15 au 16 Thermidor.

Adjudant de Place de service à l'État-major général .... SANSON.
Adjudant de Place de ronde de nuit .... VILLERS.

Visite aux Casernes, Prisons, Hôpital, et distribution de fourrages.

Rive droite de la Seine : le Capitaine Adjudant de Place .... VIART.
Rive gauche : le Capitaine Adjudant de Place .... GRAILLARD.

Rien de nouveau.

Le Général de Brigade Chef de l'État-major général du Gouvernement de Paris et de la première Division militaire,

CÉSAR BERTHIER.

Pour copie conforme :

L'Adjudant-commandant, Sous-chef de l'État-major général du Gouvernement de Paris et de la première Division militaire,

DOUCET.

ÉTAT-MAJOR
DU GOUVERNEMENT DE PARIS.

ORDRE du 15 Thermidor an 12.

SERVICE DE L'ÉTAT-MAJOR DU GOUVERNEMENT.

Du 15 au 16 Thermidor.

Adjudant de Place de service à l'État-major général........................ SANSON.
Adjudant de Place de ronde de nuit.. VILLERS.

Visite aux Casernes, Prisons, Hôpital, et distribution de fourrages.

Rive droite de la Seine : le Capitaine Adjudant de Place................... VIART.
Rive gauche : le Capitaine Adjudant de Place................................ GRAILLARD.

Du 16 au 17 Thermidor.

Adjudant de Place de service à l'Etat-major général........................ COTEAU.
Adjudant de Place de ronde de nuit.. GRAILLARD.

Visite aux Casernes, Prisons, Hôpital, et distribution de fourrages.

Rive droite de la Seine : le Capitaine Adjudant de Place................... CORDIEZ.
Rive gauche : le Lieutenant Adjudant de Place................................ SANSON.

Rien de nouveau.

Le Général de Brigade Chef de l'État-major général du Gouvernement de Paris et de la première Division militaire,

CÉSAR BERTHIER.

Pour copie conforme :

L'Adjudant-commandant, Sous-chef de l'État-major général du Gouvernement de Paris et de la première Division militaire,

DOUCET.

ÉTAT-MAJOR
DU GOUVERNEMENT DE PARIS.

ORDRE du 16 Thermidor an 12.

SERVICE DE L'ÉTAT-MAJOR DU GOUVERNEMENT.

Du 16 au 17 Thermidor.

Adjudant de Place de service à l'Etat-major général.................... COTEAU.
Adjudant de Place de ronde de nuit.................................. GRAILLARD.

Visite aux Casernes, Prisons, Hôpital, et distribution de fourrages.

Rive droite de la Seine : le Capitaine Adjudant de Place................ CORDIEZ.
Rive gauche : le Lieutenant Adjudant de Place........................ SANSON.

Du 17 au 18 Thermidor.

Adjudant de Place de service à l'État-major général.................... CORDIEZ.
Adjudant de Place de ronde de nuit.................................. SANSON.

Visite aux Casernes, Prisons, Hôpital, et distribution de fourrages.

Rive droite de la Seine : le Capitaine Adjudant de Place................ COTEAU.
Rive gauche : le Capitaine Adjudant de Place........................ COTEAU.

Rien de nouveau.

Le Général de Brigade Chef de l'État-major général du Gouvernement de Paris et de la première Division militaire,

CÉSAR BERTHIER.

Pour copie conforme :

L'Adjudant-commandant, Sous-chef de l'État-major général du Gouvernement de Paris et de la première Division militaire,

DOUCET.

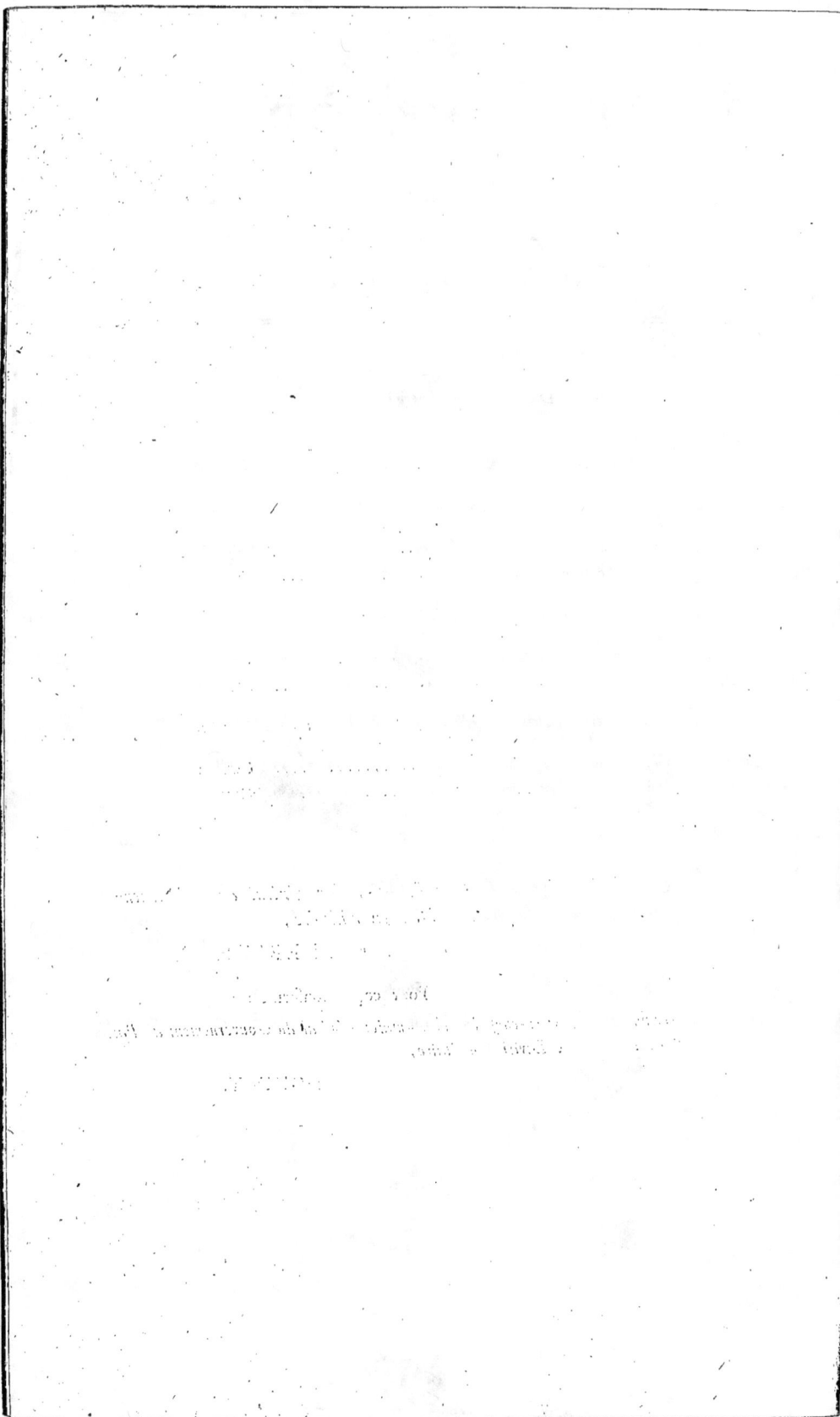

ÉTAT-MAJOR
DU GOUVERNEMENT DE PARIS.

ORDRE du 17 Thermidor an 12.

SERVICE DE L'ÉTAT-MAJOR DU GOUVERNEMENT.

Du 17 au 18 Thermidor.

Adjudant de Place de service à l'État-major général...................... CORDIEZ.
Adjudant de Place de ronde de nuit.................................. SANSON.

Visite aux Casernes, Prisons, Hôpital, et distribution de fourrages.

Rive droite de la Seine : le Capitaine Adjudant de Place................. COTEAU.
Rive gauche : le Capitaine Adjudant de Place......................... COTEAU.

Du 18 au 19 Thermidor.

Adjudant de Place de service à l'Etat-major général..................... CARON.
Adjudant de Place de ronde de nuit.................................. VIART.

Visite aux Casernes, Prisons, Hôpital, et distribution de fourrages.

Rive droite de la Seine : le Capitaine Adjudant de Place................. CORDIEZ.
Rive gauche : le Capitaine Adjudant de Place......................... CORDIEZ.

Rien de nouveau.

Le Général de Brigade Chef de l'État-major général du Gouvernement de Paris et de la première Division militaire,

CÉSAR BERTHIER.

Pour copie conforme :

L'Adjudant-commandant, Sous-chef de l'État-major général du Gouvernement de Paris et de la première Division militaire,

DOUCET.

ÉTAT-MAJOR
DU GOUVERNEMENT DE PARIS.

ORDRE du 18 Thermidor an 12.

SERVICE DE L'ÉTAT-MAJOR DU GOUVERNEMENT.

Du 18 au 19 Thermidor.

Adjudant de Place de service à l'État-major général........................ CARON.
Adjudant de Place de ronde de nuit... VIART.

Visite aux Casernes, Prisons, Hôpital, et distribution de fourrages.

Rive droite de la Seine : le Capitaine Adjudant de Place................. CORDIEZ.
Rive gauche : le Capitaine Adjudant de Place.............................. CORDIEZ.

Du 19 au 20 Thermidor.

Adjudant de Place de service à l'État-major général........................ VILLERS.
Adjudant de Place de ronde de nuit... COTEAU.

Visite aux Casernes, Prisons, Hôpital, et distribution de fourrages.

Rive droite de la Seine : le Capitaine Adjudant de Place................. CARON.
Rive gauche : le Capitaine Adjudant de Place.............................. CARON.

Rien de nouveau.

Le Général de Brigade Chef de l'État-major général du Gouvernement de Paris et de la première Division militaire,

CÉSAR BERTHIER.

Pour copie conforme :

L'Adjudant-commandant, Sous-chef de l'État-major général du Gouvernement de Paris et de la première Division militaire,

DOUCET.

ÉTAT-MAJOR
DU GOUVERNEMENT DE PARIS.

ORDRE du 19 Thermidor an 12.

SERVICE DE L'ÉTAT-MAJOR DU GOUVERNEMENT.

Du 19 au 20 Thermidor.

Adjudant de Place de service à l'État-major général........................ VILLERS.
Adjudant de Place de ronde de nuit... COTEAU.

Visite aux Casernes, Prisons, Hôpital, et distribution de fourrages.

Rive droite de la Seine : le Capitaine Adjudant de Place................. CARON.
Rive gauche : le Capitaine Adjudant de Place.............................. CARON.

Du 20 au 21 Thermidor.

Adjudant de Place de service à l'État-major général........................ GRAILLARD.
Adjudant de Place de ronde de nuit... CORDIEZ.

Visite aux Casernes, Prisons, Hôpital, et distribution de fourrages.

Rive droite de la Seine : le Capitaine Adjudant de Place................. VILLERS.
Rive gauche : le Capitaine Adjudant de Place.............................. VILLERS.

Rien de nouveau.

Le Général de Brigade Chef de l'État-major général du Gouvernement de Paris et de la première Division militaire,

CÉSAR BERTHIER.

Pour copie conforme :

L'Adjudant-commandant, Sous-chef de l'État-major général du Gouvernement de Paris et de la première Division militaire,

DOUCET.

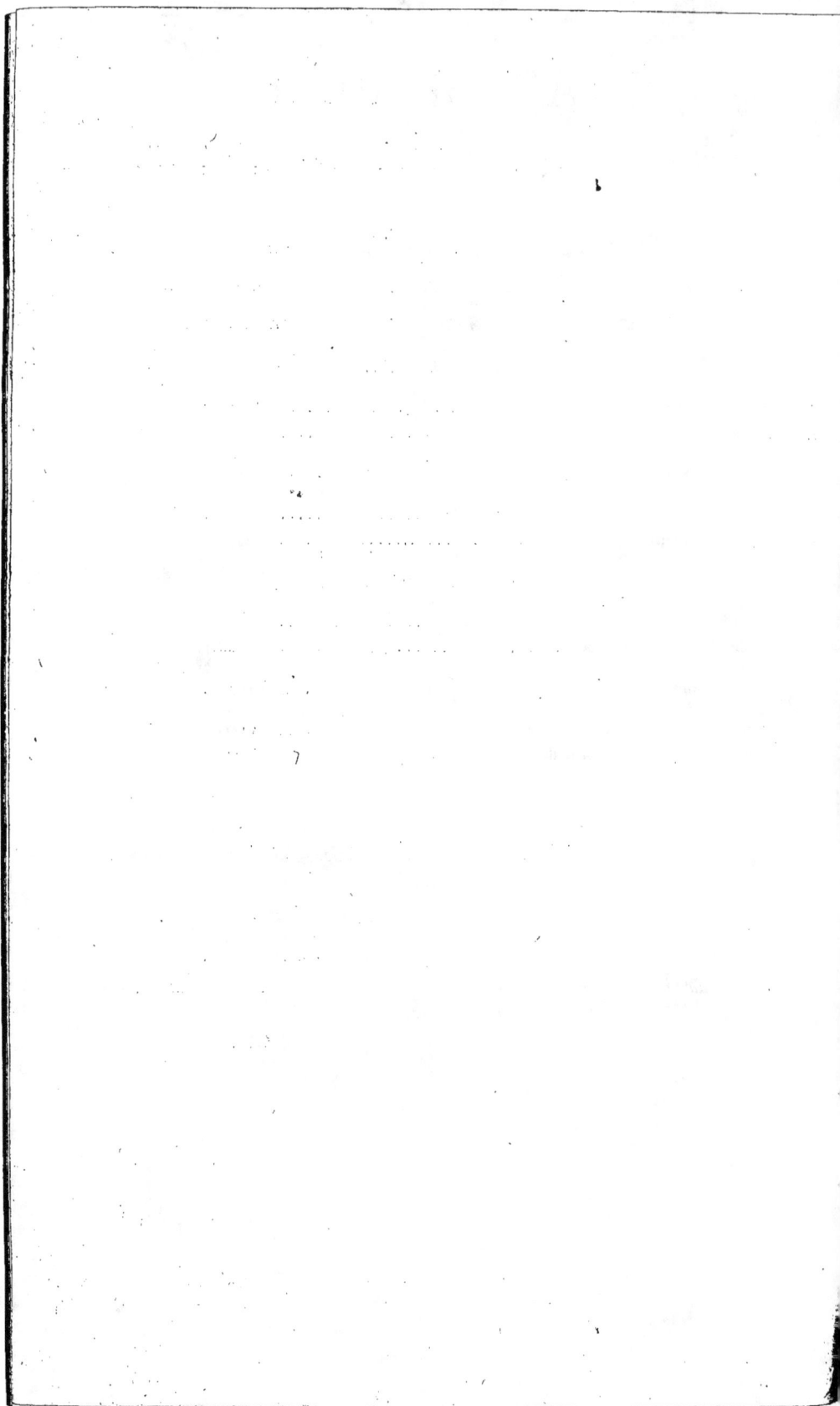

ÉTAT-MAJOR
DU GOUVERNEMENT DE PARIS.

ORDRE du 20 Thermidor an 12.

SERVICE DE L'ÉTAT-MAJOR DU GOUVERNEMENT.

Du 20 au 21 Thermidor.

Adjudant de Place de service à l'État-major général.................... GRAILLARD.
Adjudant de Place de ronde de nuit.................................. CORDIEZ.

Visite aux Casernes, Prisons, Hôpital, et distribution de fourrages.

Rive droite de la Seine : le Capitaine Adjudant de Place................ VILLERS.
Rive gauche : le Capitaine Adjudant de Place........................... VILLERS.

Du 21 au 22 Thermidor.

Adjudant de Place de service à l'État-major général.................... SANSON.
Adjudant de Place de ronde de nuit.................................. CARON.

Visite aux Casernes, Prisons, Hôpital, et distribution de fourrages.

Rive droite de la Seine : le Capitaine Adjudant de Place................ GRAILLARD.
Rive gauche ; le Capitaine Adjudant de Place........................... GRAILLARD.

Rien de nouveau.

Le Général de Brigade Chef de l'État-major général du Gouvernement de Paris et de la première Division militaire,

CÉSAR BERTHIER.

Pour copie conforme :

L'Adjudant-commandant, Sous-chef de l'État-major général du Gouvernement de Paris et de la première Division militaire,

DOUCET.

ÉTAT-MAJOR

DU GOUVERNEMENT DE PARIS.

ORDRE du 21 Thermidor an 12.

SERVICE DE L'ÉTAT-MAJOR DU GOUVERNEMENT.

Du 21 au 22 Thermidor.

Adjudant de Place de service à l'État-major général........................ SANSON.
Adjudant de Place de ronde de nuit.................................. CARON.

Visite aux Casernes, Prisons, Hôpital, et distribution de fourrages.

Rive droite de la Seine : le Capitaine Adjudant de Place................ GRAILLARD.
Rive gauche : le Capitaine Adjudant de Place.......................... GRAILLARD.

Du 22 au 23 Thermidor.

Adjudant de Place de service à l'État-major général..................... COTEAU.
Adjudant de Place de ronde de nuit.................................. VILLERS.

Visite aux Casernes, Prisons, Hôpital, et distribution de fourrages.

Rive droite de la Seine : le Lieutenant Adjudant de Place............... SANSON.
Rive gauche : le Lieutenant Adjudant de Place......................... SANSON.

Rien de nouveau.

Le Général de Brigade Chef de l'État-major général du Gouvernement de Paris et de la première Division militaire,

CÉSAR BERTHIER.

Pour copie conforme :

L'Adjudant-commandant, Sous-chef de l'État-major général du Gouvernement de Paris et de la première Division militaire,

DOUCET.

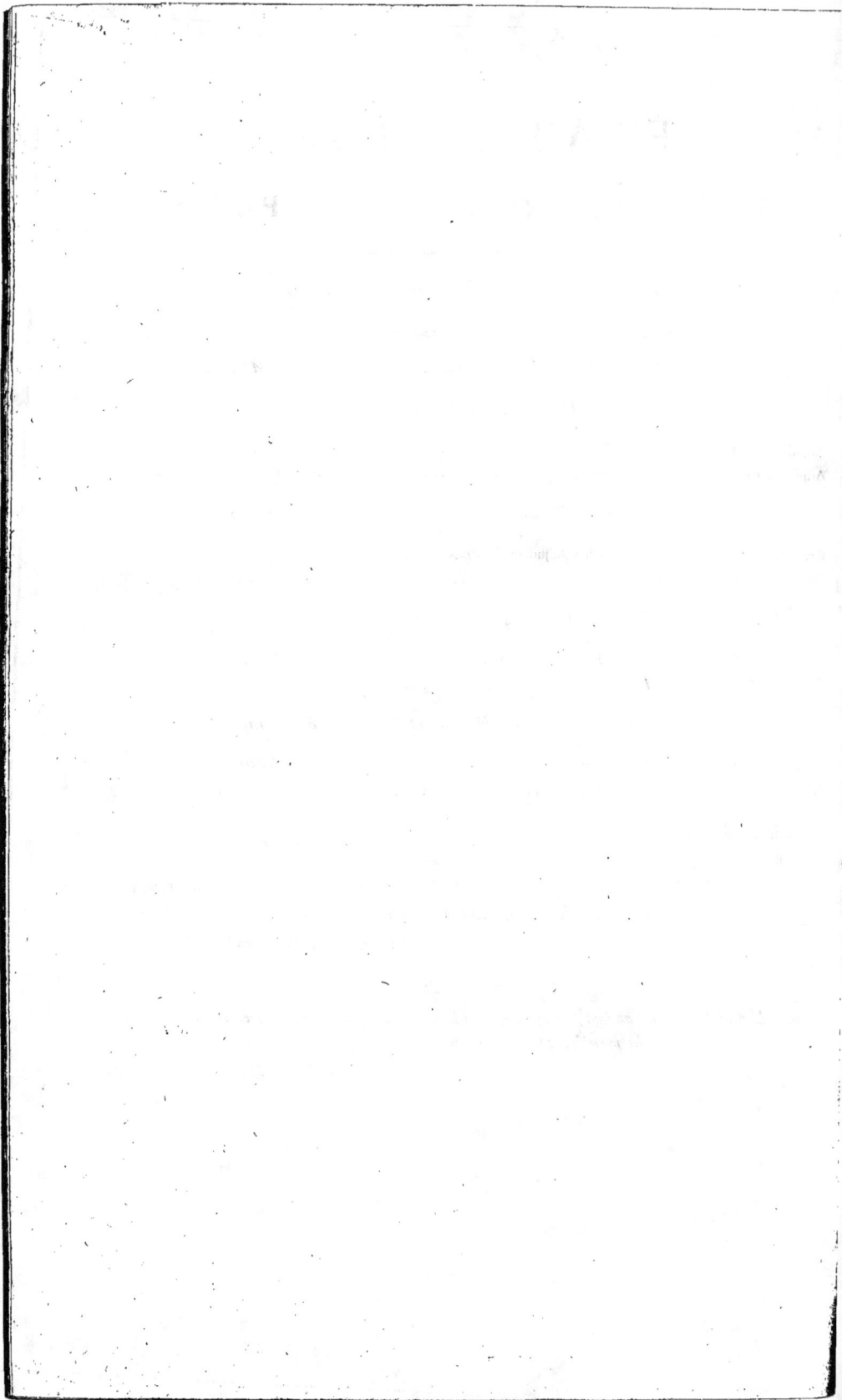

ÉTAT-MAJOR

DU GOUVERNEMENT DE PARIS.

ORDRE du 22 Thermidor an 12.

SERVICE DE L'ÉTAT-MAJOR DU GOUVERNEMENT.

Du 22 au 23 Thermidor.

Adjudant de Place de service à l'État-major général........................ COTEAU.
Adjudant de Place de ronde de nuit.. VILLERS.

Visite aux Casernes, Prisons, Hôpital, et distribution de fourrages.

Rive droite de la Seine : le Lieutenant Adjudant de Place..................... SANSON.
Rive gauche : le Lieutenant Adjudant de Place................................ SANSON.

Du 23 au 24 Thermidor.

Adjudant de Place de service à l'État-major général........................ CORDIEZ.
Adjudant de Place de ronde de nuit.. GRAILLARD.

Visite aux Casernes, Prisons, Hôpital, et distribution de fourrages.

Rive droite de la Seine : le Capitaine Adjudant de Place..................... COTEAU.
Rive gauche : le Capitaine Adjudant de Place................................ COTEAU.

Rien de nouveau.

Le Général de Brigade Chef de l'État-major général du Gouvernement de Paris et de la première Division militaire,

CÉSAR BERTHIER.

Pour copie conforme :

L'Adjudant-commandant, Sous-chef de l'État-major général du Gouvernement de Paris et de la première Division militaire,

DOUCET.

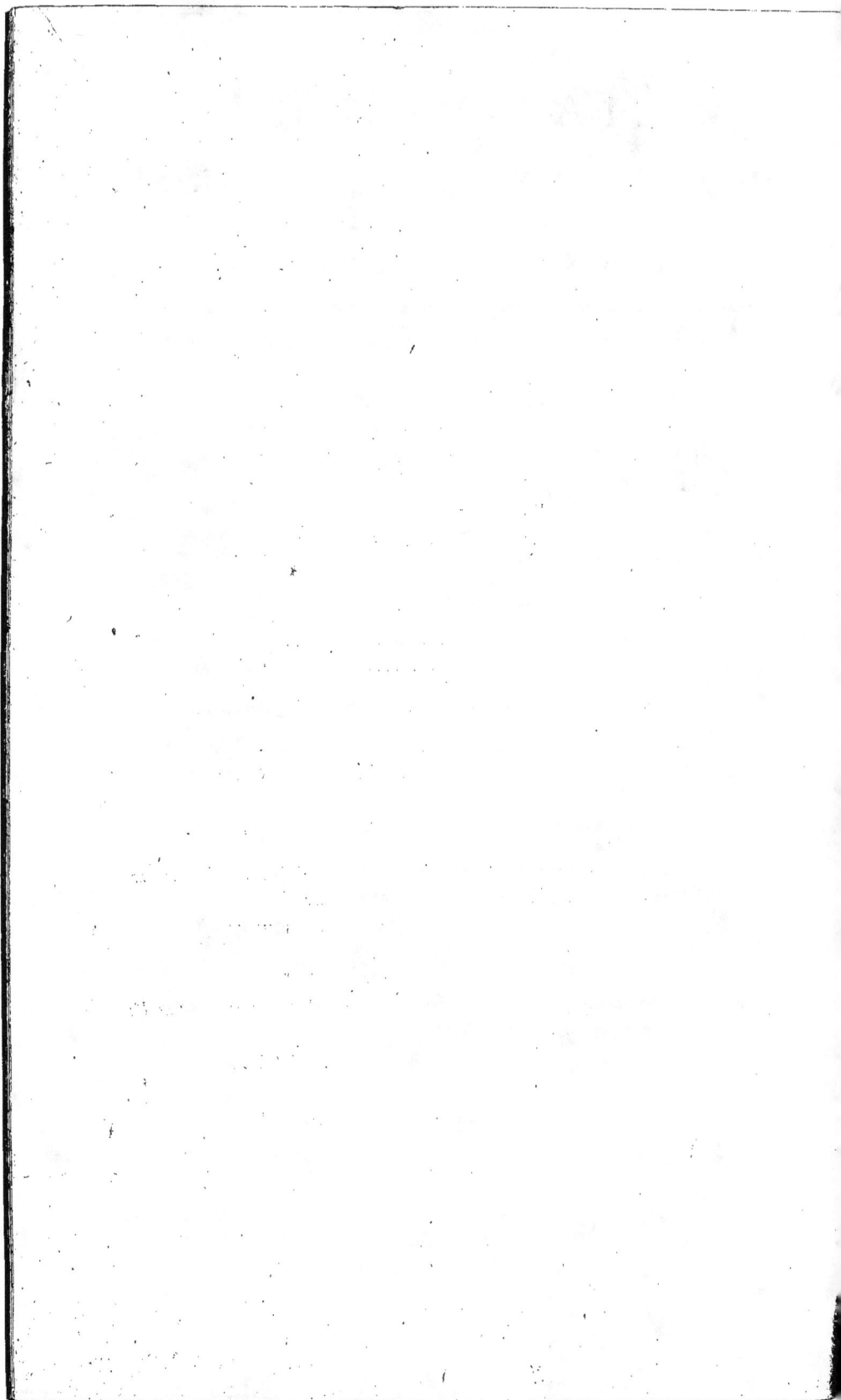

ÉTAT-MAJOR
DU GOUVERNEMENT DE PARIS.

ORDRE du 23 Thermidor an 12.

SERVICE DE L'ÉTAT-MAJOR DU GOUVERNEMENT.

Du 23 au 24 Thermidor.

Adjudant de Place de service à l'État-major général...................... CORDIEZ.
Adjudant de Place de ronde de nuit................................ GRAILLARD.

Visite aux Casernes, Prisons, Hôpital, et distribution de fourrages.

Rive droite de la Seine : le Capitaine Adjudant de Place.................. COTEAU.
Rive gauche : le Capitaine Adjudant de Place......................... COTEAU.

Du 24 au 25 Thermidor.

Adjudant de Place de service à l'État-major général...................... CARON.
Adjudant de Place de ronde de nuit................................ SANSON.

Visite aux Casernes, Prisons, Hôpital, et distribution de fourrages.

Rive droite de la Seine : le Capitaine Adjudant de Place.................. CORDIEZ.
Rive gauche : le Capitaine Adjudant de Place......................... CORDIEZ.

Signalement, du 22 Thermidor an 12.

Octave Segur, Sous-préfet à Soissons, taille de cinq pieds six pouces, cheveux bruns courts, très-bruns et frisés, favoris très-bruns, nez court, figure ronde, yeux noirs, sourcils très-marqués.

Il est sorti de chez son père, rue des Saussayes, faubourg Saint-Honoré, n.° 12, à quatre heures et demie du matin, vendredi 15 thermidor; et depuis on n'en a point eu de nouvelles.

Les personnes qui auraient quelques renseignemens, sont invitées de les transmettre au Général *Berthier*, Chef de l'État-major général de la Division et du Gouvernement de Paris.

Le Général de Brigade Chef de l'État-major général du Gouvernement de Paris et de la première Division militaire,

CÉSAR BERTHIER.

Pour copie conforme :

L'Adjudant-commandant, Sous-chef de l'État-major général du Gouvernement de Paris et de la première Division militaire,

DOUCET.

ETAT-MAJOR
DU GOUVERNEMENT DE PARIS.

ORDRE du 24 Thermidor an 12.

SERVICE DE L'ÉTAT-MAJOR DU GOUVERNEMENT.

Du 24 au 25 Thermidor.

Adjudant de Place de service à l'État-major général........................ CARON.
Adjudant de Place de ronde de nuit.. SANSON.

Visite aux Casernes, Prisons, Hôpital, et distribution de fourrages.

Rive droite de la Seine : le Capitaine Adjudant de Place................. CORDIEZ.
Rive gauche : le Capitaine Adjudant de Place.............................. CORDIEZ.

Du 25 au 26 Thermidor.

Adjudant de Place de service à l'État-major général........................ VILLERS.
Adjudant de Place de ronde de nuit.. VIART.

Visite aux Casernes, Prisons, Hôpital, et distribution de fourrages.

Rive droite de la Seine : le Capitaine Adjudant de Place................. CARON.
Rive gauche : le Capitaine Adjudant de Place.............................. CARON.

Rien de nouveau.

Le Général de Brigade Chef de l'État-major général du Gouvernement de Paris et de la première Division militaire,

CÉSAR BERTHIER.

Pour copie conforme :

L'Adjudant-commandant, Sous-chef de l'État-major général du Gouvernement de Paris et de la première Division militaire,

DOUCET.

ETAT-MAJOR

DU GOUVERNEMENT DE PARIS.

ORDRE du 25 Thermidor an 12.

SERVICE DE L'ÉTAT-MAJOR DU GOUVERNEMENT.

Du 25 au 26 Thermidor.

Adjudant de Place de service à l'État-major général........................ VILLERS.
Adjudant de Place de ronde de nuit.. VIART.

Visite aux Casernes, Prisons, Hôpital, et distribution de fourrages.

Rive droite de la Seine : le Capitaine Adjudant de Place................. CARON.
Rive gauche : le Capitaine Adjudant de Place.............................. CARON.

Du 26 au 27 Thermidor.

Adjudant de Place de service à l'État-major général........................ GRAILLARD.
Adjudant de Place de ronde de nuit.. COTEAU.

Visite aux Casernes, Prisons, Hôpital, et distribution de fourrages.

Rive droite de la Seine : le Capitaine Adjudant de Place................. VILLERS.
Rive gauche : le Capitaine Adjudant de Place.............................. VILLERS.

Rien de nouveau.

Le Général de Brigade Chef de l'État-major général du Gouvernement de Paris et de la première Division militaire,

CÉSAR BERTHIER.

Pour copie conforme :

L'Adjudant-commandant, Sous-chef de l'État-major général du Gouvernement de Paris et de la première Division militaire,

DOUCET.

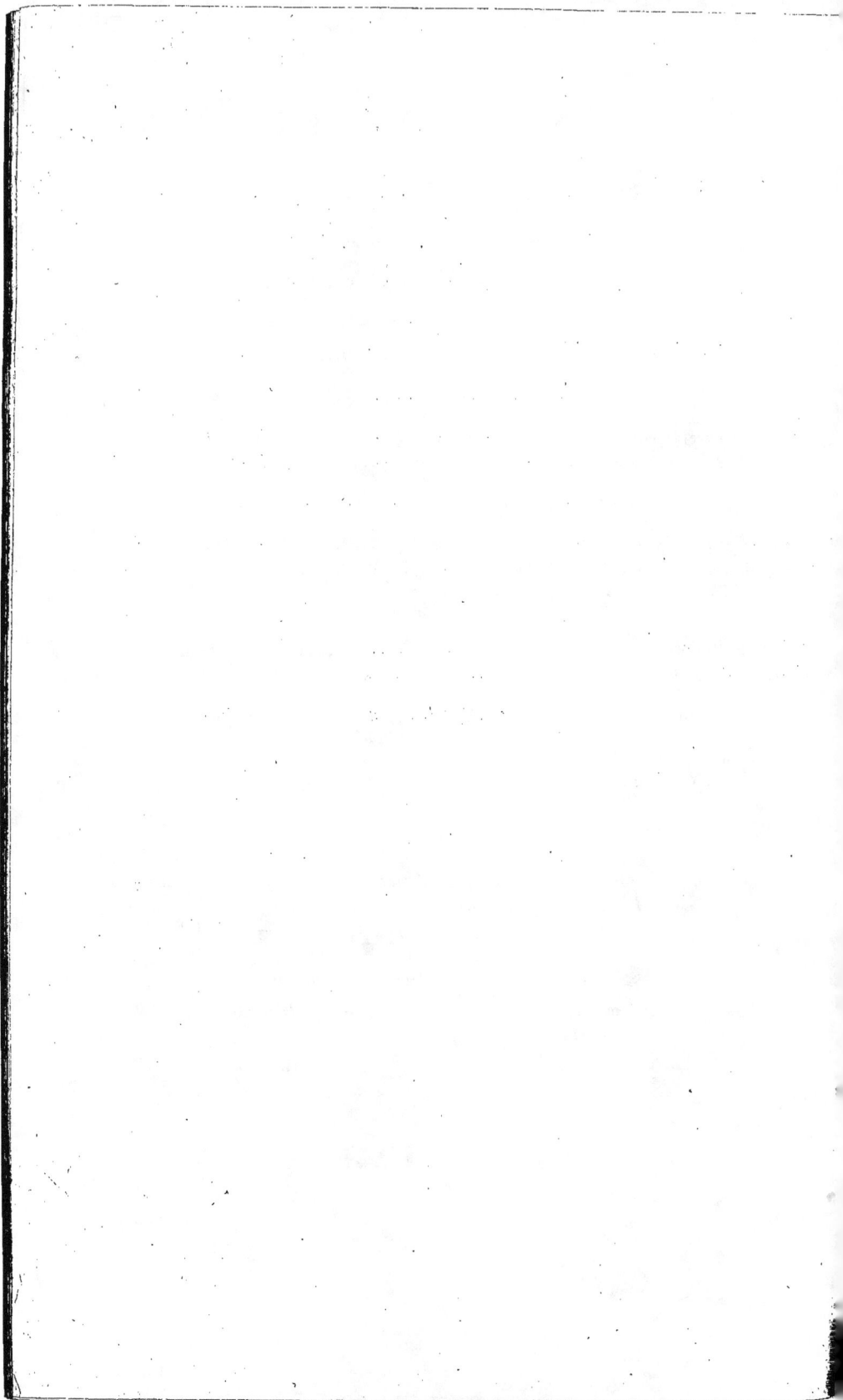

ÉTAT-MAJOR
DU GOUVERNEMENT DE PARIS.

ORDRE du 26 Thermidor an 12.

SERVICE DE L'ÉTAT-MAJOR DU GOUVERNEMENT.

Du 26 au 27 Thermidor.

Adjudant de Place de service à l'État-major général .... GRAILLARD.
Adjudant de Place de ronde de nuit.. COTEAU.

Visite aux Casernes, Prisons, Hôpital, et distribution de fourrages.

Rive droite de la Seine : le Capitaine Adjudant de Place................ VILLERS.
Rive gauche : le Capitaine Adjudant de Place.......................... VILLERS.

Du 27 au 28 Thermidor.

Adjudant de Place de service à l'État-major général...................... SANSON.
Adjudant de Place de ronde de nuit.. SANSON.

Visite aux Casernes, Prisons, Hôpital, et distribution de fourrages.

Rive droite de la Seine : le Capitaine Adjudant de Place.................. GRAILLARD.
Rive gauche : le Capitaine Adjudant de Place.......................... GRAILLARD.

Rien de nouveau.

Le Général de Brigade Chef de l'État-major général du Gouvernement de Paris et de la première Division militaire,

CÉSAR BERTHIER.

Pour copie conforme :

L'Adjudant-commandant, Sous-chef de l'État-major général du Gouvernement de Paris et de la première Division militaire,

DOUCET.

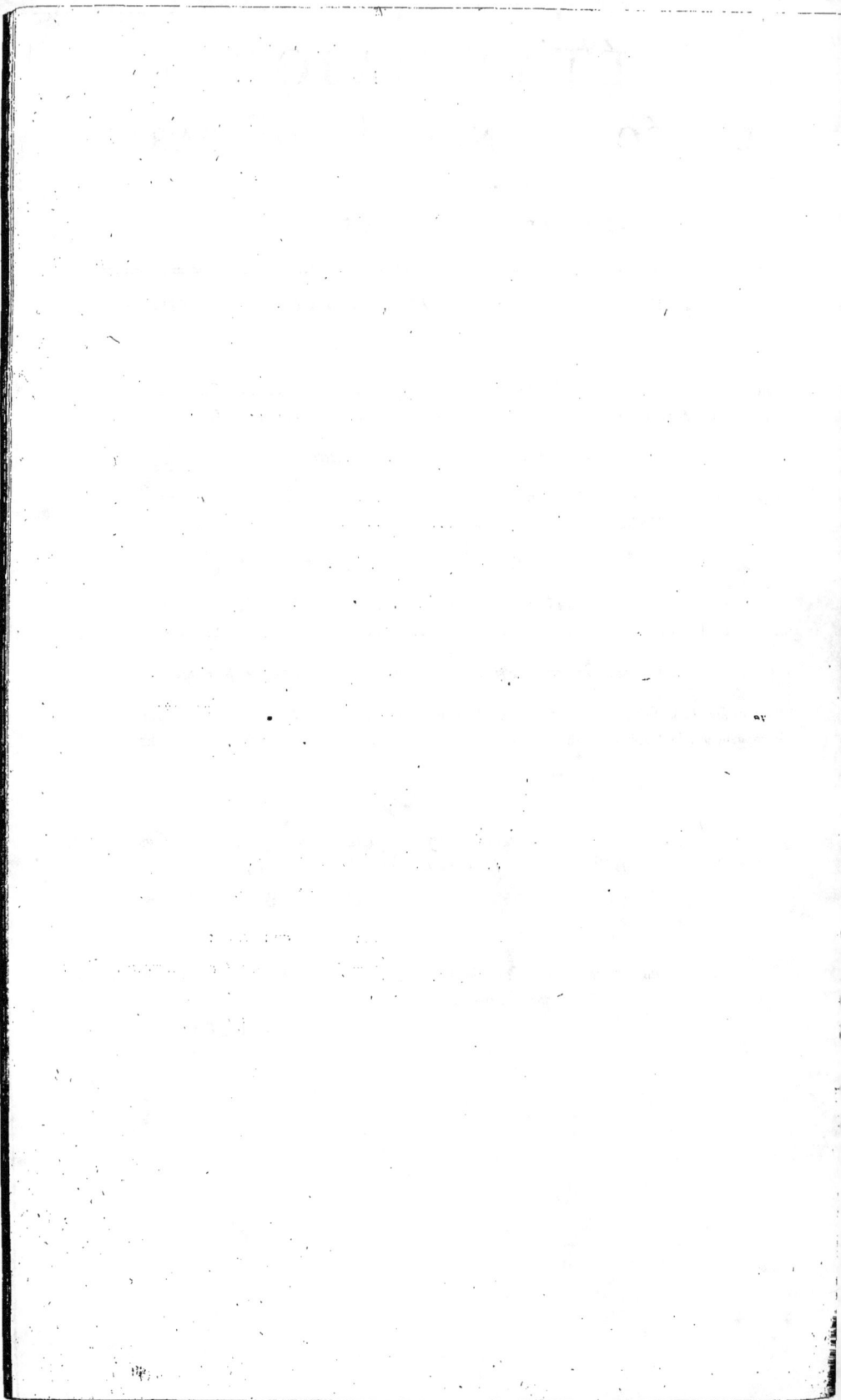

ÉTAT-MAJOR
DU GOUVERNEMENT DE PARIS.

ORDRE du 27 Thermidor an 12.

SERVICE DE L'ÉTAT-MAJOR DU GOUVERNEMENT.

Du 27 au 28 Thermidor.

Adjudant de Place de service à l'État-major général........................ SANSON.

Adjudant de Place de ronde de nuit.. CORDIEZ.

Visite aux Casernes, Prisons, Hôpital, et distribution de fourrages.

Rive droite de la Seine : le Capitaine Adjudant de Place................. GRAILLARD.

Rive gauche : le Capitaine Adjudant de Place............................ GRAILLARD.

Du 28 au 29 Thermidor.

Adjudant de Place de service à l'État-major général........................ COTEAU.

Adjudant de Place de ronde de nuit.. CARON.

Visite aux Casernes, Prisons, Hôpital, et distribution de fourrages.

Rive droite de la Seine : le Capitaine Adjudant de Place................. VIART.

Rive gauche : le Lieutenant Adjudant de Place............................ SANSON.

Rien de nouveau.

Le Général de Brigade Chef de l'État-major général du Gouvernement de Paris et de la première Division militaire,

CÉSAR BERTHIER.

Pour copie conforme :

L'Adjudant-commandant, Sous-chef de l'État-major général du Gouvernement de Paris et de la première Division militaire,

DOUCET.

ÉTAT-MAJOR

DU GOUVERNEMENT DE PARIS.

ORDRE du 28 Thermidor an 12.

SERVICE DE L'ÉTAT-MAJOR DU GOUVERNEMENT.

Du 28 au 29 Thermidor.

Adjudant de Place de service à l'État-major général .... COTEAU.

Adjudant de Place de ronde de nuit .... CARON.

Visite aux Casernes, Prisons, Hôpital, et distribution de fourrages.

Rive droite de la Seine : le Capitaine Adjudant de Place .... VIART.

Rive gauche : le Lieutenant Adjudant de Place .... SANSON.

Du 29 au 30 Thermidor.

Adjudant de Place de service à l'État-major général .... CORDIEZ.

Adjudant de Place de ronde de nuit .... VILLERS.

Visite aux Casernes, Prisons, Hôpital, et distribution de fourrages.

Rive droite de la Seine : le Lieutenant Adjudant de Place .... SANSON.

Rive gauche : le Capitaine Adjudant de Place .... COTEAU.

Rien de nouveau.

En l'absence du Général Chef de l'État-major :

L'Adjudant-commandant, Sous-chef de l'État-major général du Gouvernement de Paris et de la première Division militaire,

DOUCET.

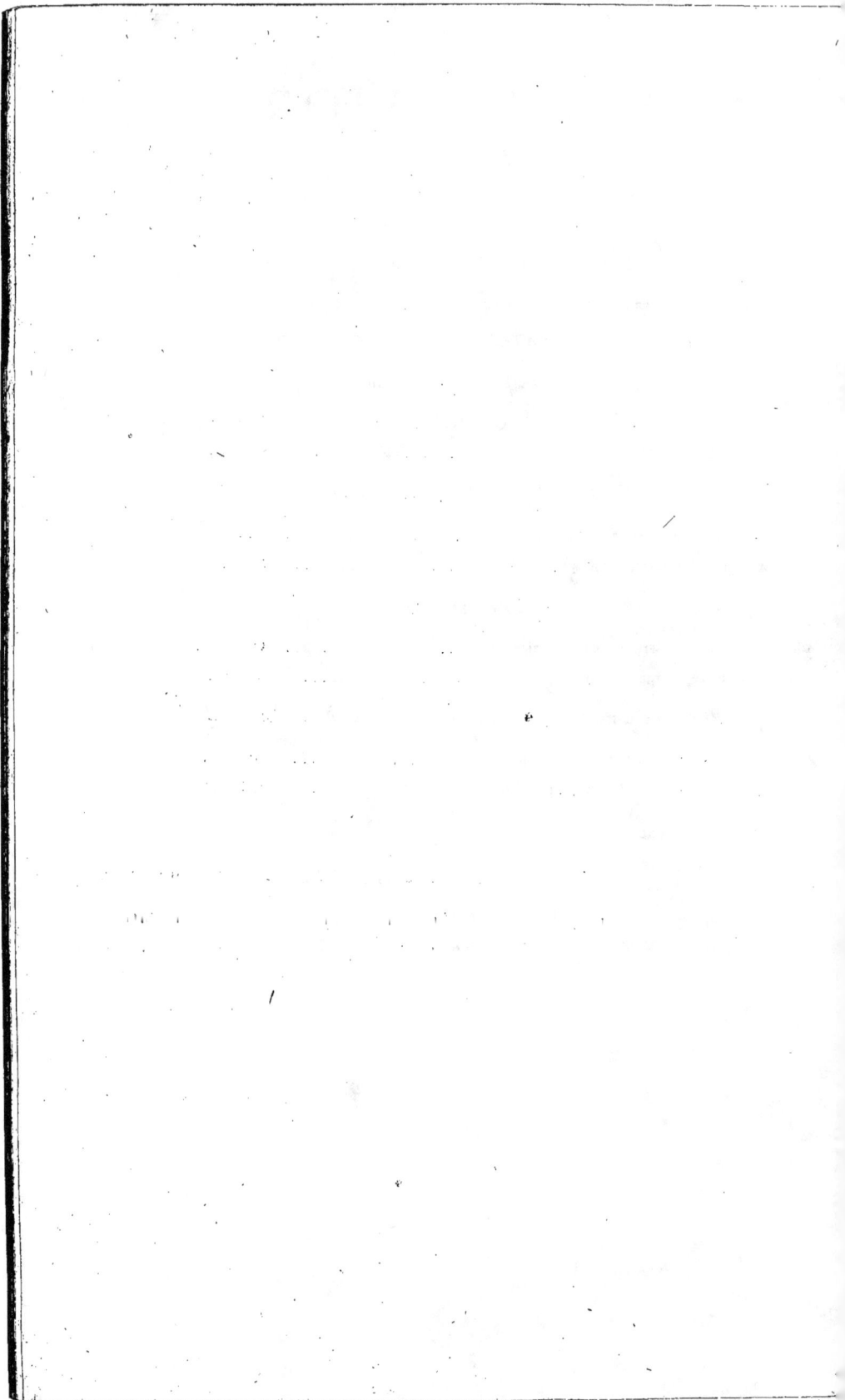

ÉTAT-MAJOR
DU GOUVERNEMENT DE PARIS.

ORDRE du 29 Thermidor an 12.

SERVICE DE L'ÉTAT-MAJOR DU GOUVERNEMENT.

Du 29 au 30 Thermidor.

Adjudant de Place de service à l'État-major général........................ CORDIEZ.

Adjudant de Place de ronde de nuit.. VILLERS.

Visite aux Casernes, Prisons, Hôpital, et distribution de fourrages.

Rive droite de la Seine : le Lieutenant Adjudant de Place.................. SANSON.

Rive gauche : le Capitaine Adjudant de Place.............................. COTEAU.

Du 30 Thermidor au 1.er Fructidor.

Adjudant de Place de service à l'État-major général........................ CARON.

Adjudant de Place de ronde de nuit.. GRAILLARD.

Visite aux Casernes, Prisons, Hôpital, et distribution de fourrages.

Rive droite de la Seine : le Capitaine Adjudant de Place................... COTEAU.

Rive gauche : le Capitaine Adjudant de Place.............................. CORDIEZ.

Garde du Sénat conservateur.

Conformément aux ordres de Monsieur le Maréchal de l'Empire Gouverneur de Paris, cent cinquante hommes pris sur le quatrième régiment de Vétérans, et commandés par le Général *Cumell*, Chef de bataillon, fourniront, à compter de ce jour, la garde du Sénat conservateur.

Le Commandant de cette troupe prendra les ordres directement de cette Autorité.

En l'absence du Général Chef de l'État-major,

L'Adjudant-commandant, Sous-chef de l'État-major général du Gouvernement de Paris et de la première Division militaire,

DOUCET.

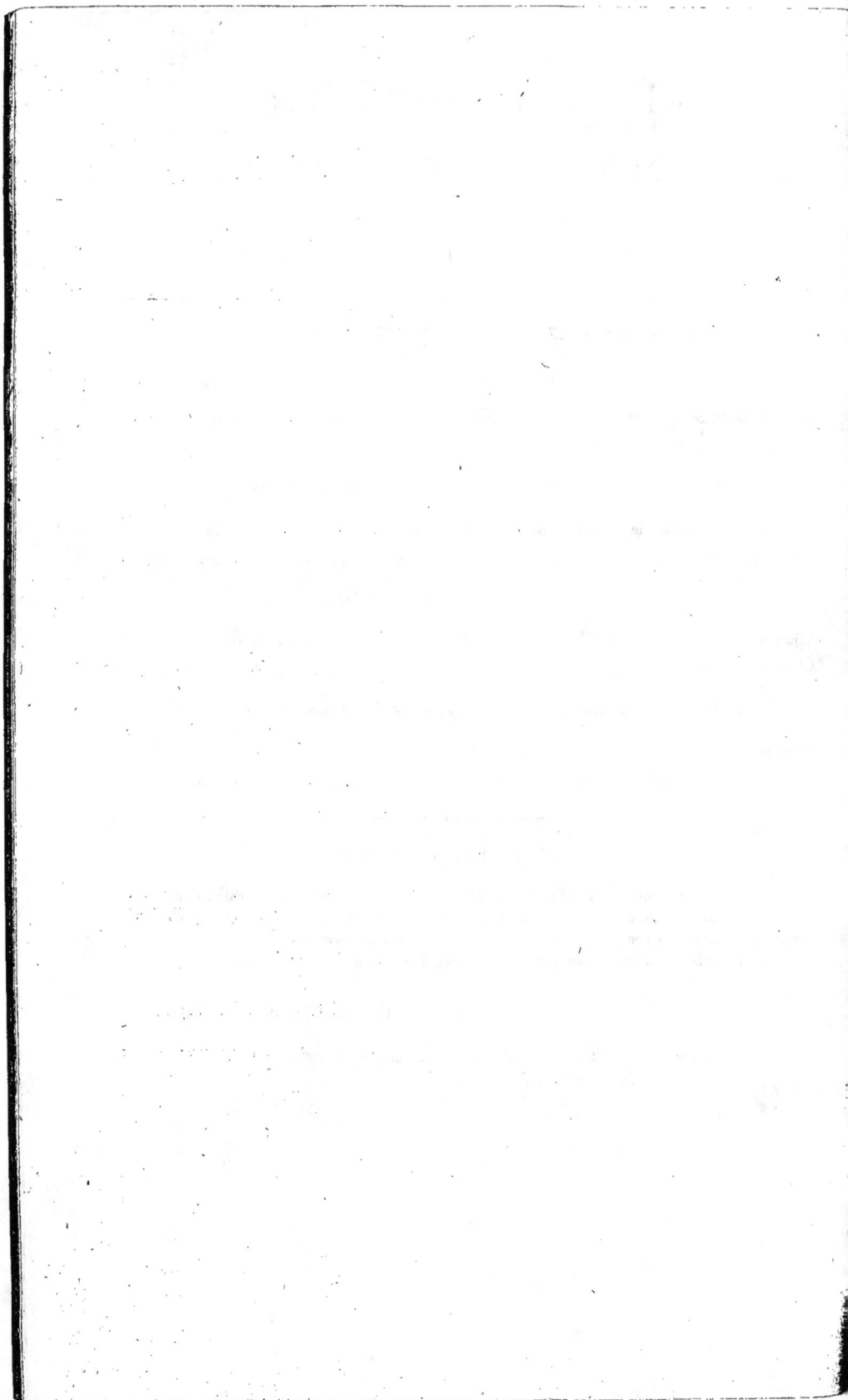

ÉTAT-MAJOR
DU GOUVERNEMENT DE PARIS.

ORDRE du 30 Thermidor an 12.

SERVICE DE L'ÉTAT-MAJOR DU GOUVERNEMENT.

Du 30 Thermidor au 1.er Fructidor.

Adjudant de Place de service à l'État-major général.......................... CARON.
Adjudant de Place de ronde de nuit.. GRAILLARD.

Visite aux Casernes, Prisons, Hôpital, et distribution de fourrages.

Rive droite de la Seine : le Capitaine Adjudant de Place................. COTEAU.
Rive gauche : le Capitaine Adjudant de Place.............................. CORDIEZ.

Du 1.er au 2 Fructidor.

Adjudant de Place de service à l'État-major général.......................... VILLERS.
Adjudant de Place de ronde de nuit.. SANSON.

Visite aux Casernes, Prisons, Hôpital, et distribution de fourrages.

Rive droite de la Seine : le Capitaine Adjudant de Place................. CORDIEZ.
Rive gauche : le Capitaine Adjudant de Place.............................. CARON.

Rien de nouveau.

En l'absence du Général Chef de l'État-major,

L'Adjudant-commandant, Sous-chef de l'État-major général du Gouvernement de Paris et de la première Division militaire,

DOUCET.

ÉTAT-MAJOR
DU GOUVERNEMENT DE PARIS.

ORDRE du 1.er Fructidor an 12.

SERVICE DE L'ÉTAT-MAJOR DU GOUVERNEMENT.

Du 1.er au 2 Fructidor.

Adjudant de Place de service à l'État-major général........................ VILLERS.

Adjudant de Place de ronde de nuit.................................... SANSON.

Visite aux Casernes, Prisons, Hôpital, et distribution de fourrages.

Rive droite de la Seine : le Capitaine Adjudant de Place.................. CORDIEZ.

Rive gauche : le Capitaine Adjudant de Place.............................. CARON.

Du 2 au 3 Fructidor.

Adjudant de Place de service à l'État-major général........................ GRAILLARD.

Adjudant de Place de ronde de nuit.................................... VIART.

Visite aux Casernes, Prisons, Hôpital, et distribution de fourrages.

Rive droite de la Seine : le Capitaine Adjudant de Place.................. CARON.

Rive gauche : le Capitaine Adjudant de Place.............................. VILLERS.

Rien de nouveau.

En l'absence du Général Chef de l'État-major,

L'Adjudant-commandant, Sous-chef de l'État-major général du Gouvernement de Paris et de la première Division militaire,

DOUCET.

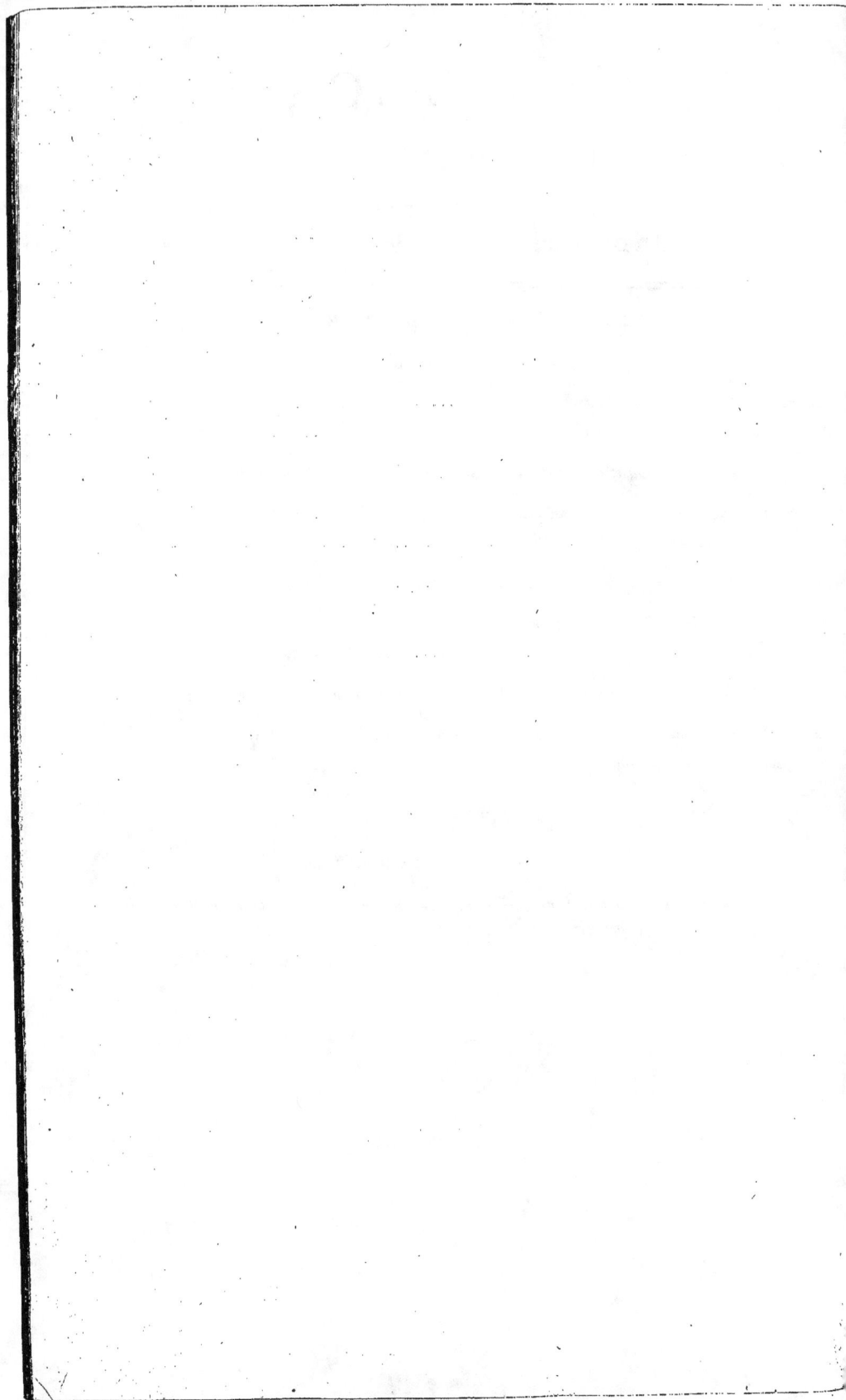

ÉTAT-MAJOR

DU GOUVERNEMENT DE PARIS.

ORDRE du 2 Fructidor an 12.

SERVICE DE L'ÉTAT-MAJOR DU GOUVERNEMENT.

Du 2 au 3 Fructidor.

Adjudant de Place de service à l'État-major général........................ GRAILLARD.

Adjudant de Place de ronde de nuit....................................... VIART.

Visite aux Casernes, Prisons, Hôpital, et distribution de fourrages.

Rive droite de la Seine : le Capitaine Adjudant de Place................ CARON.

Rive gauche : le Capitaine Adjudant de Place.............................. VILLERS.

Du 3 au 4 Fructidor.

Adjudant de Place de service à l'État-major général........................ SANSON.

Adjudant de Place de ronde de nuit....................................... COTEAU.

Visite aux Casernes, Prisons, Hôpital, et distribution de fourrages.

Rive droite de la Seine : le Capitaine Adjudant de Place................ VILLERS.

Rive gauche : le Capitaine Adjudant de Place.............................. GRAILLARD.

Rien de nouveau.

En l'absence du Général Chef de l'État-major général,

L'Adjudant-commandant, Sous-chef de l'État-major général du Gouvernement de Paris et de la première Division militaire,

DOUCET.

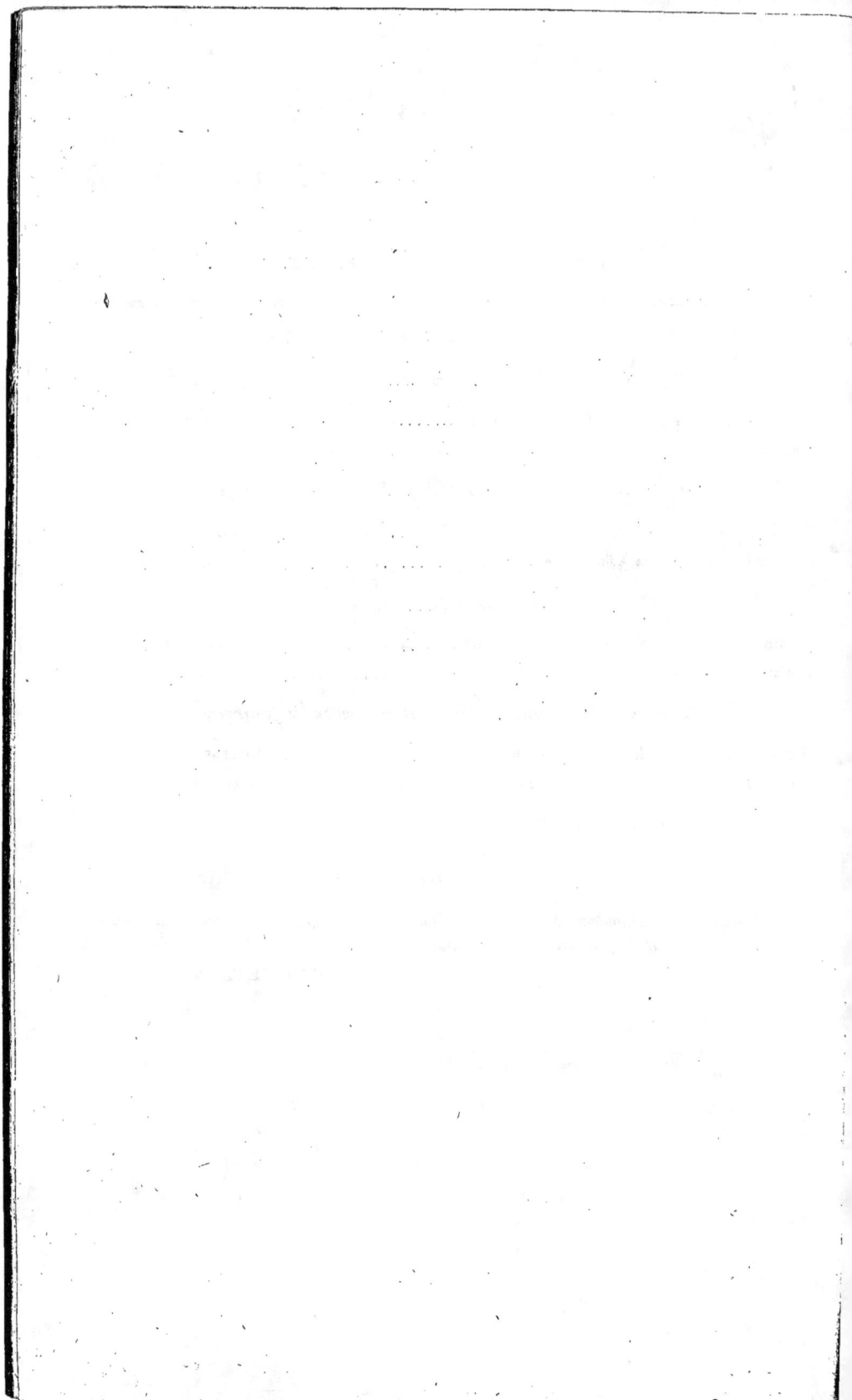

ÉTAT-MAJOR

DU GOUVERNEMENT DE PARIS.

ORDRE du 3 Fructidor an 12.

SERVICE DE L'ÉTAT-MAJOR DU GOUVERNEMENT.

Du 3 au 4 Fructidor.

Adjudant de Place de service à l'État-major général...................... SANSON.
Adjudant de Place de ronde de nuit.................................... COTEAU.

Visite aux Casernes, Prisons, Hôpital, et distribution de fourrages.

Rive droite de la Seine : le Capitaine Adjudant de Place.................. VILLERS.
Rive gauche : le Capitaine Adjudant de Place.......................... GRAILLARD.

Du 4 au 5 Fructidor.

Adjudant de Place de service à l'État-major général...................... COTEAU.
Adjudant de Place de ronde de nuit.................................... CORDIEZ.

Visite aux Casernes, Prisons, Hôpital, et distribution de fourrages.

Rive droite de la Seine : le Capitaine Adjudant de Place.................. CARON.
Rive gauche : le Lieutenant Adjudant de Place.......................... SANSON.

Rien de nouveau.

Le Général de Brigade Chef de l'État-major général du Gouvernement de Paris et de la première Division militaire,

CÉSAR BERTHIER.

Pour copie conforme :

L'Adjudant-commandant, Sous-chef de l'État-major général du Gouvernement de Paris et de la première Division militaire,

DOUCET.

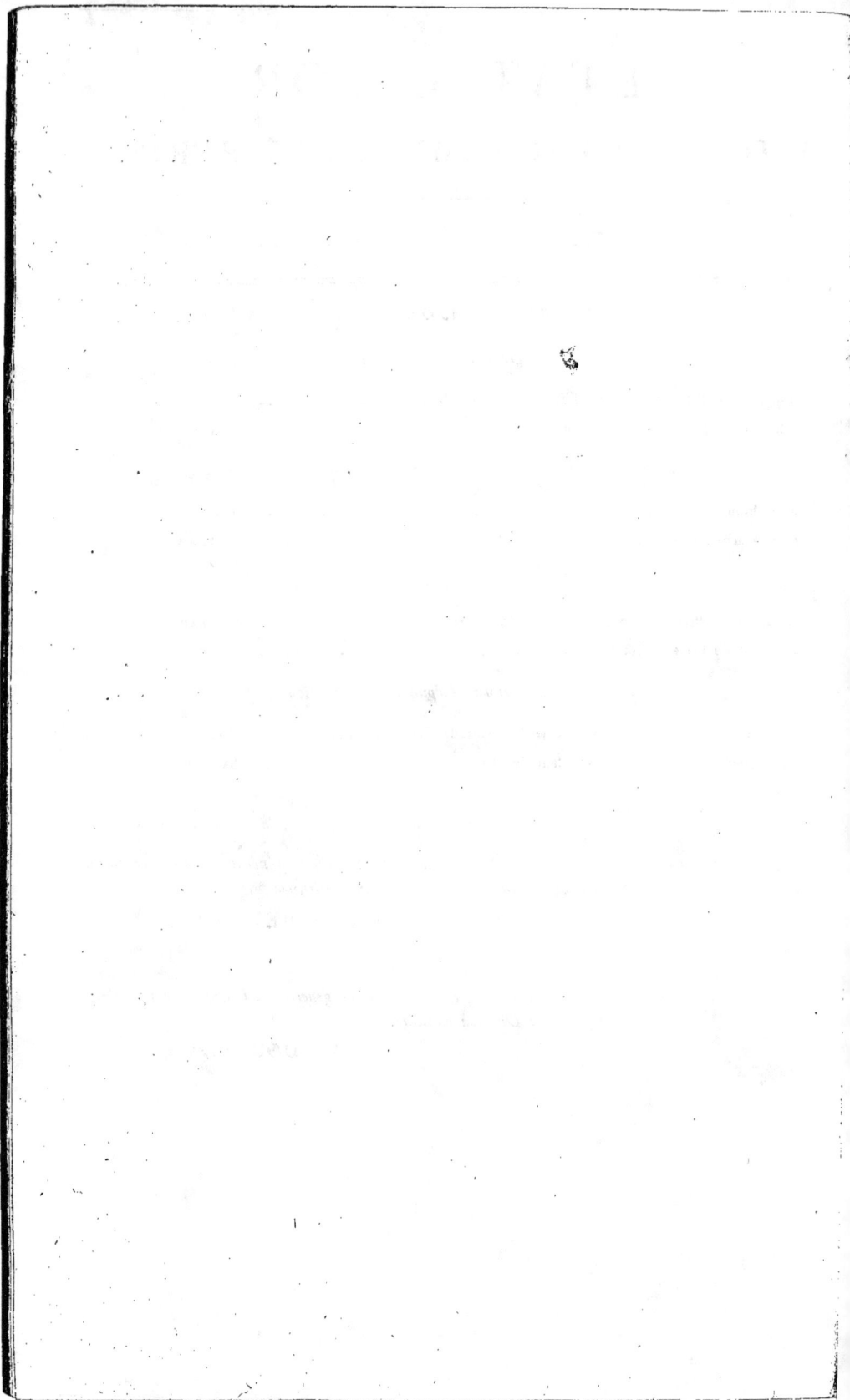

ÉTAT-MAJOR

DU GOUVERNEMENT DE PARIS.

ORDRE du 4 Fructidor an 12.

SERVICE DE L'ÉTAT-MAJOR DU GOUVERNEMENT.

Du 4 au 5 Fructidor.

Adjudant de Place de service à l'État-major général........................ COTEAU.

Adjudant de Place de ronde de nuit.. CORDIEZ.

Visite aux Casernes, Prisons, Hôpital, et distribution de fourrages.

Rive droite de la Seine : le Capitaine Adjudant de Place................. CARON.

Rive gauche : le Lieutenant Adjudant de Place.............................. SANSON.

Du 5 au 6 Fructidor.

Adjudant de Place de service à l'État-major général........................ CORDIEZ.

Adjudant de Place de ronde de nuit.. CARON.

Visite aux Casernes, Prisons, Hôpital, et distribution de fourrages.

Rive droite de la Seine : le Capitaine Adjudant de Place................. VILLERS.

Rive gauche : le Capitaine Adjudant de Place.............................. COTEAU.

Rien de nouveau.

Le Général de Brigade Chef de l'État-major général du Gouvernement de Paris et de la première Division militaire,

CÉSAR BERTHIER.

Pour copie conforme :

L'Adjudant-commandant, Sous-chef de l'État-major général du Gouvernement de Paris et de la première Division militaire,

DOUCET.

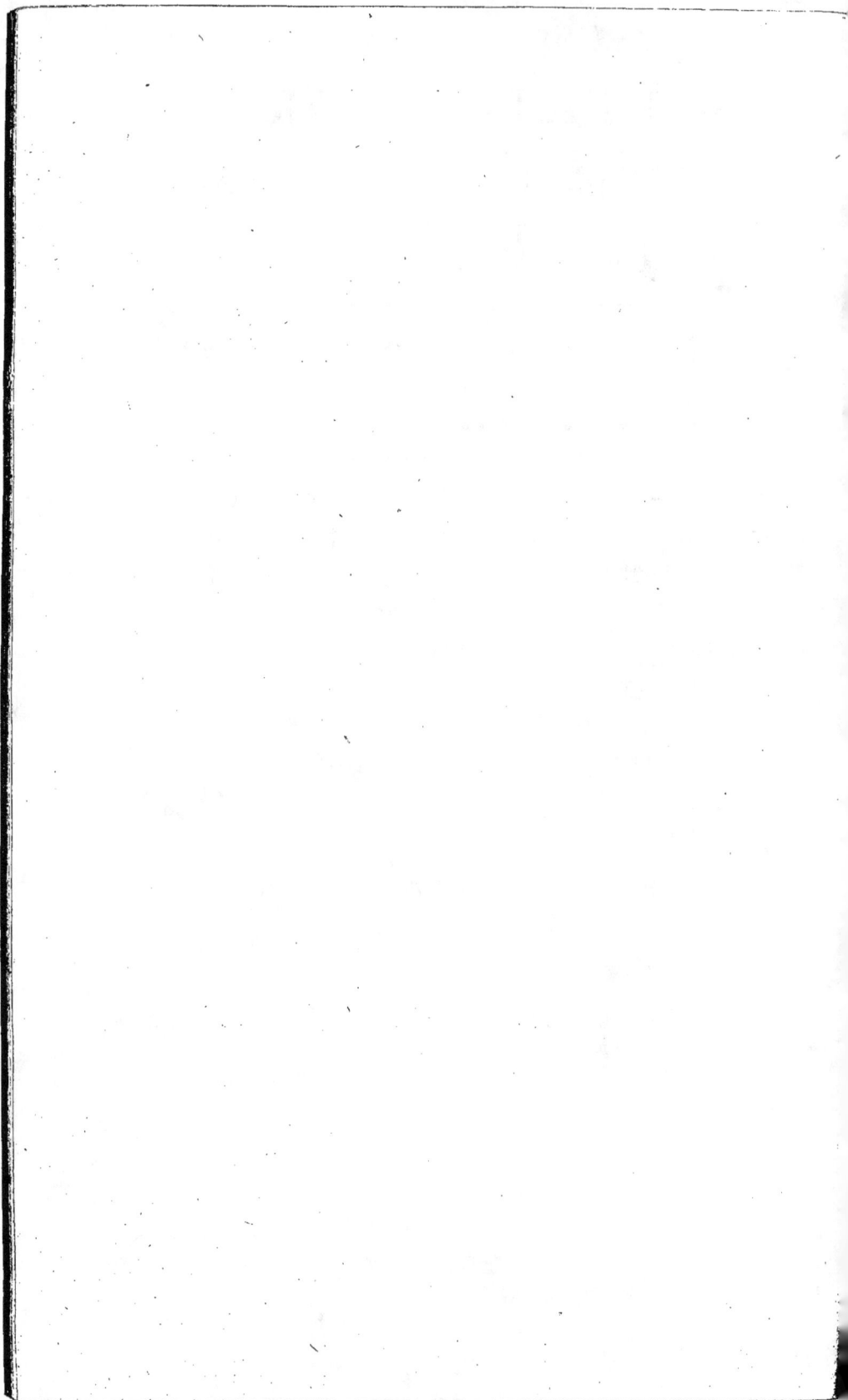

ÉTAT-MAJOR
DU GOUVERNEMENT DE PARIS.

ORDRE du 5 Fructidor an 12.

SERVICE DE L'ÉTAT-MAJOR DU GOUVERNEMENT.

Du 5 au 6 Fructidor.

Adjudant de Place de service à l'État-major général.................... CORDIEZ.

Adjudant de Place de ronde de nuit.................................. CARON.

Visite aux Casernes, Prisons, Hôpital, et distribution de fourrages.

Rive droite de la Seine : le Capitaine Adjudant de Place................. VILLERS.

Rive gauche : le Capitaine Adjudant de Place.......................... COTEAU.

Du 6 au 7 Fructidor.

Adjudant de Place de service à l'État-major général.................... CARON.

Adjudant de Place de ronde de nuit.................................. VILLERS.

Visite aux Casernes, Prisons, Hôpital, et distribution de fourrages.

Rive droite de la Seine : le Capitaine Adjudant de Place................. GRAILLARD.

Rive gauche : le Capitaine Adjudant de Place.......................... CORDIEZ.

Rien de nouveau.

Le Général de Brigade Chef de l'État-major général du Gouvernement de Paris et de la première Division militaire,

CÉSAR BERTHIER.

Pour copie conforme :

L'Adjudant-commandant, Sous-chef de l'État-major général du Gouvernement de Paris et de la première Division militaire,

DOUCET.

ÉTAT-MAJOR
DU GOUVERNEMENT DE PARIS.

ORDRE du 6 Fructidor an 12.

SERVICE DE L'ÉTAT-MAJOR DU GOUVERNEMENT.

Du 6 au 7 Fructidor.

Adjudant de Place de service à l'État-major général........................ CARON.

Adjudant de Place de ronde de nuit.. VILLERS.

Visite aux Casernes, Prisons, Hôpital, et distribution de fourrages.

Rive droite de la Seine : le Capitaine Adjudant de Place................. GRAILLARD.

Rive gauche : le Capitaine Adjudant de Place.......................... CORDIEZ.

Du 7 au 8 Fructidor.

Adjudant de Place de service à l'État-major général...................... VILLERS.

Adjudant de Place de ronde de nuit... GRAILLARD.

Visite aux Casernes, Prisons, Hôpital, et distribution de fourrages.

Rive droite de la Seine : le Lieutenant Adjudant de Place................ SANSON.

Rive gauche : le Capitaine Adjudant de Place.......................... CARON.

Corvées.

Le dix-huitième Régiment d'Infanterie de ligne fournira, à compter de demain 7 fructidor, jusqu'au cinquième jour complémentaire inclusivement, tous les hommes de corvée nécessaires aux travaux du dépôt central de l'Artillerie, sur la réquisition particulière du Général *Saint-Laurent*, Directeur dudit dépôt.

Le Général de Brigade Chef de l'État-major général du Gouvernement de Paris et de la première Division militaire,

CÉSAR BERTHIER.

Pour copie conforme :

L'Adjudant-commandant, Sous-chef de l'État-major général du Gouvernement de Paris et de la première Division militaire,

DOUCET.

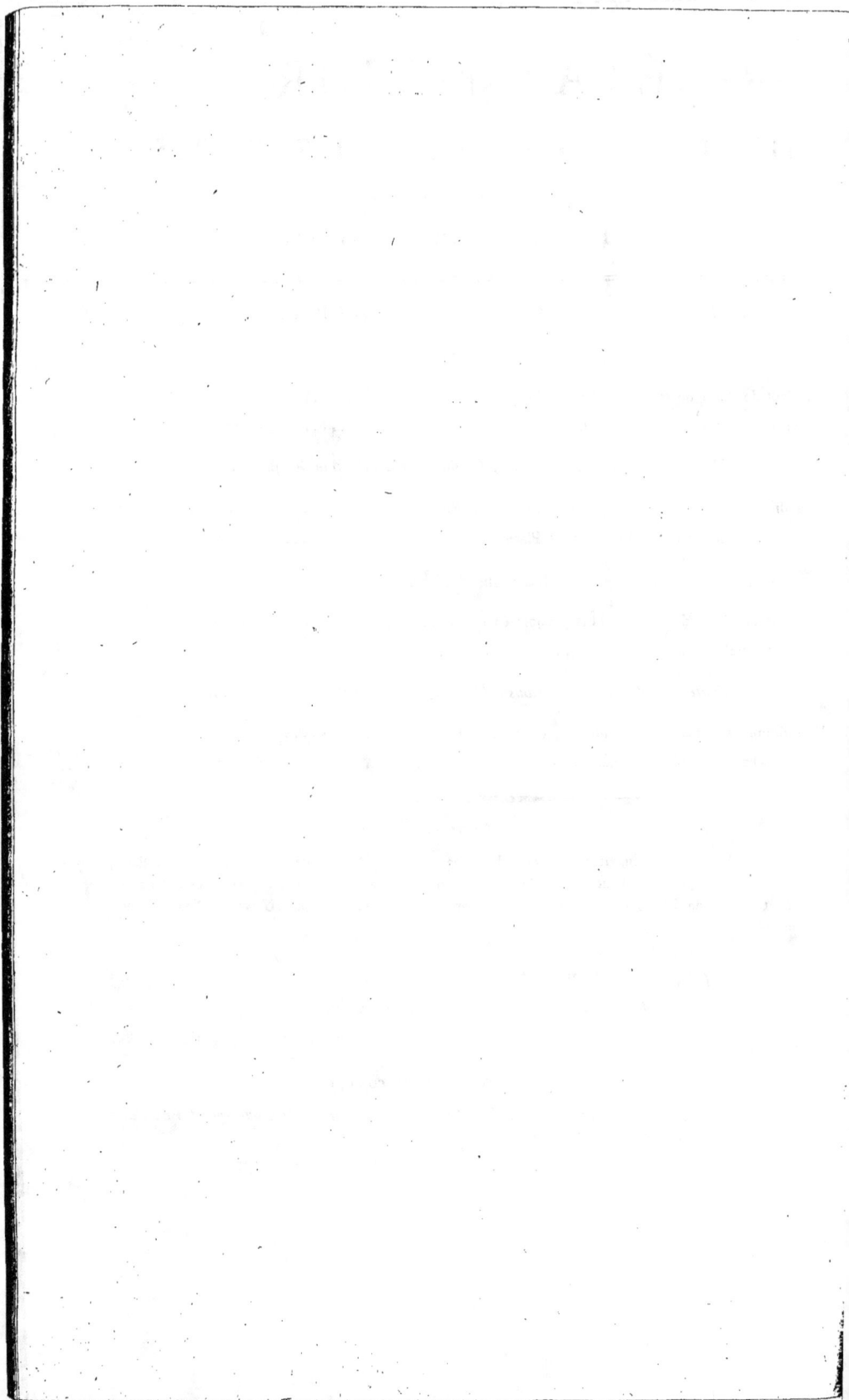

ÉTAT-MAJOR
DU GOUVERNEMENT DE PARIS,

ORDRE du 7 Fructidor an 12.

SERVICE DE L'ÉTAT-MAJOR DU GOUVERNEMENT.

Du 7 au 8 Fructidor.

Adjudant de Place de service à l'État-major général .... VILLERS.

Adjudant de Place de ronde de nuit .... GRAILLARD.

Visite aux Casernes, Prisons, Hôpital, et distribution de fourrages.

Rive droite de la Seine : le Lieutenant Adjudant de Place .... SANSON.

Rive gauche : le Capitaine Adjudant de Place .... CARON.

Du 8 au 9 Fructidor.

Adjudant de Place de service à l'État-major général .... GRAILLARD.

Adjudant de Place de ronde de nuit .... SANSON.

Visite aux Casernes, Prisons, Hôpital, et distribution de fourrages.

Rive droite de la Seine : le Capitaine Adjudant de Place .... VIART.

Rive gauche : le Capitaine Adjudant de Place .... VILLERS.

Rien de nouveau.

Le Général de Brigade Chef de l'État-major général du Gouvernement de Paris et de la première Division militaire,

CÉSAR BERTHIER.

Pour copie conforme :

L'Adjudant-commandant, Sous-chef de l'État-major général du Gouvernement de Paris et de la première Division militaire,

DOUCET.

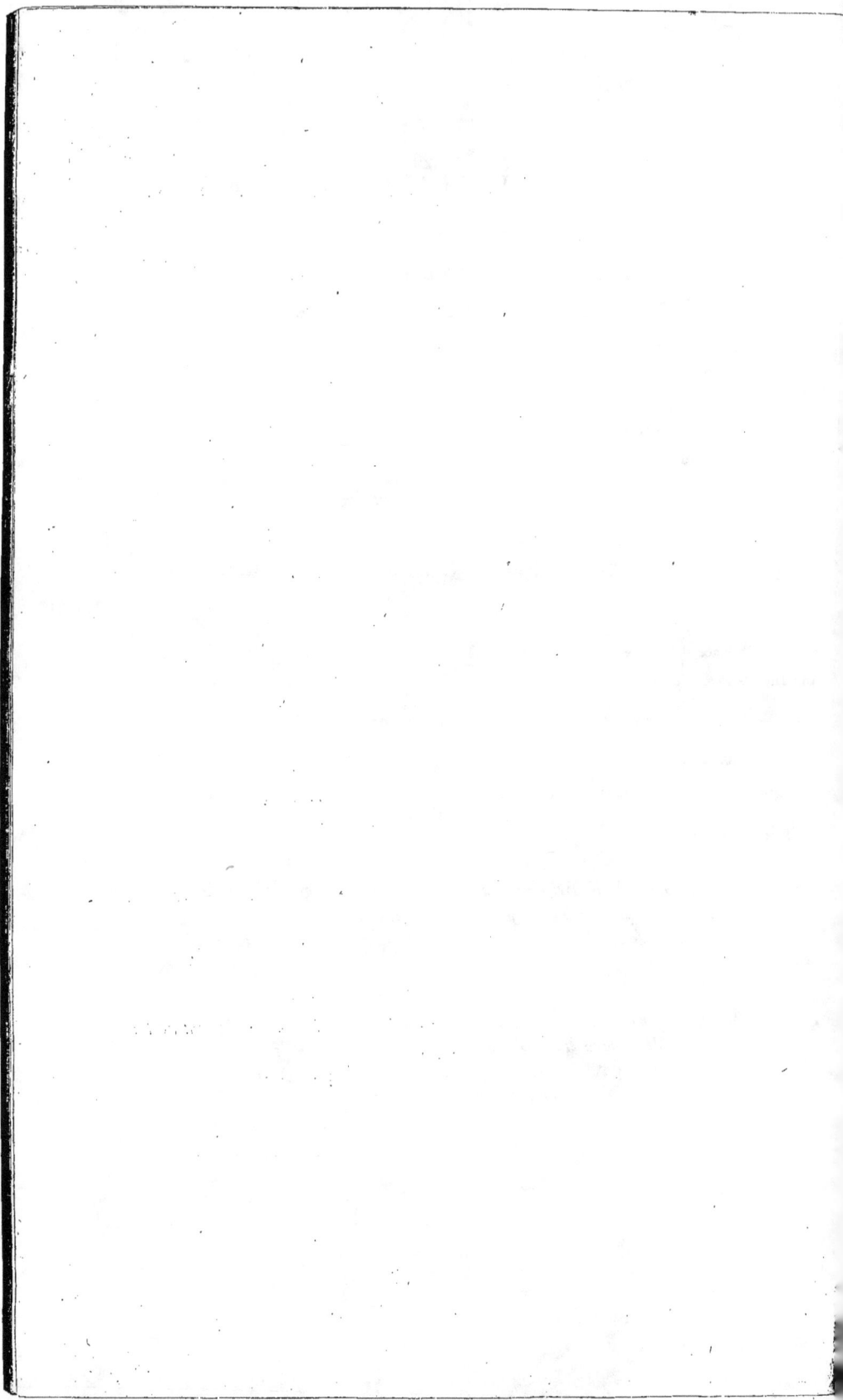

ÉTAT-MAJOR

DU GOUVERNEMENT DE PARIS.

ORDRE du 8 Fructidor an 12.

SERVICE DE L'ÉTAT-MAJOR DU GOUVERNEMENT.

Du 8 au 9 Fructidor.

Adjudant de Place de service à l'État-major général........................ GRAILLARD.

Adjudant de Place de ronde de nuit.................................... SANSON.

Visite aux Casernes, Prisons, Hôpital, et distribution de fourrages.

Rive droite de la Seine : le Capitaine Adjudant de Place................. VIART.

Rive gauche : le Capitaine Adjudant de Place.......................... VILLERS.

Du 9 au 10 Fructidor.

Adjudant de Place de service à l'État-major général..................... SANSON.

Adjudant de Place de ronde de nuit.................................... VIART.

Visite aux Casernes, Prisons, Hôpital, et distribution de fourrages.

Rive droite de la Seine : le Capitaine Adjudant de Place................. COTEAU.

Rive gauche : le Capitaine Adjudant de Place.......................... GRAILLARD.

Rien de nouveau.

Le Général-commandant, Sous-chef de l'État-major général du Gouvernement de Paris et de la première Division militaire,

CÉSAR BERTHIER.

Pour copie conforme :

L'Adjudant-commandant, Sous-chef de l'État-major général du Gouvernement de Paris et de la première Division militaire,

DOUCET.

[illegible]

ÉTAT-MAJOR

DU GOUVERNEMENT DE PARIS.

ORDRE du 9 Fructidor an 12.

SERVICE DE L'ÉTAT-MAJOR DU GOUVERNEMENT.

Du 9 au 10 Fructidor.

Adjudant de Place de service à l'État-major général........................ SANSON.

Adjudant de Place de ronde de nuit................................ VIART.

Visite aux Casernes, Prisons, Hôpital, et distribution de fourrages.

Rive droite de la Seine : le Capitaine Adjudant de Place................. COTEAU.

Rive gauche : le Capitaine Adjudant de Place........................ GRAILLARD.

Du 10 au 11 Fructidor.

Adjudant de Place de service à l'État-major général........................ VIART.

Adjudant de Place de ronde de nuit................................ COTEAU.

Visite aux Casernes, Prisons, Hôpital, et distribution de fourrages.

Rive droite de la Seine : le Capitaine Adjudant de Place................. CORDIEZ.

Rive gauche : le Lieutenant Adjudant de Place........................ SANSON.

Rien de nouveau.

Le Général de Brigade, Chef de l'État-major général du Gouvernement de Paris et de la première Division militaire,

CÉSAR BERTHIER.

Pour copie conforme :

L'Adjudant-commandant, Sous-chef de l'État-major général du Gouvernement de Paris,

DOUCET.

ÉTAT-MAJOR

DU GOUVERNEMENT DE PARIS.

ORDRE du 10 Fructidor an 12.

SERVICE DE L'ÉTAT-MAJOR DU GOUVERNEMENT.

Du 10 au 11 Fructidor.

Adjudant de Place de service à l'État-major général........................ VIART.

Adjudant de Place de ronde de nuit.................................... COTEAU.

Visite aux Casernes, Prisons, Hôpital, et distribution de fourrages.

Rive droite de la Seine : le Capitaine Adjudant de Place.................. CORDIEZ.

Rive gauche : le Lieutenant Adjudant de Place.......................... SANSON.

Du 11 au 12 Fructidor.

Adjudant de Place de service à l'État-major général........................ COTEAU.

Adjudant de Place de ronde de nuit.................................... CORDIEZ.

Visite aux Casernes, Prisons, Hôpital, et distribution de fourrages.

Rive droite de la Seine : le Capitaine Adjudant de Place.................. CARON.

Rive gauche : le Capitaine Adjudant de Place.......................... VIART.

Rien de nouveau.

Le Général de Brigade, Chef de l'État-major général du Gouvernement de Paris et de la première Division militaire,

CÉSAR BERTHIER.

Pour copie conforme :

L'Adjudant-commandant, Sous-chef de l'État-major général du Gouvernement de Paris,

DOUCET.

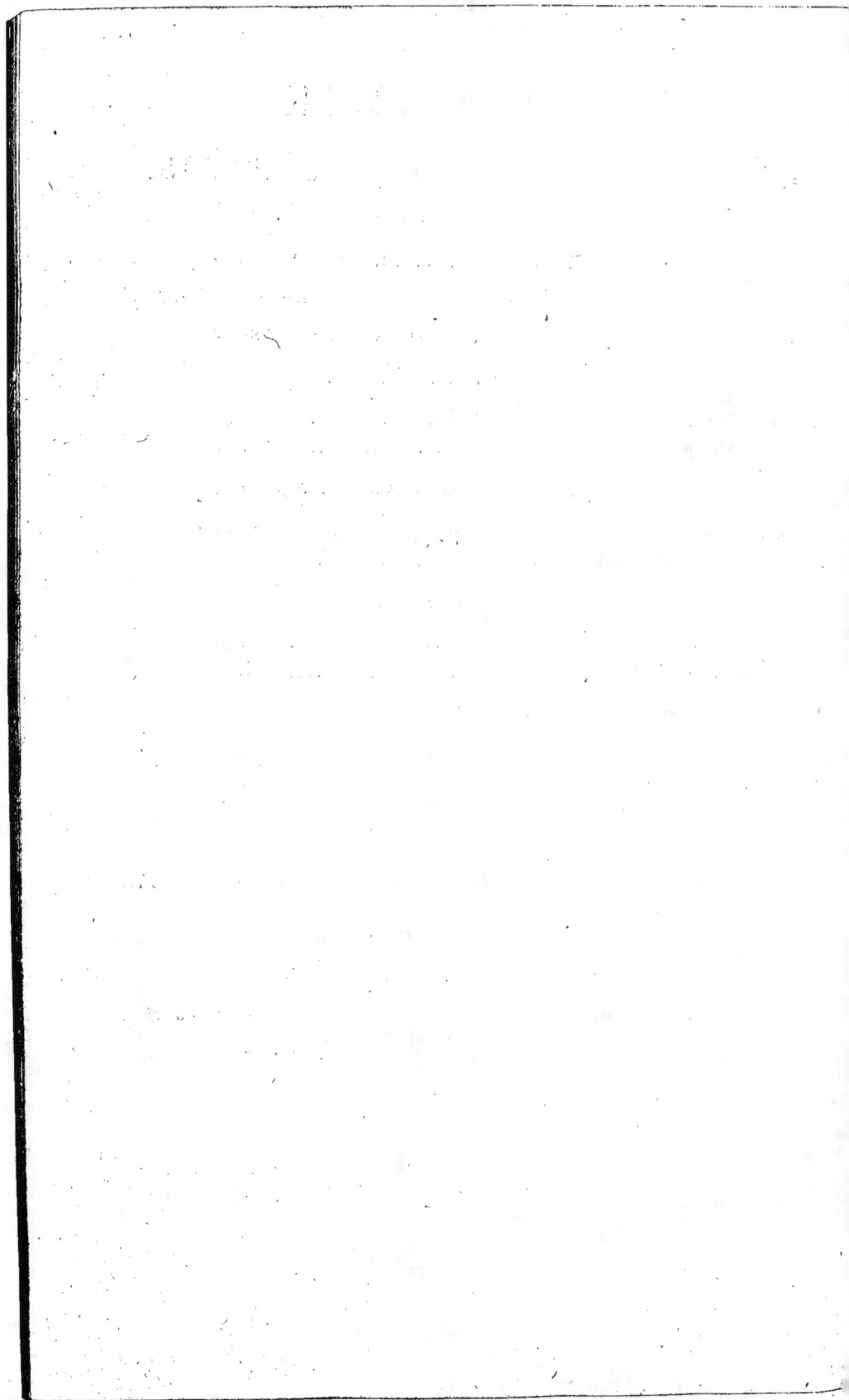

ÉTAT-MAJOR
DU GOUVERNEMENT DE PARIS.

ORDRE du 11 Fructidor an 12.

SERVICE DE L'ÉTAT-MAJOR DU GOUVERNEMENT.

Du 11 au 12 Fructidor.

Adjudant de Place de service à l'État-major général........................ COTEAU.

Adjudant de Place de ronde de nuit.................................... CORDIEZ.

Visite aux Casernes, Prisons, Hôpital, et distribution de fourrages.

Rive droite de la Seine : le Capitaine Adjudant de Place................. CARON.

Rive gauche : le Capitaine Adjudant de Place.......................... VIART.

Du 12 au 13 Fructidor.

Adjudant de Place de service à l'État-major général........................ CORDIEZ.

Adjudant de Place de ronde de nuit.................................... CARON.

Visite aux Casernes, Prisons, Hôpital, et distribution de fourrages.

Rive droite de la Seine : le Capitaine Adjudant de Place................. VILLERS.

Rive gauche : le Capitaine Adjudant de Place.......................... COTEAU.

Rien de nouveau.

Le Général de Brigade, Chef de l'État-major général du Gouvernement de Paris et de la première Division militaire,

CÉSAR BERTHIER.

Pour copie conforme :

L'Adjudant-commandant, Sous-chef de l'État-major général du Gouvernement de Paris,

DOUCET.

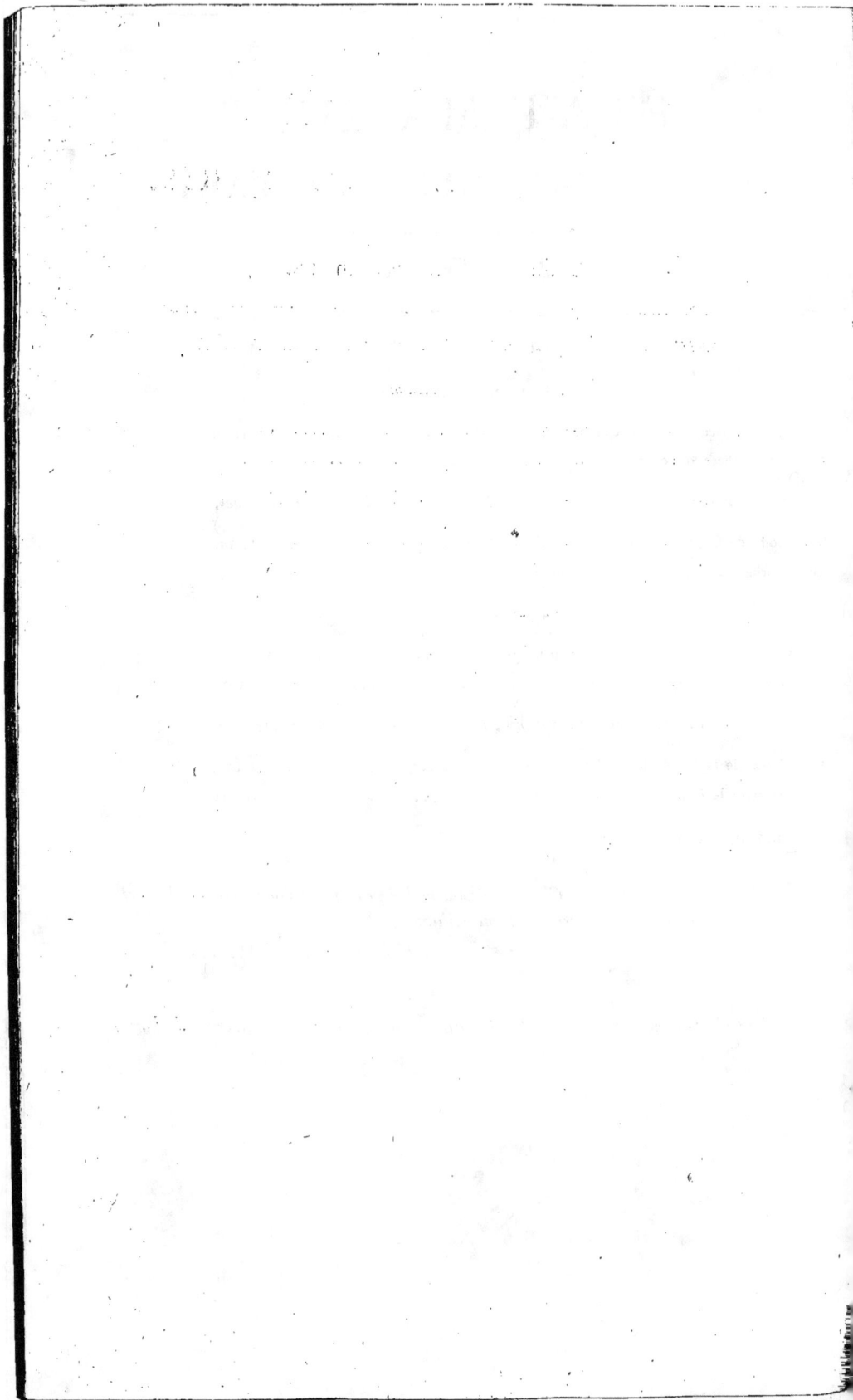

ÉTAT-MAJOR
DU GOUVERNEMENT DE PARIS.

ORDRE du 12 Fructidor an 12.

SERVICE DE L'ÉTAT-MAJOR DU GOUVERNEMENT.

Du 12 au 13 Fructidor.

Adjudant de Place de service à l'État-major général........................ CORDIEZ.

Adjudant de Place de ronde de nuit.. CARON.

Visite aux Casernes, Prisons, Hôpital, et distribution de fourrages.

Rive droite de la Seine : le Capitaine Adjudant de Place................. VILLERS.

Rive gauche : le Capitaine Adjudant de Place.............................. COTEAU.

Du 13 au 14 Fructidor.

Adjudant de Place de service à l'État-major général........................ CARON.

Adjudant de Place de ronde de nuit.. VILLERS.

Visite aux Casernes, Prisons, Hôpital, et distribution de fourrages.

Rive droite de la Seine : le Capitaine Adjudant de Place................. GRAILLARD.

Rive gauche : le Capitaine Adjudant de Place.............................. CORDIEZ.

Rien de nouveau.

Le Général de Brigade, Chef de l'État-major général du Gouvernement de Paris et de la première Division militaire,

CÉSAR BERTHIER.

Pour copie conforme :

L'Adjudant-commandant, Sous-chef de l'État-major général du Gouvernement de Paris,

DOUCET.

ÉTAT-MAJOR
DU GOUVERNEMENT DE PARIS.

ORDRE du 13 Fructidor an 12.

SERVICE DE L'ÉTAT-MAJOR DU GOUVERNEMENT.

Du 13 au 14 Fructidor.

djudant de Place de service à l'État-major général...................... CARON.
djudant de Place de ronde de nuit.................................. VILLERS.

Visite aux Casernes, Prisons, Hôpital, et distribution de fourrages.

ive droite de la Seine : le Capitaine Adjudant de Place.................. GRAILLARD.
ive gauche : le Capitaine Adjudant de Place......................... CORDIEZ.

Du 14 au 15 Fructidor.

djudant de Place de service à l'État-major général...................... VILLERS.
ljudant de Place de ronde de nuit.................................. GRAILLARD.

Visite aux Casernes, Prisons, Hôpital, et distribution de fourrages.

ve droite de la Seine : le Lieutenant Adjudant de Place............... SANSON.
ve gauche : le Capitaine Adjudant de Place......................... CARON.

Rien de nouveau.

Le Général de Brigade, Chef de l'État-major général du Gouvernement de Paris et de la première Division militaire,

CÉSAR BERTHIER.

Pour copie conforme :

L'Adjudant-commandant, Sous-chef de l'État-major général du Gouvernement de Paris,

DOUCET.

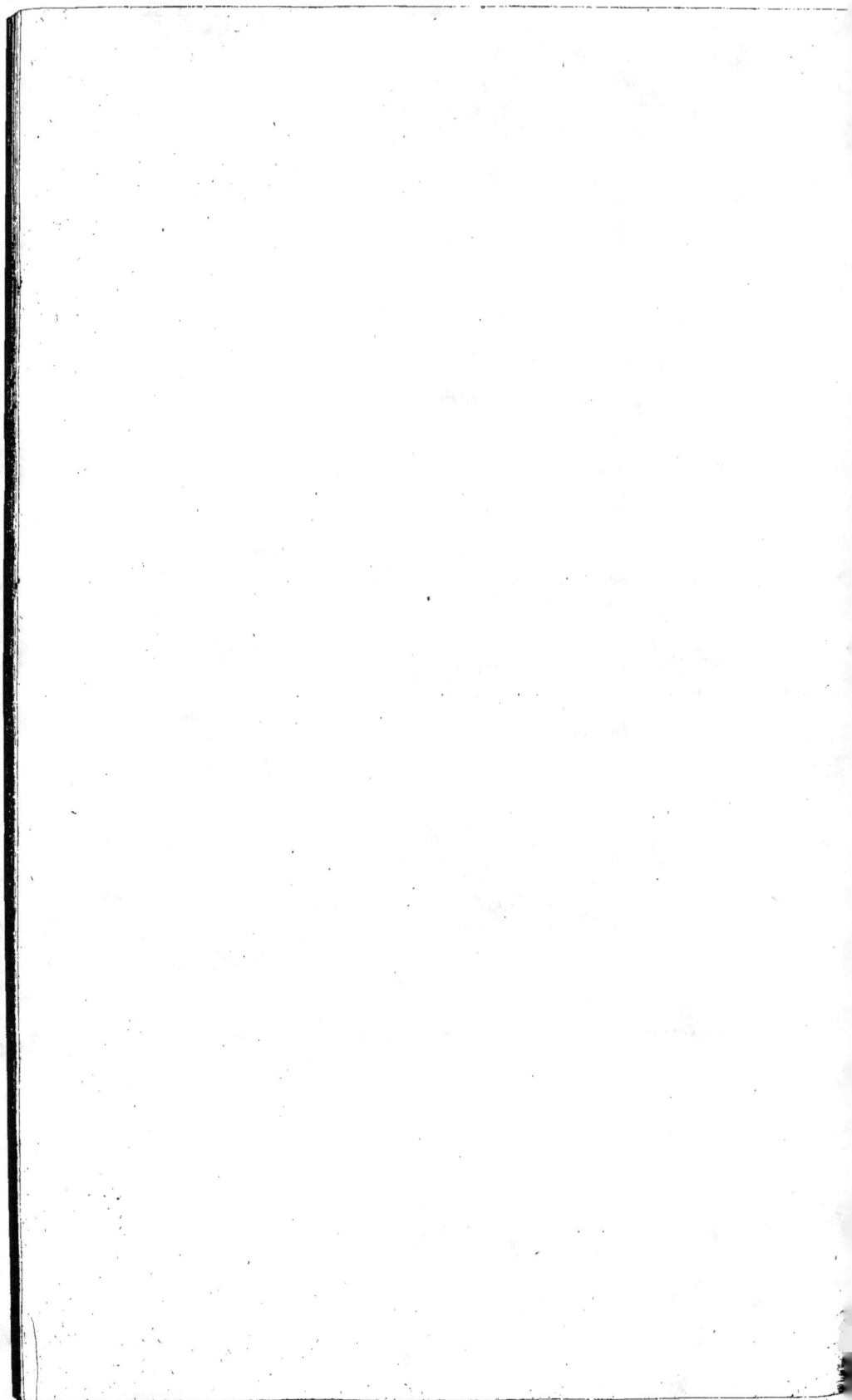

ÉTAT-MAJOR
DU GOUVERNEMENT DE PARIS.

ORDRE du 14 Fructidor an 12.

SERVICE DE L'ÉTAT-MAJOR DU GOUVERNEMENT.

Du 14 au 15 Fructidor.

Adjudant de Place de service à l'État-major général........................ VILLERS.

Adjudant de Place de ronde de nuit.. GRAILLARD,

Visite aux Casernes, Prisons, Hôpital, et distribution de fourrages.

Rive droite de la Seine : le Lieutenant Adjudant de Place................ SANSON.

Rive gauche : le Capitaine Adjudant de Place.............................. CARON.

Du 15 au 16 Fructidor.

Adjudant de Place de service à l'État-major général........................ SANSON,

Adjudant de Place de ronde de nuit.. VIART,

Visite aux Casernes, Prisons, Hôpital, et distribution de fourrages.

Rive droite de la Seine : le Capitaine Adjudant de Place.................. VIART.

Rive gauche : le Capitaine Adjudant de Place.............................. VILLERS,

Rien de nouveau.

Le Général de Brigade, Chef de l'État-major général du Gouvernement de Paris et de la première Division militaire,

CÉSAR BERTHIER.

Pour copie conforme :

L'Adjudant-commandant, Sous-chef de l'État-major général du Gouvernement de Paris,

DOUCET.

ÉTAT-MAJOR
DU GOUVERNEMENT DE PARIS.

ORDRE du 15 Fructidor an 12.

SERVICE DE L'ÉTAT-MAJOR DU GOUVERNEMENT.

Du 15 au 16 Fructidor.

Adjudant de Place de service à l'État-major général........................ SANSON.
Adjudant de Place de ronde de nuit.. VIART.

Visite aux Casernes, Prisons, Hôpital, et distribution de fourrages.

Rive droite de la Seine : le Capitaine Adjudant de Place................. VIART.
Rive gauche : le Capitaine Adjudant de Place.............................. VILLERS.

Du 16 au 17 Fructidor.

Adjudant de Place de service à l'État-major général........................ VIART.
Adjudant de Place de ronde de nuit.. COTEAU.

Visite aux Casernes, Prisons, Hôpital, et distribution de fourrages.

Rive droite de la Seine : le Capitaine Adjudant de Place................. COTEAU.
Rive gauche : le Lieutenant Adjudant de Place............................. SANSON.

Rien de nouveau.

Le Général de Brigade, Chef de l'État-major général du Gouvernement de Paris et de la première Division militaire,

CÉSAR BERTHIER.

Pour copie conforme :

L'Adjudant-commandant, Sous-chef de l'État-major général du Gouvernement de Paris,

DOUCET.

ÉTAT-MAJOR

DU GOUVERNEMENT DE PARIS.

ORDRE du 16 Fructidor an 12.

SERVICE DE L'ÉTAT-MAJOR DU GOUVERNEMENT.

Du 16 au 17 Fructidor.

Adjudant de Place de service à l'État-major général........................ VIART.

Adjudant de Place de ronde de nuit.. COTEAU.

Visite aux Casernes, Prisons, Hôpital, et distribution de fourrages.

Rive droite de la Seine : le Capitaine Adjudant de Place................. COTEAU.

Rive gauche : le Lieutenant Adjudant de Place.......................... SANSON.

Du 17 au 18 Fructidor.

Adjudant de Place de service à l'État-major général........................ COTEAU.

Adjudant de Place de ronde de nuit.. SANSON.

Visite aux Casernes, Prisons, Hôpital, et distribution de fourrages.

Rive droite de la Seine : le Capitaine Adjudant de Place................ CORDIEZ.

Rive gauche : le Capitaine Adjudant de Place........................... VIART.

Rien de nouveau.

Le Général de Brigade, Chef de l'État-major général du Gouvernement de Paris et de la première Division militaire,

CÉSAR BERTHIER.

Pour copie conforme :

L'Adjudant-commandant, Sous-chef de l'État-major général du Gouvernement de Paris,

DOUCET.

[illegible]

[illegible]

[illegible]

[illegible]

[illegible]

[illegible]

[illegible]

ÉTAT-MAJOR

DU GOUVERNEMENT DE PARIS.

ORDRE du 17 Fructidor an 12.

SERVICE DE L'ÉTAT-MAJOR DU GOUVERNEMENT.

Du 17 au 18 Fructidor.

Adjudant de Place de service à l'État-major général........................ COTEAU,

Adjudant de Place de ronde de nuit.. SANSON,

Visite aux Casernes, Prisons, Hôpital, et distribution de fourrages.

Rive droite de la Seine : le Capitaine Adjudant de Place.................. CORDIEZ,

Rive gauche : le Capitaine Adjudant de Place.............................. VIART.

Du 18 au 19 Fructidor.

Adjudant de Place de service à l'État-major général........................ CORDIEZ,

Adjudant de Place de ronde de nuit.. CARON,

Visite aux Casernes, Prisons, Hôpital, et distribution de fourrages.

Rive droite de la Seine : le Capitaine Adjudant de Place.................. CARON.

Rive gauche : le Capitaine Adjudant de Place.............................. COTEAU.

Rien de nouveau.

Le Général de Brigade, Chef de l'État-major général du Gouvernement de Paris et de la première Division militaire,

CÉSAR BERTHIER.

Pour copie conforme :

L'Adjudant-commandant, Sous-chef de l'État-major général du Gouvernement de Paris,

DOUCET.

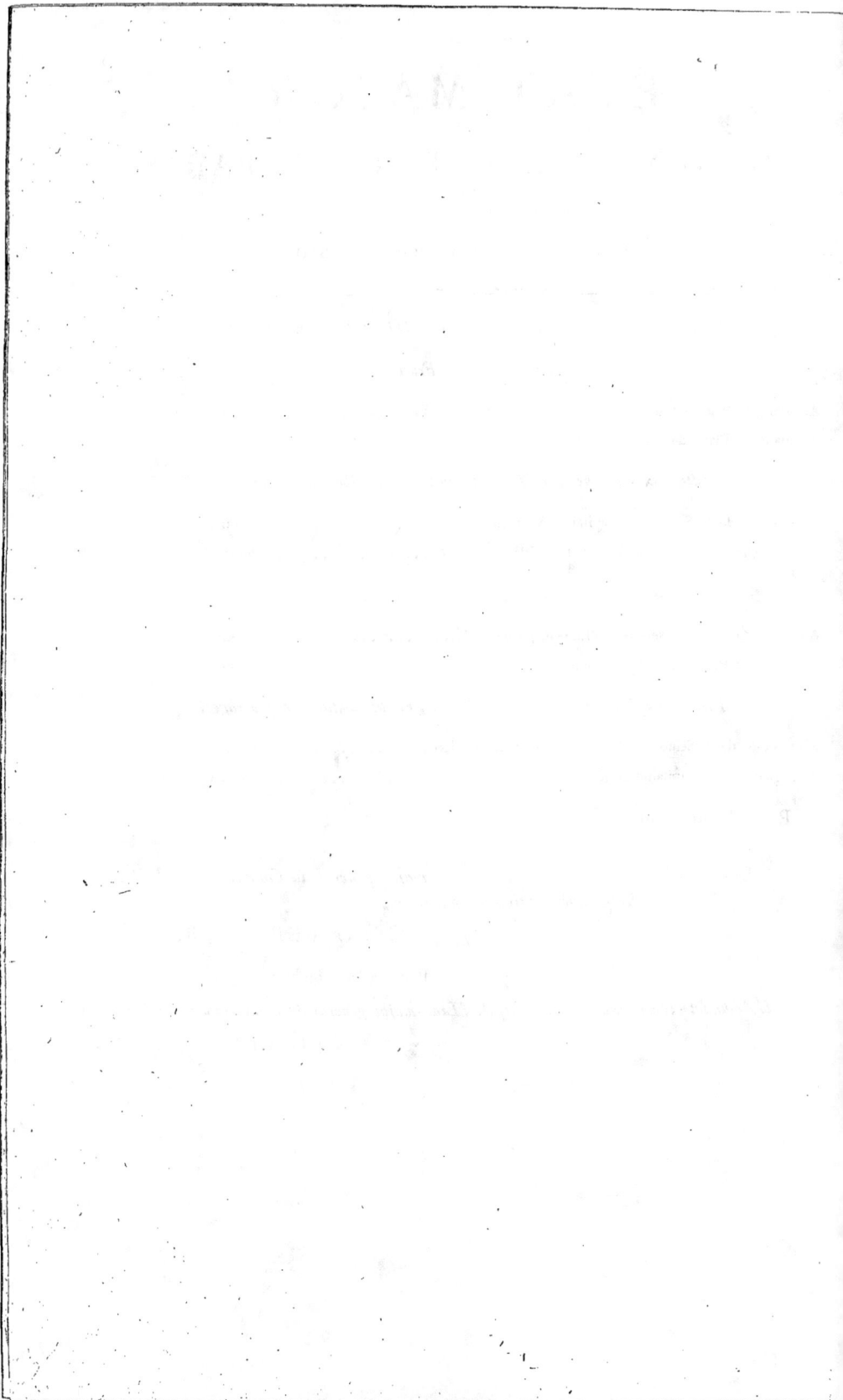

ÉTAT-MAJOR
DU GOUVERNEMENT DE PARIS.

ORDRE du 18 Fructidor an 12.

SERVICE DE L'ÉTAT-MAJOR DU GOUVERNEMENT.

Du 18 au 19 Fructidor.

Adjudant de Place de service à l'État-major général........................ CORDIEZ.
Adjudant de Place de ronde de nuit.. CARON.

Visite aux Casernes, Prisons, Hôpital, et distribution de fourrages.

Rive droite de la Seine : le Capitaine Adjudant de Place................ CARON.
Rive gauche : le Capitaine Adjudant de Place............................. COTEAU.

Du 19 au 20 Fructidor.

Adjudant de Place de service à l'État-major général........................ CARON.
Adjudant de Place de ronde de nuit.. VILLERS.

Visite aux Casernes, Prisons, Hôpital, et distribution de fourrages.

Rive droite de la Seine : le Capitaine Adjudant de Place................ VILLERS.
Rive gauche : le Capitaine Adjudant de Place............................. CORDIEZ.

Rien de nouveau.

Le Général de Brigade, Chef de l'État-major général du Gouvernement de Paris et de la première Division militaire,

CÉSAR BERTHIER.

Pour copie conforme :

L'Adjudant-commandant, Sous-chef de l'État-major général du Gouvernement de Paris,

DOUCET.

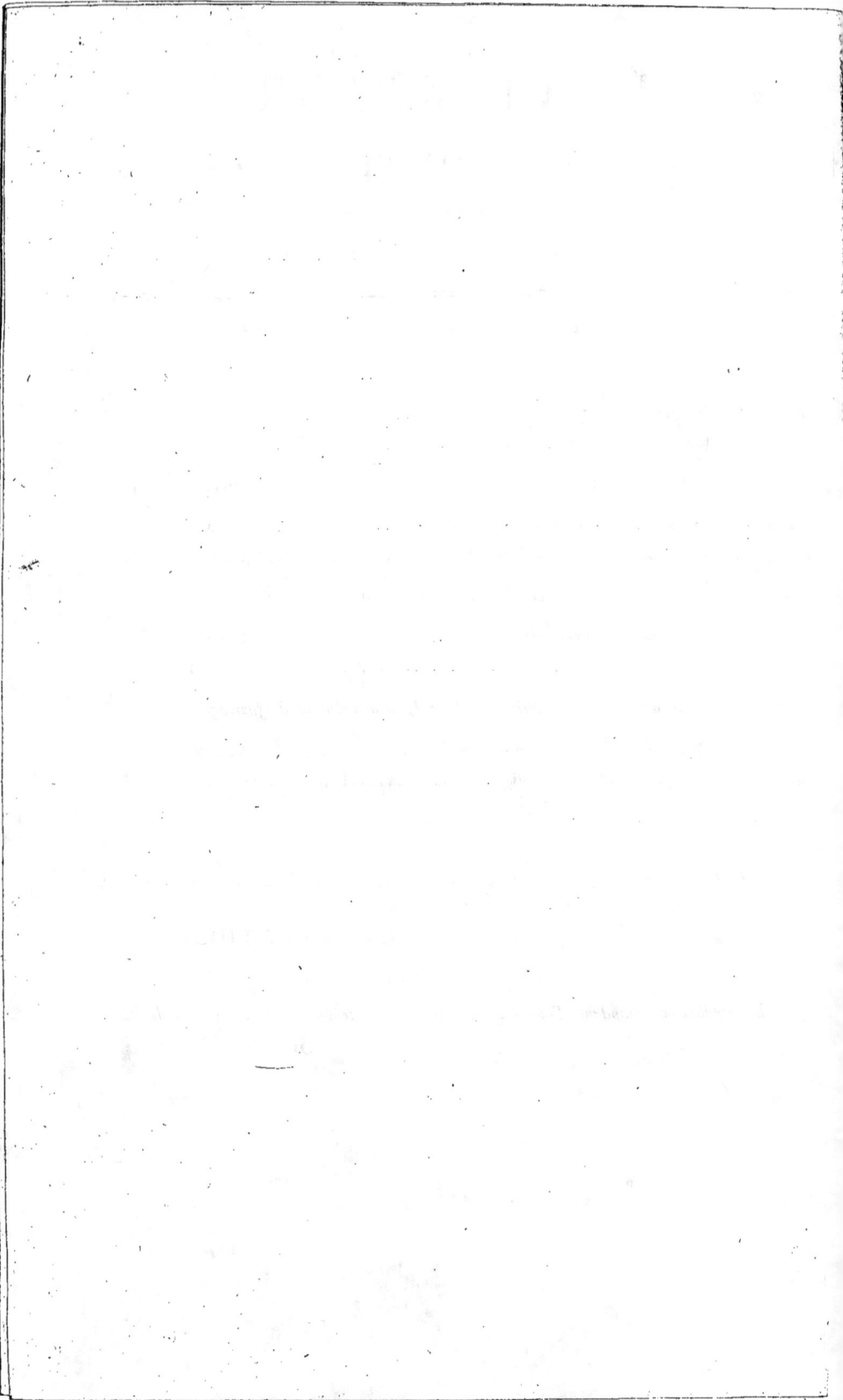

ÉTAT-MAJOR
DU GOUVERNEMENT DE PARIS.

ORDRE du 19 Fructidor an 12.

SERVICE DE L'ÉTAT-MAJOR DU GOUVERNEMENT.

Du 19 au 20 Fructidor.

Adjudant de Place de service à l'État-major général........................ CARON,

Adjudant de Place de ronde de nuit.. VILLERS,

Visite aux Casernes, Prisons, Hôpital, et distribution de fourrages.

Rive droite de la Seine : le Capitaine Adjudant de Place................ VILLERS,

Rive gauche : le Capitaine Adjudant de Place............................ CORDIEZ,

Du 20 au 21 Fructidor.

Adjudant de Place de service à l'État-major général........................ VILLERS.

Adjudant de Place de ronde de nuit.. CORDIEZ,

Visite aux Casernes, Prisons, Hôpital, et distribution de fourrages.

Rive droite de la Seine : le Capitaine Adjudant de Place................ GRAILLARD,

Rive gauche : le Capitaine Adjudant de Place............................ CARON,

---

Adjudans des douze Arrondissemens de Paris.

Monsieur le Maréchal Gouverneur, ordonne que pour distinguer les Adjudans de la Place de Paris de ceux des arrondissemens de cette ville, ces derniers porteront, à commencer du 1.er vendémiaire prochain, l'uniforme des vingt-quatre de ces Officiers qui avaient été conservés par l'ordre du 19 brumaire de la présente année ; à l'exception que le galon qui borde le collet, l'épaulette, la dragonne et les boutons seront en argent.

Le Général de Brigade, Chef de l'État-major général du Gouvernement de Paris et de la première Division militaire,

CÉSAR BERTHIER.

Pour copie conforme :

L'Adjudant-commandant, Sous-chef de l'État-major général du Gouvernement de Paris,

DOUCET.

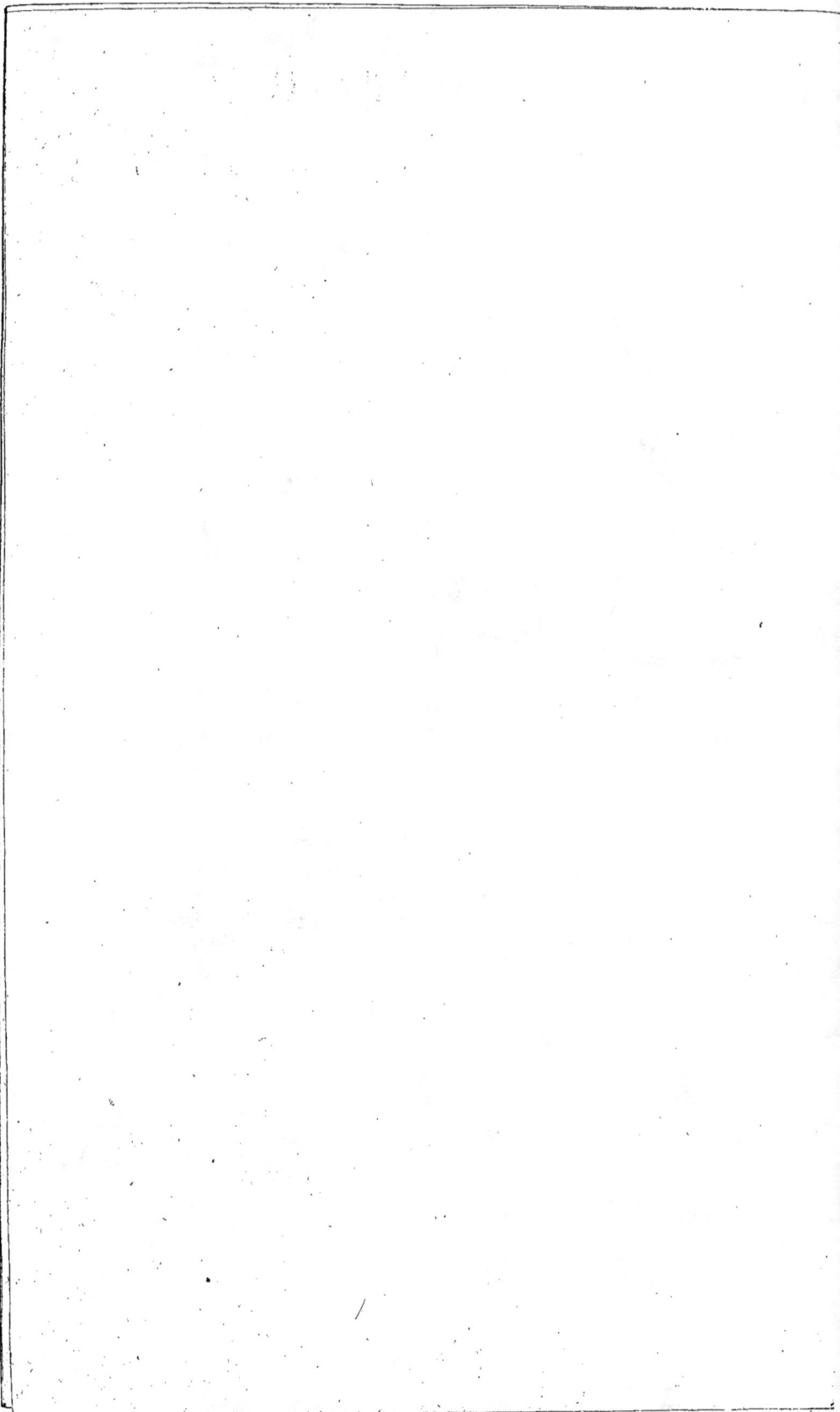

ÉTAT-MAJOR
DU GOUVERNEMENT DE PARIS.

ORDRE du 20 Fructidor an 12.

SERVICE DE L'ÉTAT-MAJOR DU GOUVERNEMENT.

Du 20 au 21 Fructidor.

Adjudant de Place de service à l'État-major général........................ VILLERS.
Adjudant de Place de ronde de nuit.. CORDIEZ.

Visite aux Casernes, Prisons, Hôpital, et distribution de fourrages.

Rive droite de la Seine : le Capitaine Adjudant de Place.................. GRAILLARD.
Rive gauche : le Capitaine Adjudant de Place.............................. CARON.

Du 21 au 22 Fructidor.

Adjudant de Place de service à l'État-major général........................ GRAILLARD.
Adjudant de Place de ronde de nuit.. VIART.

Visite aux Casernes, Prisons, Hôpital, et distribution de fourrages.

Rive droite de la Seine : le Lieutenant Adjudant de Place................. SANSON.
Rive gauche : le Capitaine Adjudant de Place.............................. VILLERS.

Rien de nouveau.

Le Général de Brigade, Chef de l'État-major général du Gouvernement de Paris et de la première Division militaire,

CÉSAR BERTHIER.

Pour copie conforme :

L'Adjudant-commandant, Sous-chef de l'État-major général du Gouvernement de Paris,

DOUCET.

ÉTAT-MAJOR
DU GOUVERNEMENT DE PARIS.

ORDRE du 21 Fructidor an 12.

SERVICE DE L'ÉTAT-MAJOR DU GOUVERNEMENT.

Du 21 au 22 Fructidor.

Adjudant de Place de service à l'État-major général.......................... GRAILLARD.

Adjudant de Place de ronde de nuit.. VIART.

Visite aux Casernes, Prisons, Hôpital, et distribution de fourrages.

Rive droite de la Seine : le Lieutenant Adjudant de Place................ SANSON.

Rive gauche : le Capitaine Adjudant de Place............................. VILLERS.

Du 22 au 23 Fructidor.

Adjudant de Place de service à l'État-major général.......................... VIART.

Adjudant de Place de ronde de nuit.. COTEAU.

Visite aux Casernes, Prisons, Hôpital, et distribution de fourrages.

Rive droite de la Seine : le Capitaine Adjudant de Place................... CORDIEZ.

Rive gauche : le Capitaine Adjudant de Place............................. GRAILLARD.

Rien de nouveau.

Le Général de Brigade, Chef de l'État-major général du Gouvernement de Paris et de la première Division militaire,

CÉSAR BERTHIER.

Pour copie conforme :

L'Adjudant-commandant, Sous-chef de l'État-major général du Gouvernement de Paris,

DOUCET.

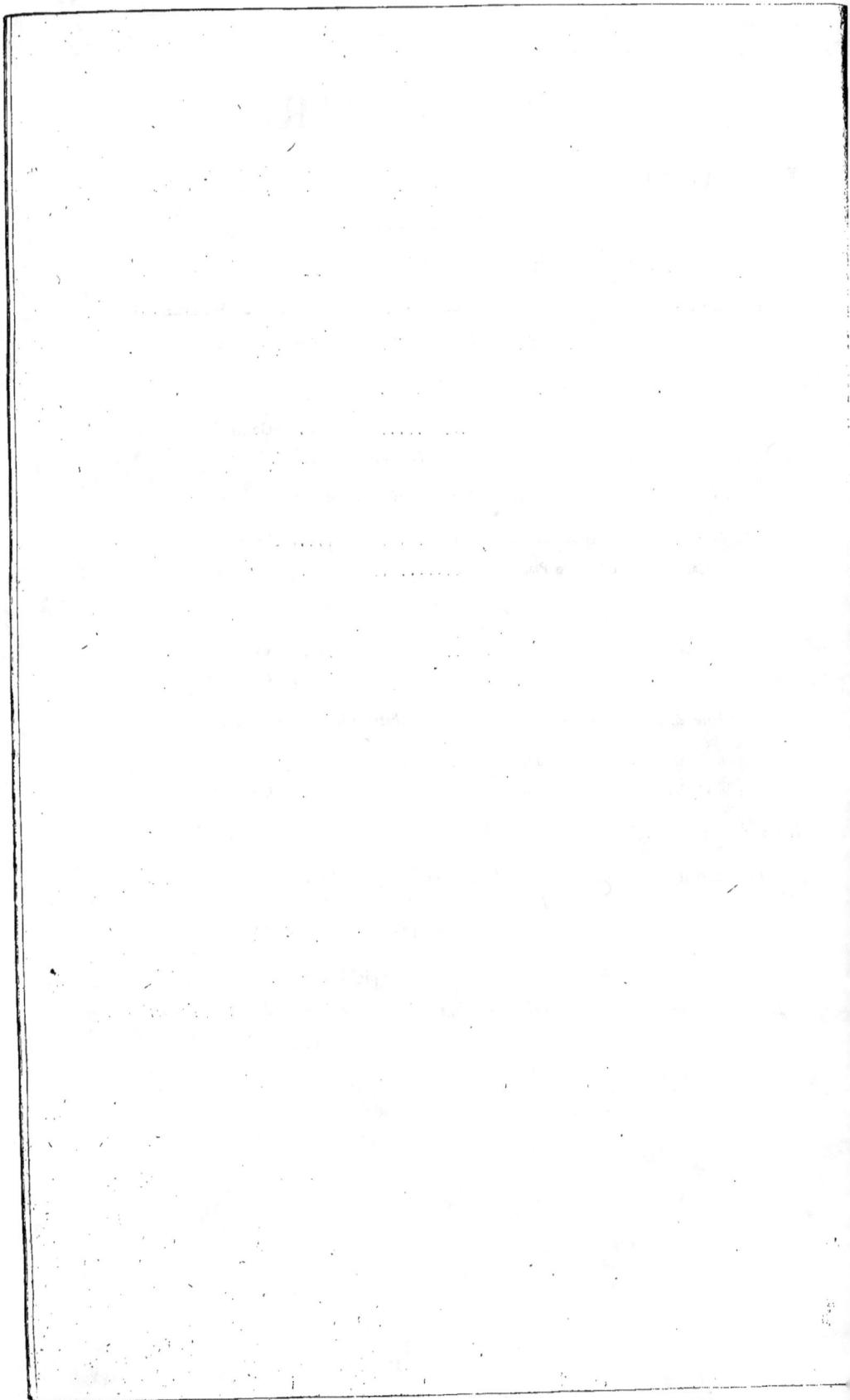

ÉTAT-MAJOR

DU GOUVERNEMENT DE PARIS.

ORDRE du 22 Fructidor an 12.

SERVICE DE L'ÉTAT-MAJOR DU GOUVERNEMENT.

Du 22 au 23 Fructidor.

Adjudant de Place de service à l'État-major général........................ VIART.

Adjudant de Place de ronde de nuit................................. COTEAU.

Visite aux Casernes, Prisons, Hôpital, et distribution de fourrages.

Rive droite de la Seine : le Capitaine Adjudant de Place................. CORDIEZ.

Rive gauche : le Capitaine Adjudant de Place............................ GRAILLARD.

Du 23 au 24 Fructidor.

Adjudant de Place de service à l'État-major général........................ COTEAU.

Adjudant de Place de ronde de nuit................................. GRAILLARD.

Visite aux Casernes, Prisons, Hôpital, et distribution de fourrages.

Rive droite de la Seine : le Capitaine Adjudant de Place................. VIART.

Rive gauche : le Capitaine Adjudant de Place............................ VIART.

ORDRE

Monsieur le Maréchal de l'Empire, Gouverneur de Paris et Commandant en chef la 1.re Division militaire, ordonne que M. *Salles*, Quartier-maître des Dragons de la garde de Paris, gardera les arrêts pendant huit jours, à dater du présent, pour être contrevenu à l'ordre de se rendre le 19 de ce mois à la séance du 1.er Conseil de guerre permanent pour laquelle il avait été assigné, par le Capitaine rapporteur, à l'effet de témoigner dans une affaire très-grave, où il était déposant et plaignant personnel.

Adjudans d'Arrondissemens.

Par une nouvelle décision de Monsieur le Maréchal Gouverneur, les Adjudans des douze Arrondissemens de cette ville, sont autorisés à porter le même uniforme que les Adjudans de place, à l'exception que les boutonnières, l'épaulette et la dragonne seront en argent; et que le bouton, également en argent, portera l'empreinte d'une couronne de feuilles de chêne, au milieu de laquelle il y aura, en toutes lettres, ces mots : *Adjudans d'arrondissemens.*

Le Général chef de l'État-major général, invite l'Adjudant-commandant, Sous-Chef de l'État-major du Gouvernement de Paris, à tenir la main à l'exécution du présent Ordre.

Le Général de Brigade, Chef de l'État-major général du Gouvernement de Paris et de la première Division militaire,

CÉSAR BERTHIER.

Pour copie conforme :

L'Adjudant-commandant, Sous-chef de l'État-major général du Gouvernement de Paris,

DOUCET.

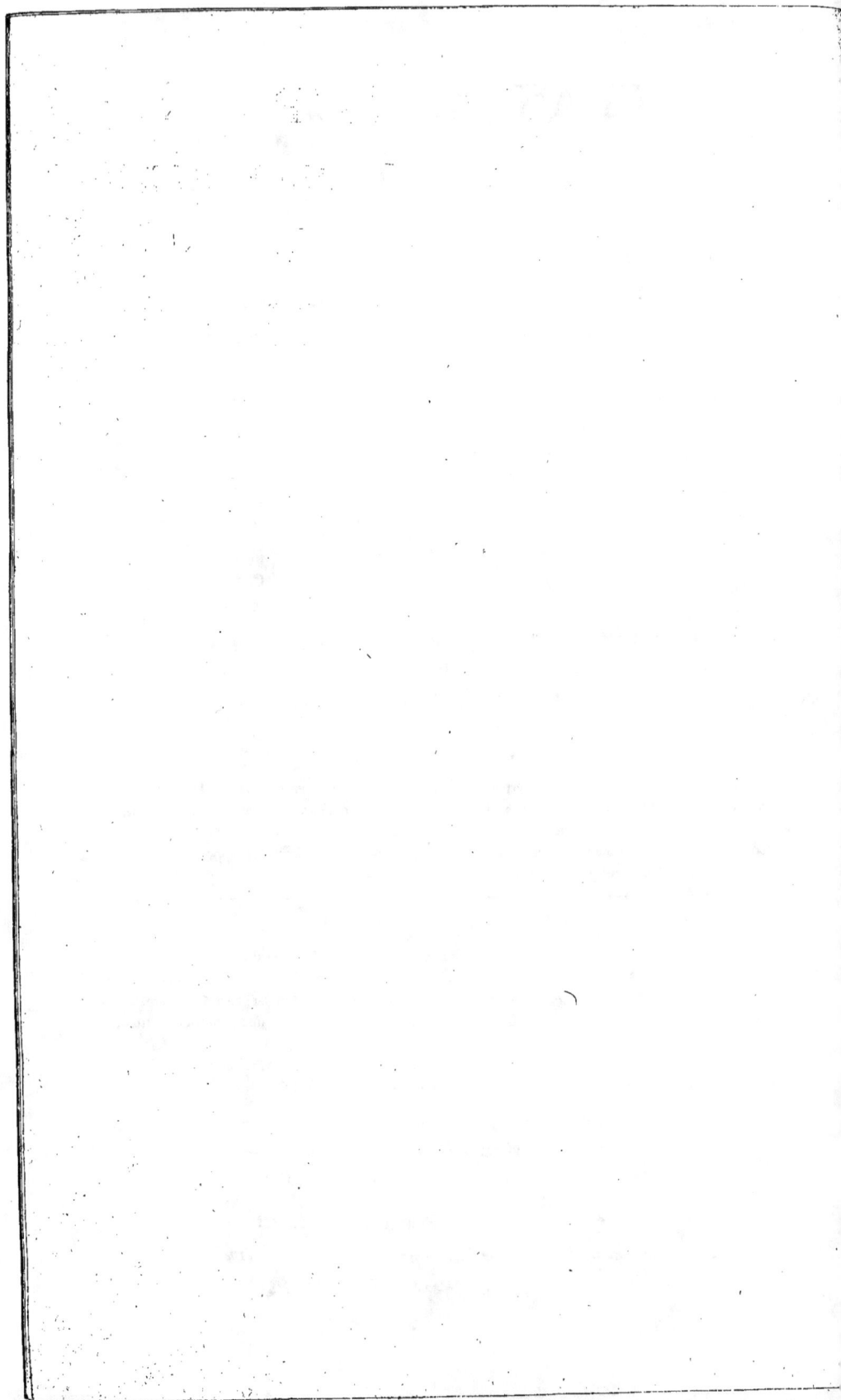

ÉTAT-MAJOR

DU GOUVERNEMENT DE PARIS.

ORDRE du 23 Fructidor an 12.

SERVICE DE L'ÉTAT-MAJOR DU GOUVERNEMENT.

Du 23 au 24 Fructidor.

Adjudant de Place de service à l'État-major général........................ COTEAU.

Adjudant de Place de ronde de nuit.. GRAILLARD.

Visite aux Casernes, Prisons, Hôpital, et distribution de fourrages.

Rive droite de la Seine : le Capitaine Adjudant de Place.................. VIART.

Rive gauche : le Capitaine Adjudant de Place.............................. VIART.

Du 24 au 25 Fructidor.

Adjudant de Place de service à l'État-major général........................ CORDIEZ.

Adjudant de Place de ronde de nuit.. SANSON.

Visite aux Casernes, Prisons, Hôpital, et distribution de fourrages.

Rive droite de la Seine : le Capitaine Adjudant de Place.................. COTEAU.

Rive gauche : le Capitaine Adjudant de Place.............................. COTEAU.

Rien de nouveau.

Le Général de Brigade, Chef de l'État-major général du Gouvernement de Paris et de la première Division militaire,

CÉSAR BERTHIER.

Pour copie conforme :

L'Adjudant-commandant, Sous-chef de l'État-major général du Gouvernement de Paris,

DOUCET.

ÉTAT-MAJOR
DU GOUVERNEMENT DE PARIS.

ORDRE du 24 Fructidor an 12.

SERVICE DE L'ÉTAT-MAJOR DU GOUVERNEMENT.

Du 24 au 25 Fructidor.

Adjudant de Place de service à l'État-major général........................ CORDIEZ.
Adjudant de Place de ronde de nuit.................................... SANSON.

Visite aux Casernes, Prisons, Hôpital, et distribution de fourrages.

Rive droite de la Seine : le Capitaine Adjudant de Place.................. COTEAU.
Rive gauche : le Capitaine Adjudant de Place.......................... COTEAU.

Du 25 au 26 Fructidor.

Adjudant de Place de service à l'État-major général...................... CARON.
Adjudant de Place de ronde de nuit.................................... VILLERS.

Visite aux Casernes, Prisons, Hôpital, et distribution de fourrages.

Rive droite de la Seine : le Capitaine Adjudant de Place.................. CORDIEZ.
Rive gauche : le Capitaine Adjudant de Place.......................... CORDIEZ.

Rien de nouveau.

Le Général de Brigade, Chef de l'État-major général du Gouvernement de Paris et de la première Division militaire,

CÉSAR BERTHIER.

Pour copie conforme :

L'Adjudant-commandant, Sous-chef de l'État-major général du Gouvernement de Paris,

DOUCET.

ÉTAT-MAJOR
DU GOUVERNEMENT DE PARIS.

ORDRE du 25 Fructidor an 12.

SERVICE DE L'ÉTAT-MAJOR DU GOUVERNEMENT.

Du 25 au 26 Fructidor.

Adjudant de Place de service à l'État-major général........................ CARON.
Adjudant de Place de ronde de nuit.. VILLERS.

Visite aux Casernes, Prisons, Hôpital, et distribution de fourrages.

Rive droite de la Seine : le Capitaine Adjudant de Place................ CORDIEZ.
Rive gauche : le Capitaine Adjudant de Place.......................... CORDIEZ.

Du 26 au 27 Fructidor.

Adjudant de Place de service à l'État-major général........................ VILLERS.
Adjudant de Place de ronde de nuit.. CORDIEZ.

Visite aux Casernes, Prisons, Hôpital, et distribution de fourrages.

Rive droite de la Seine : le Capitaine Adjudant de Place................ CARON.
Rive gauche : le Capitaine Adjudant de Place.......................... CARON.

Rien de nouveau.

Le Général de Brigade, Chef de l'État-major général du Gouvernement de Paris et de la première Division militaire,

CÉSAR BERTHIER.

Pour copie conforme :

L'Adjudant-commandant, Sous-chef de l'État-major général du Gouvernement de Paris,

DOUCET.

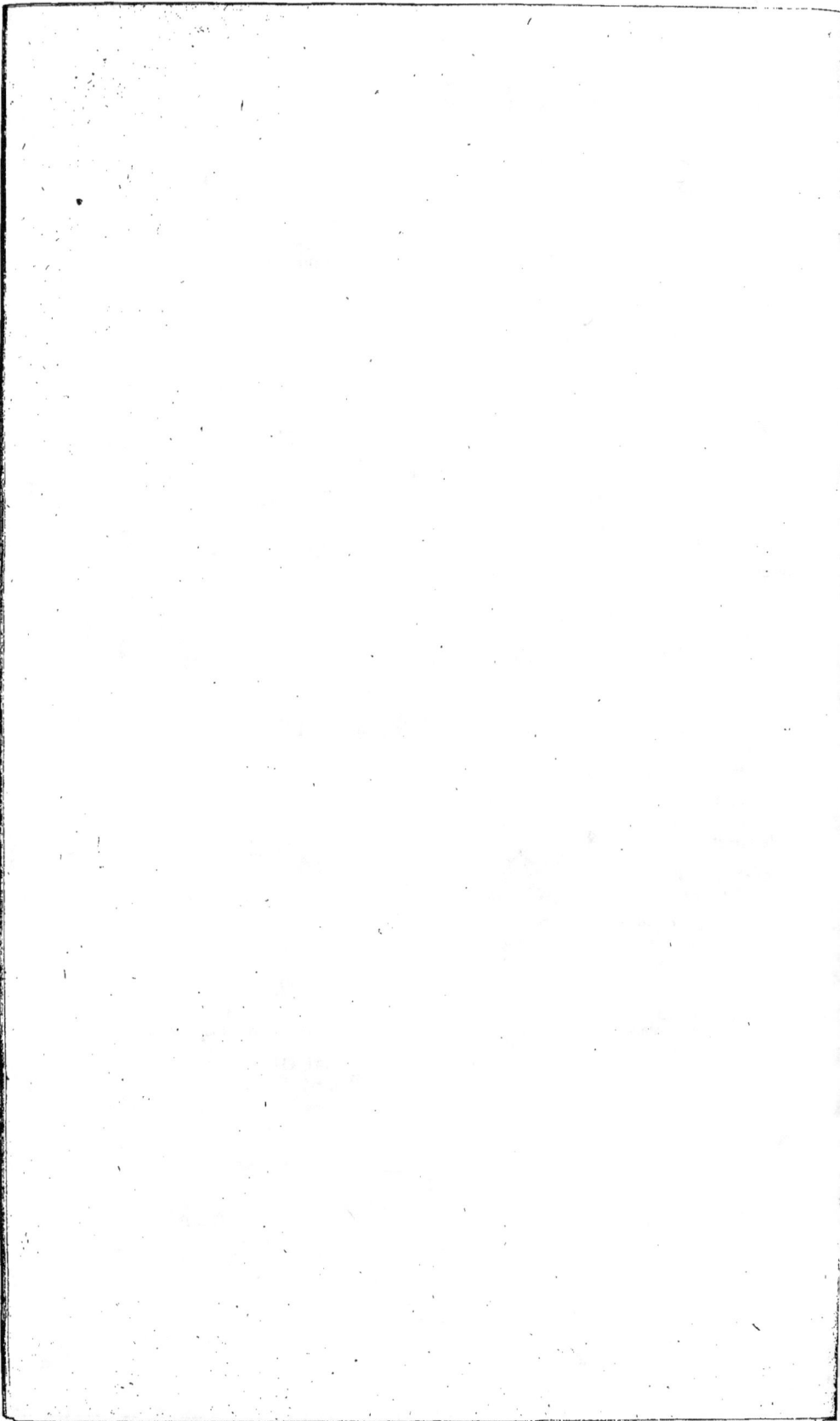

ÉTAT-MAJOR
DU GOUVERNEMENT DE PARIS.

ORDRE du 26 Fructidor an 12.

SERVICE DE L'ÉTAT-MAJOR DU GOUVERNEMENT.

Du 26 au 27 Fructidor.

djudant de Place de service à l'État-major général........................ VILLERS.
djudant de Place de ronde de nuit.. CORDIEZ.

Visite aux Casernes, Prisons, Hôpital, et distribution de fourrages.

ive droite de la Seine : le Capitaine Adjudant de Place..................... CARON.
ive gauche : le Capitaine Adjudant de Place............................. CARON.

Du 27 au 28 Fructidor.

djudant de Place de service à l'État-major général........................ GRAILLARD.
djudant de Place de ronde de nuit.. CARON.

Visite aux Casernes, Prisons, Hôpital, et distribution de fourrages.

ive droite de la Seine : le Capitaine Adjudant de Place..................... VILLERS.
ive gauche : le Capitaine Adjudant de Place............................. VILLERS.

Rien de nouveau.

Le Général de Brigade, Chef de l'État-major général du Gouvernement de Paris et de la première Division militaire,

CÉSAR BERTHIER.

Pour copie conforme :

L'Adjudant-commandant, Sous-chef de l'État-major général du Gouvernement de Paris,

DOUCET.

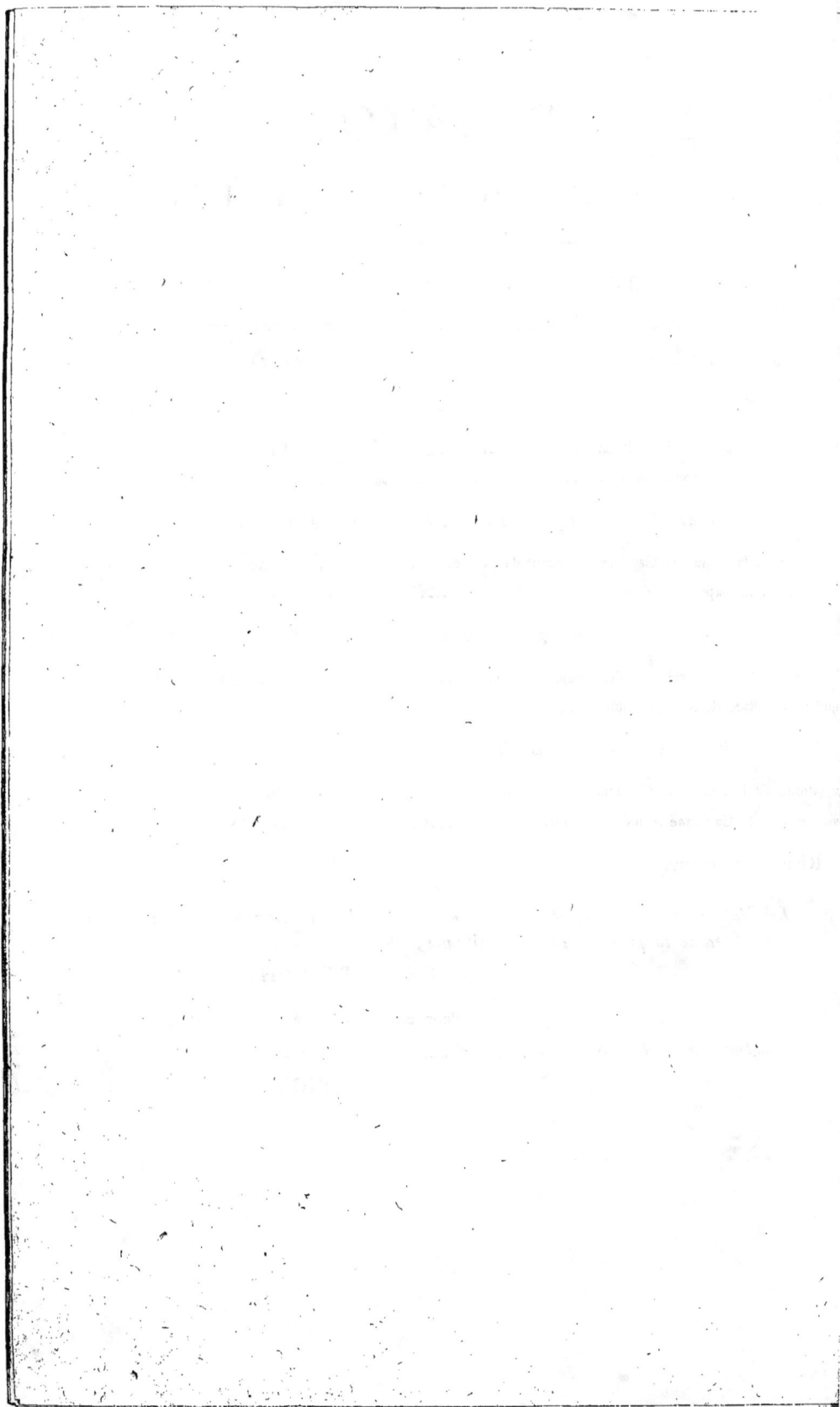

ÉTAT-MAJOR
DU GOUVERNEMENT DE PARIS.

ORDRE du 27 Fructidor an 12.

SERVICE DE L'ÉTAT-MAJOR DU GOUVERNEMENT.

Du 27 au 28 Fructidor.

Adjudant de Place de service à l'État-major général........................ GRAILLARD.
Adjudant de Place de ronde de nuit.. VIART.

Visite aux Casernes, Prisons, Hôpital, et distribution de fourrages.

Rive droite de la Seine : le Capitaine Adjudant de Place................ VILLERS.
Rive gauche : le Capitaine Adjudant de Place............................ VILLERS.

Du 28 au 29 Fructidor.

Adjudant de Place de service à l'État-major général..................... SANSON.
Adjudant de Place de ronde de nuit.. CARON.

Visite aux Casernes, Prisons, Hôpital, et distribution de fourrages.

Rive droite de la Seine : le Capitaine Adjudant de Place................ VIART.
Rive gauche : le Capitaine Adjudant de Place............................ GRAILLARD.

Adjudans d'arrondissement.

Le Ministre de la guerre a approuvé, par sa lettre en date du 24 courant, l'uniforme arrêté le 22 de ce mois par Monsieur le Maréchal Gouverneur, pour distinguer les Adjudans de place de Paris de ceux des douze arrondissemens de cette ville.

Le Général de Brigade, Chef de l'État-major général du Gouvernement de Paris et de la première Division militaire,

CÉSAR BERTHIER.

Pour copie conforme :

L'Adjudant-commandant, Sous-chef de l'État-major général du Gouvernement de Paris,

DOUCET.

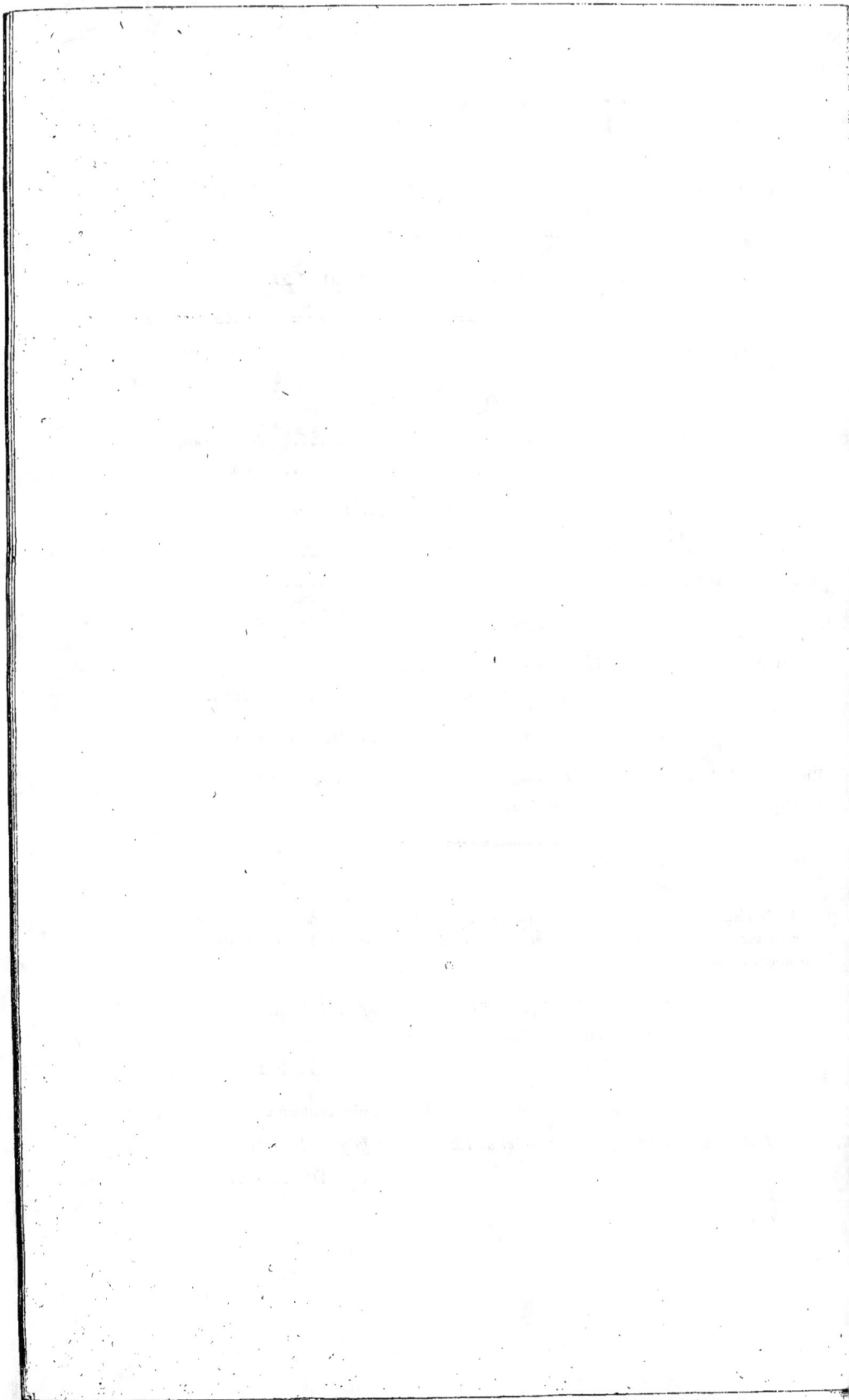

ÉTAT-MAJOR
DU GOUVERNEMENT DE PARIS.

ORDRE du 28 Fructidor an 12.

SERVICE DE L'ÉTAT-MAJOR DU GOUVERNEMENT.

Du 28 au 29 Fructidor.

Adjudant de Place de service à l'État-major général.................... SANSON.
Adjudant de Place de ronde de nuit.................................. CARON.

Visite aux Casernes, Prisons, Hôpital, et distribution de fourrages.

Rive droite de la Seine : le Capitaine Adjudant de Place................ VIART.
Rive gauche : le Capitaine Adjudant de Place......................... GRAILLARD.

Du 29 au 30 Fructidor.

Adjudant de Place de service à l'État-major général.................... COTEAU.
Adjudant de Place de ronde de nuit.................................. GRAILLARD.

Visite aux Casernes, Prisons, Hôpital, et distribution de fourrages.

Rive droite de la Seine : le Capitaine Adjudant de Place................ GRAILLARD.
Rive gauche : le Lieutenant Adjudant de Place......................... SANSON.

Rien de nouveau.

Le Général de Brigade, Chef de l'État-major général du Gouvernement de Paris et de la première Division militaire,

CÉSAR BERTHIER.

Pour copie conforme :

L'Adjudant-commandant, Sous-chef de l'État-major général du Gouvernement de Paris,

DOUCET.

ÉTAT-MAJOR
DU GOUVERNEMENT DE PARIS.

ORDRE du 29 Fructidor an 12.

SERVICE DE L'ÉTAT-MAJOR DU GOUVERNEMENT.

Du 29 au 30 Fructidor.

Adjudant de Place de service à l'État-major général........................ COTEAU.
Adjudant de Place de ronde de nuit.. GRAILLARD.

Visite aux Casernes, Prisons, Hôpital, et distribution de fourrages.

Rive droite de la Seine : le Capitaine Adjudant de Place................ GRAILLARD.
Rive gauche : le Lieutenant Adjudant de Place.......................... SANSON.

Du 30 Fructidor au 1.er Complémentaire.

Adjudant de Place de service à l'État-major général........................ CORDIEZ.
Adjudant de Place de ronde de nuit.. SANSON.

Visite aux Casernes, Prisons, Hôpital, et distribution de fourrages.

Rive droite de la Seine : le Lieutenant Adjudant de Place................ SANSON.
Rive gauche : le Capitaine Adjudant de Place.......................... COTEAU.

Rien de nouveau.

Le Général de Brigade, Chef de l'État-major général du Gouvernement de Paris et de la première Division militaire,

CÉSAR BERTHIER.

Pour copie conforme :

L'Adjudant-commandant, Sous-chef de l'État-major général du Gouvernement de Paris,

DOUCET.

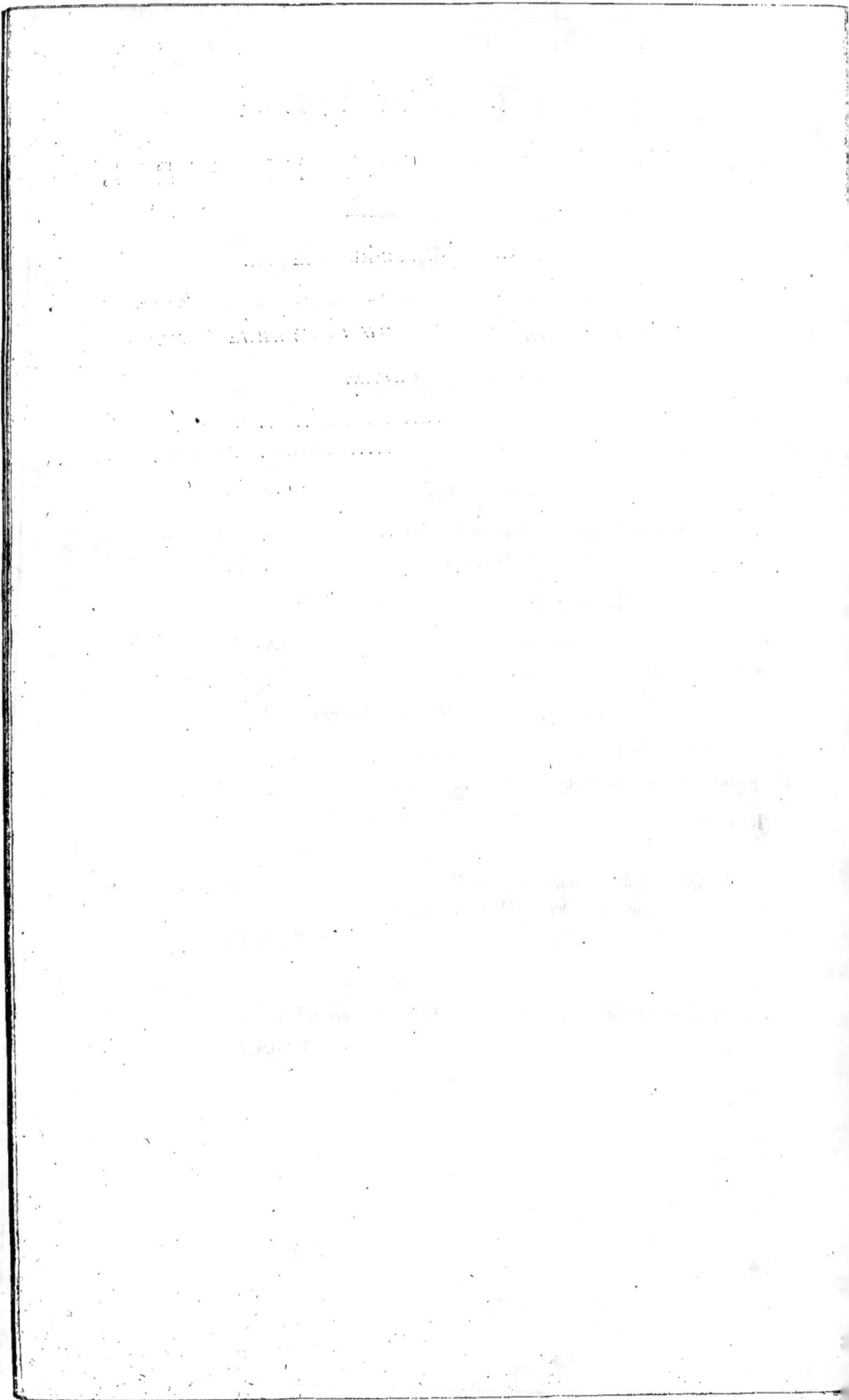

ÉTAT-MAJOR
DU GOUVERNEMENT DE PARIS.

ORDRE du 30 Fructidor an 12.

SERVICE DE L'ÉTAT-MAJOR DU GOUVERNEMENT.

Du 30 Fructidor au 1.er jour complémentaire.

Adjudant de Place de service à l'État-major général........................ CORDIEZ.

Adjudant de Place de ronde de nuit.. SANSON.

Visite aux Casernes, Prisons, Hôpital, et distribution de fourrages.

Rive droite de la Seine : le Lieutenant Adjudant de Place................ SANSON.

Rive gauche : le Capitaine Adjudant de Place.............................. COTEAU.

Du 1.er au 2.e jour complémentaire.

Adjudant de Place de service à l'État-major général........................ CARON.

Adjudant de Place de ronde de nuit.. COTEAU.

Visite aux Casernes, Prisons, Hôpital, et distribution de fourrages.

Rive droite de la Seine : le Capitaine Adjudant de Place................ COTEAU.

Rive gauche : le Capitaine Adjudant de Place.............................. CORDIEZ.

Rien de nouveau.

Le Général de Brigade, Chef de l'État-major général du Gouvernement de Paris et de la première Division militaire,

CÉSAR BERTHIER.

Pour copie conforme :

L'Adjudant-commandant, Sous-chef de l'État-major général du Gouvernement de Paris,

DOUCET.

ÉTAT-MAJOR
DU GOUVERNEMENT DE PARIS.

ORDRE du 1.er Complémentaire an 12.

SERVICE DE L'ÉTAT-MAJOR DU GOUVERNEMENT.

Du 1.er au 2.e jour complémentaire.

Adjudant de Place de service à l'État-major........................... CARON.

Adjudant de Place de ronde de nuit................................. COTEAU.

Visite aux Casernes, Prisons, Hôpital, et distribution de fourrages.

Rive droite de la Seine : le Capitaine Adjudant de Place................ COTEAU.

Rive gauche : le Capitaine Adjudant de Place........................ CORDIEZ.

Du 2.e au 3.e jour complémentaire.

Adjudant de Place de service à l'État-major........................... VILLERS.

Adjudant de Place de ronde de nuit................................. CORDIEZ.

Visite aux Casernes, Prisons, Hôpital, et distribution de fourrages.

Rive droite de la Seine : le Capitaine Adjudant de Place................ CORDIEZ.

Rive gauche : le Capitaine Adjudant de Place........................ CARON.

Rien de nouveau.

Le Général de Brigade, Chef de l'État-major général du Gouvernement de Paris et de la première Division militaire,

CÉSAR BERTHIER.

Pour copie conforme :

L'Adjudant-commandant, Sous-chef de l'État-major général du Gouvernement de Paris,

DOUCET.

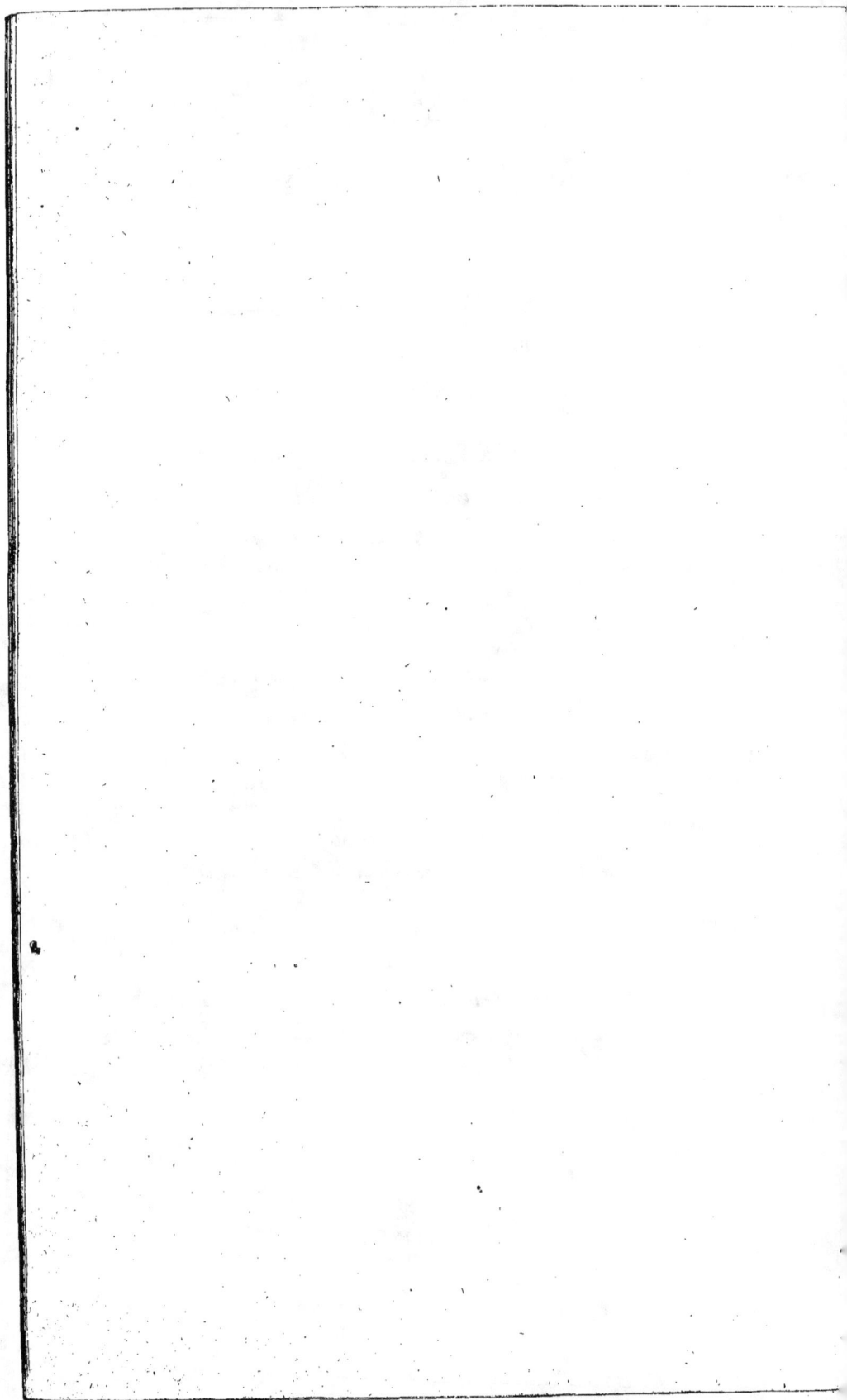

ÉTAT-MAJOR
DU GOUVERNEMENT DE PARIS.

ORDRE du 2.e jour Complémentaire an 12.

SERVICE DE L'ÉTAT-MAJOR DU GOUVERNEMENT DE PARIS.

Du 2.e au 3.e jour complémentaire.

Adjudant de Place de service à l'État-major.......................... VILLERS.
Adjudant de Place de ronde de nuit.................................. CORDIEZ.

Visite aux Casernes, Prisons, Hôpital, et distribution de fourrages.

Rive droite de la Seine : le Capitaine Adjudant de Place................ CORDIEZ.
Rive gauche : le Capitaine Adjudant de Place......................... CARON.

Du 3.e au 4.e jour complémentaire.

Adjudant de Place de service à l'État-major.......................... GRAILLARD.
Adjudant de Place de ronde de nuit.................................. CARON.

Visite aux Casernes, Prisons, Hôpital, et distribution de fourrages.

Rive droite de la Seine : le Capitaine Adjudant de Place................ CARON.
Rive gauche : le Capitaine Adjudant de Place......................... GRAILLARD.

Rien de nouveau.

Le Général de Brigade, Chef de l'État-major général du Gouvernement de Paris et de la première Division militaire,

CÉSAR BERTHIER.

Pour copie conforme :

L'Adjudant-commandant, Sous-chef de l'État-major général du Gouvernement de Paris,

DOUCET.

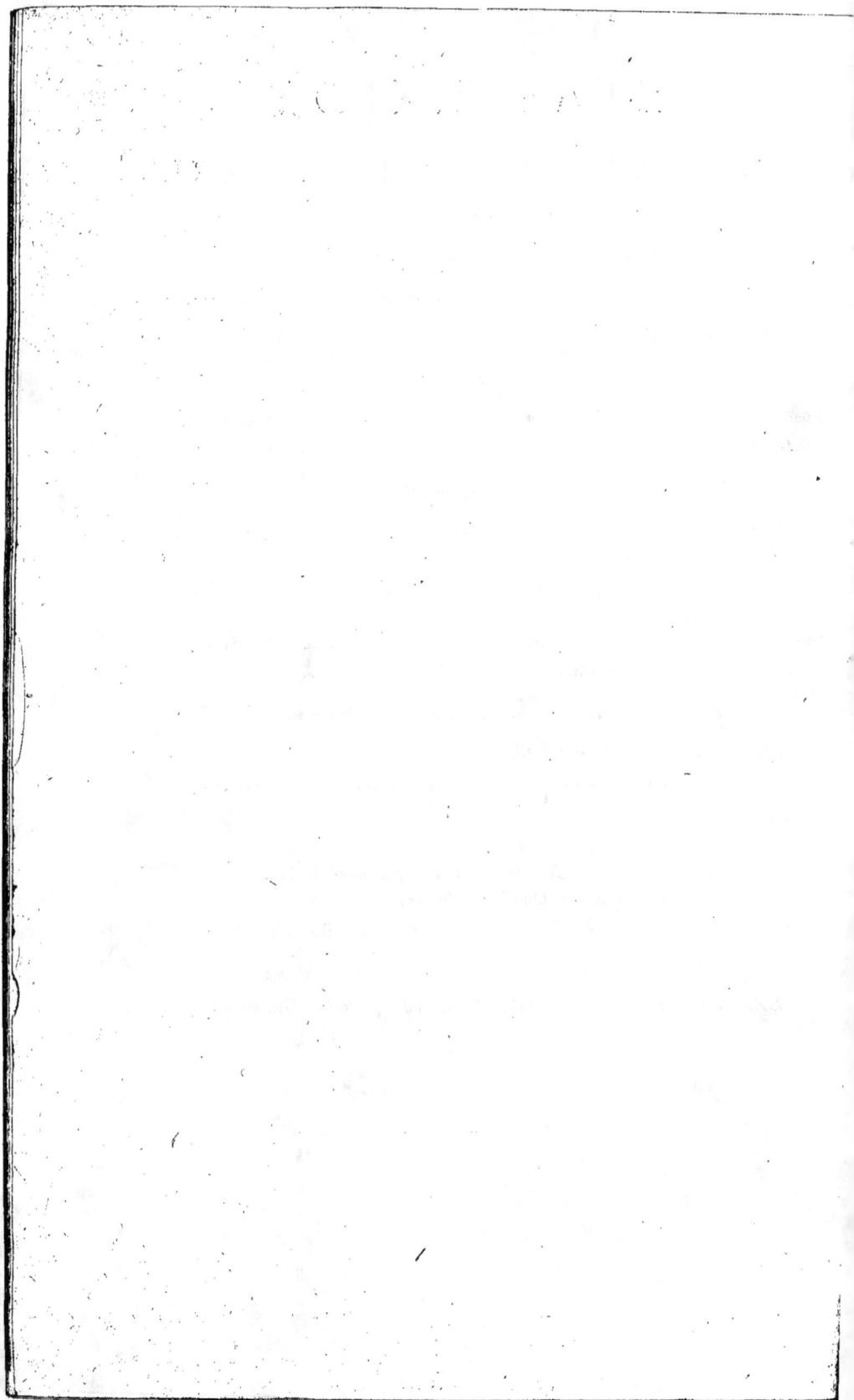

ÉTAT-MAJOR
DU GOUVERNEMENT DE PARIS.

ORDRE du 3.e jour Complémentaire an 12.

:RVICE DE L'ÉTAT-MAJOR DU GOUVERNEMENT DE PARIS.

Du 3.e au 4.e jour complémentaire.

lant de Place de service à l'État-major........................... GRAILLARD.
lant de Place de ronde de nuit........................... CARON.

Visite aux Casernes, Prisons, Hôpital, et distribution de fourrages.

droite de la Seine : le Capitaine Adjudant de Place................ CARON.
gauche : le Capitaine Adjudant de Place........................ VILLERS.

Du 4.e au 5.e jour complémentaire.

ant de Place de service à l'État-major........................... SANSON.
ant de Place de ronde de nuit........................... VILLERS.

Visite aux Casernes, Prisons, Hôpital, et distribution de fourrages.

lroite de la Seine : le Capitaine Adjudant de Place................ VILLERS.
;auche : le Capitaine Adjudant de Place........................ GRAILLARD.

:ien de nouveau.

Le Général de Brigade, Chef de l'État-major général du Gouvernement de Paris et de la première Division militaire,

CÉSAR BERTHIER.

Pour copie conforme :

L'Adjudant-commandant, Sous-chef de l'État-major général du Gouvernement de Paris.

DOUCET.

ÉTAT-MAJOR
DU GOUVERNEMENT DE PARIS.

ORDRE du 4.e jour Complémentaire an 12.

SERVICE DE L'ÉTAT-MAJOR DU GOUVERNEMENT DE PARIS.

Du 4.e au 5.e jour complémentaire.

Adjudant de Place de service à l'État-major........................ SANSON.
Adjudant de Place de ronde de nuit........................ VILLERS.

Visite aux Casernes, Prisons, Hôpital, et distribution de fourrages.

Rive droite de la Seine : le Capitaine Adjudant de Place................ VILLERS.
Rive gauche : le Capitaine Adjudant de Place........................ GRAILLARD.

Du 5.e jour complémentaire au 1.er Vendémiaire.

Adjudant de Place de service à l'État-major........................ VIART.
Adjudant de Place de ronde de nuit........................ GRAILLARD.

Visite aux Casernes, Prisons, Hôpital, et distribution de fourrages.

Rive droite de la Seine : le Capitaine Adjudant de Place................ GRAILLARD.
Rive gauche : le Lieutenant Adjudant de Place........................ SANSON.

Rien de nouveau.

Le Général de Brigade, Chef de l'État-major général du Gouvernement de Paris et de la première Division militaire,

CÉSAR BERTHIER.

Pour copie conforme :

L'Adjudant-commandant, Sous-chef de l'État-major général du Gouvernement de Paris,

DOUCET.

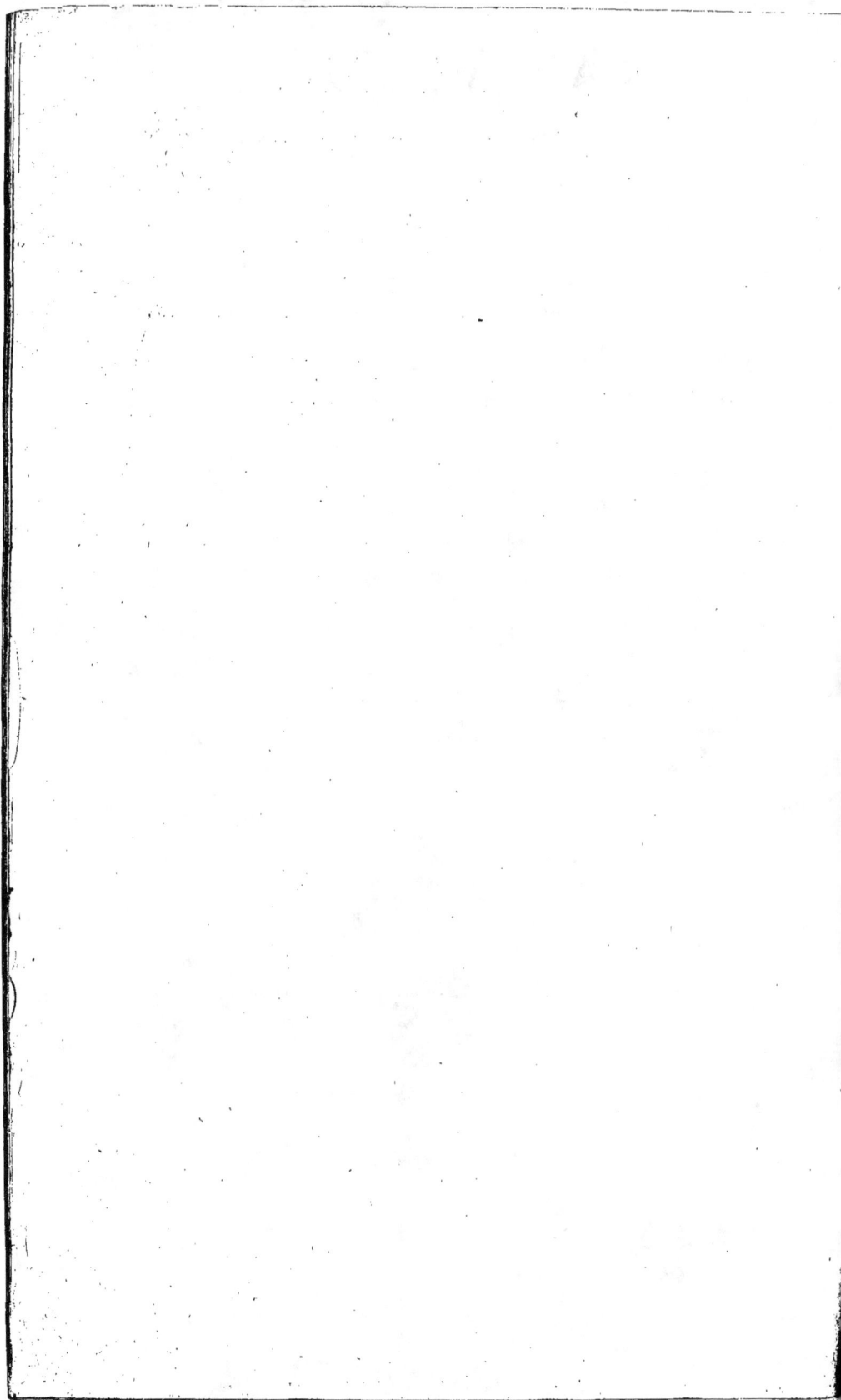

ÉTAT-MAJOR
DU GOUVERNEMENT DE PARIS.

ORDRE du 5.e jour Complémentaire an 12.

SERVICE DE L'ÉTAT-MAJOR DU GOUVERNEMENT DE PARIS.

Du 5.e jour complémentaire au 1.er Vendémiaire.

Adjudant de Place de service à l'État-major.............................. VIART.

Adjudant de Place de ronde de nuit.................................... GRAILLARD.

Visite aux Casernes, Prisons, Hôpital, et distribution de fourrages.

Rive droite de la Seine : le Capitaine Adjudant de Place................ GRAILLARD.

Rive gauche : le Lieutenant Adjudant de Place....................... SANSON.

Du 1.er au 2.e Vendémiaire an 13.

Adjudant de Place de service à l'État-major.............................. CORDIEZ.

Adjudant de Place de ronde de nuit.................................... SANSON.

Visite aux Casernes, Prisons, Hôpital, et distribution de fourrages.

Rive droite de la Seine : le Lieutenant Adjudant de Place............... SANSON.

Rive gauche : le Capitaine Adjudant de Place........................ VIART.

Corvées.

Le 4.e Régiment d'Infanterie légère fournira, à compter de demain 1.er Vendémiaire an 13, jusqu'au 30 dudit inclusivement, tous les hommes de corvée nécessaires aux travaux du dépôt central de l'Artillerie, sur la réquisition particulière du Général *Saint-Laurent*, Directeur dudit dépôt.

Le Général de Brigade, Chef de l'État-major général du Gouvernement de Paris et de la première Division militaire,

CÉSAR BERTHIER.

Pour copie conforme :

L'Adjudant-commandant, Sous-chef de l'État-major général du Gouvernement de Paris,

DOUCET.

www.ingramcontent.com/pod-product-compliance
Lightning Source LLC
Chambersburg PA
CBHW071959270326
41928CB00009B/1485
* 9 7 8 2 0 1 3 7 1 9 2 3 0 *